DER ZWEITE WELTKRIEG

VON ROBERT WALLACE
UND DER REDAKTION DER TIME-LIFE BÜCHER

BECHTERMÜNZ

# DER FELDZUG IN ITALIEN

**DER ZWEITE WELTKRIEG**

Redaktionsstab des Bandes *Der Feldzug in Italien*
*Chefredakteur:* William K. Goolrick
*Bildredakteur/Designer:* Raymond Ripper
*Textredakteure:* Jim Hicks, Henry Woodhead
*Vertragsautoren:* Richard W. Flanagan, Tyler Mathisen, Teresa M. C. R. Pruden
*Chefdokumentar:* Frances G. Youssef
*Dokumentare:* Loretta Y. Britten, Jane Edwin, Oobie Gleysteen, Catherine Gregory, Helga Kohl, Clara Nicolai
*Assistent des Designers:* Daniel J. McSweeney
*Redaktionsassistentin:* Connie Strawbridge

*Korrespondenten:* Elisabeth Kraemer (Bonn); Margot Hapgood, Dorothy Bacon (London); Susan Jonas, Lucy T. Voulgaris (New York); Maria Vincenza Aloisi, Josephine du Brusle (Paris); Ann Natanson (Rom).
Wertvolle Unterstützung leisteten ebenfalls: Wayne Whitt (Nashville); Carolyn T. Chubet, Miriam Hsia (New York); Sungyung Chang (Tokio).

*Leitung der deutschen Redaktion:*
Hans-Heinrich Wellmann
*Textredaktion:* Gertraud Bellon, Holger Holst, Gisela Meyer

Aus dem Englischen übertragen von Gerhard Raabe

*Der Autor:* ROBERT WALLACE hat im Zweiten Weltkrieg als Matrose und Seeoffizier in der US-Kriegsmarine gedient und an den Landungen in Nordafrika, auf Sizilien und bei Salerno teilgenommen. Als ständiger Mitarbeiter von LIFE verfaßte er mehr als 75 Artikel. Einige seiner Kurzgeschichten und Fernsehspiele wurden preisgekrönt. Von seinen Büchern seien genannt: vier Bände in der TIME-LIFE Buchserie DIE WELT DER KUNST *(Leonardo da Vinci und seine Zeit, Rembrandt und seine Zeit, Van Gogh und seine Zeit, Bernini und seine Zeit)* sowie zwei Bände in der Serie DIE WILDNISSE DER WELT *(Hawaii* und *Der Grand Canyon).*

*Vorwort:* RONALD LEWIN, geboren im Jahre 1914 in Halifax, studierte an der Universität Oxford. Er trat 1939 in den Militärdienst ein und nahm an den Kampfhandlungen in Nordafrika und Nordwesteuropa teil, wo er verwundet und mit einer lobenden Anerkennung ausgezeichnet wurde. Als bekannter Militärhistoriker verfaßte er viele Bücher, darunter *Freedom's Battle, The Life and Death of the Afrika Korps* und *Ultra Goes to War.* Er schrieb außerdem Werke über Churchill, Montgomery und Rommel und eine Biographie von Field Marshal Lord Slim.

*Die beratenden Mitarbeiter:* US-OBERST A. D. JOHN R. ELTING ist Militärhistoriker und Verfasser von *The Battle of Bunker's Hill, The Battles of Saratoga* und *Military History and Atlas of the Napoleonic Wars.* Er gab *Military Uniforms in America: The Era of the American Revolution, 1755–1795* und *Military Uniforms in America: Years of Growth, 1796–1851* heraus und war Mitherausgeber von *The West Point Atlas of American Wars.*

MARTIN BLUMENSON hat drei Bücher über den Feldzug in Italien verfaßt: *Salerno to Cassino, Anzio: The Gamble That Failed* und *Bloody River: The Real Tragedy of the Rapido.* Von seinen sonstigen Veröffentlichungen in Buchform seien genannt: *The Vilde Affair: Beginnings of the French Resistance* und *The Patton Papers, 1885–1940* und *1940–1945.*

KLAUS-JÜRGEN MÜLLER, Professor für Neuere und Neueste Geschichte an der Hochschule der Bundeswehr und der Universität Hamburg, ist Autor der Bücher *Das Heer und Hitler* und *Das Ende der Entente Cordiale 1940* und anderer Schriften zur militärischen und politischen Geschichte der Zwischenkriegszeit und des Zweiten Weltkriegs.


Lizenzausgabe für den
Bechtermünz Verlag GmbH
Eltville am Rhein, 1994



ISBN 3 86047 077 9

## KAPITEL



## BILDTEIL



# INHALT

# VORWORT

Der Zufall wollte es, daß ich am 13. Mai 1943 derjenige Offizier der britischen 8. Armee war, dessen Stellung am östlichen Ende der Front den Achsenstreitkräften am nächsten lag. Mein Artillerie-Beobachtungsposten befand sich in der Ebene, die die tunesischen Berge, in denen der Feind sich verbarg, zum Meer hin umfaßt. Plötzlich schienen die vor uns liegenden Abhänge wie von Schmetterlingen übersät: Das Afrikakorps schwenkte weiße Flaggen zum Zeichen, daß es sich ergab. Ich stürmte vorwärts und traf auf einen Soldaten – der britischen 1. Armee, die von Westen vorgestoßen war. Er hatte Wein bei sich. Es war ein berauschender Moment. Wir hatten es geschafft! Und wir hatten das Gefühl, wir hätten es ganz allein geschafft.

Wie unrecht wir hatten. Ohne die Unterstützung der amerikanischen Infanteristen, Panzer, Geschütze und Flugzeuge und ohne die reichlich zur Verfügung stehende amerikanische Ausrüstung hätten wir niemals diese Niederlage der Achsenstreitkräfte in Tunesien miterleben können. Amerikaner, Briten und Franzosen kämpften in diesem Krieg bereits als Alliierte, und als der Feldzug über Sizilien nach Italien hineingetragen wurde, entwickelte er sich zu einem Krieg verbündeter Nationen. Neuseeländer, Kanadier, Franzosen, Polen, Inder, Südafrikaner, Brasilianer und schließlich auch Italiener beteiligten sich an der gemeinsamen Anstrengung, durch die zunächst Mussolinis Regime und anschließend das Dritte Reich bezwungen wurden.

Churchill und seine Ratgeber hatten die Beteiligung der Vereinigten Staaten an diesem Kriegsschauplatz nach langwierigen Verhandlungen herbeigeführt. Sie wußten nur zu gut, welche Antipathien General George C. Marshall und die anderen amerikanischen Stabschefs einem Engagement auf Kriegsschauplätzen rund um das Mittelmeer entgegenbrachten.

Viele einflußreiche Amerikaner in Washington glaubten, daß Churchills Interesse an diesen Gebieten weniger dem Wunsch entsprang, die Aufmerksamkeit der Deutschen von der bevorstehenden Invasion Frankreichs abzulenken, als vielmehr dem Bestreben, dem britischen Imperialismus Vorschub zu leisten. Diese Ansicht war so weit verbreitet, daß während der Konferenz von Casablanca, die im Januar 1943 stattfand, um die Fortsetzung des Nordafrikafeldzugs zu koordinieren, General Eisenhower einige seiner Kollegen davor warnen mußte, „als unseren ärgsten Feind denjenigen Partner einzuschätzen, der mit uns zusammenarbeiten muß, um den wirklichen Feind zu besiegen". Obwohl der Chef des US-Generalstabs, General Marshall, keine Hirngespinste hinsichtlich der Ziele des britischen Imperialismus entwickelte, gehörte er doch zu den entschiedensten Gegnern einer amerikanischen Intervention im Mittelmeerraum. Er war fest davon überzeugt, daß die einzige Chance, das Dritte Reich zu besiegen, in einer Invasion Nordfrankreichs und dem direkten Vormarsch auf Berlin lag. Für ihn war der Mittelmeerraum eine „Saugpumpe", die für den Hauptvorstoß benötigte alliierte Divisionen abziehen würde.

Nach einer Woche erbitterten Debattierens behielt Präsident Roosevelt mit seiner Lagebeurteilung die Oberhand. Es wurde klar, daß eine zweite Front im Jahre 1943 nicht in Frage kam, zum Teil auch deshalb nicht, weil die Amerikaner selbst mehr als die vereinbarten Kontingente an Soldaten und Material in den Pazifik entsandt hatten. Aber Roosevelt wollte, daß die in Nordafrika stehenden alliierten Truppen weiterkämpften, und da dies auch Churchills Forderung war, einigte man sich in Casablanca auf einen Kompromiß: Die Vertreter Großbritanniens und der Vereinigten Staaten beschlossen die Invasion Siziliens. Aber erst im folgenden August, als Churchill und Roosevelt sich in Quebec trafen, wurde die brennende Frage gelöst, ob die Besetzung Siziliens als bloßes Nachspiel des Nordafrikafeldzuges oder als Sprung nach Italien anzusehen sei.

Die Tatsache, daß die neue italienische Regierung unter Marschall Badoglio nunmehr Frieden suchte, machte deutlich, daß über die folgenden Schritte dringend Entscheidungen gefällt werden mußten. Aber es bedurfte noch vieler britischer Bemühungen, bis die Amerikaner überredet werden konnten, das Startzeichen für die Besetzung des italienischen Festlandes zu geben.

Die italienische Kapitulation wurde offiziell am 9. September verkündet; erst ein paar Stunden später landeten die Angriffsdivisionen der 5. US-Armee unter General Mark Clark bei Salerno, während Montgomerys 8. Armee langsam entlang der Ost- und Westküste vorrückte. Die Invasion erfolgte jedoch zu spät und war gleichzeitig zu erfolgreich: zu spät, weil die anglo-amerikanischen Streitigkeiten und die verzögerten Beschlüsse die alliierten Truppen daran gehindert hatten, die zunächst desorganisiert zurückflutenden Achsenstreitkräfte schon auf Sizilien zu vernichten; zu erfolgreich, weil Hitler wider Erwarten sich dazu entschlossen hatte, Süditalien zu verteidigen, und begann, wertvolle Reserven dorthin zu beordern, die bald dringend benötigt werden sollten, um die alliierten Angriffe in Rußland und der Normandie aufzuhalten.

So erreichte die Invasion Italiens sicherlich ihr erklärtes Ziel – aber zu einem Preis, den weder die Briten noch die Amerikaner vorausgesehen hatten. Der Marsch auf Rom dauerte statt der geplanten wenigen Wochen volle acht Monate; weitere acht Monate sollten vergehen, ehe die Alliierten endlich die Enge der gebirgigen Halbinsel hinter sich lassen und in die weiten Ebenen Norditaliens vorstoßen konnten.

Die Härte des italienischen Feldzuges wurde durch nachlässige und einfallslose Kriegführung verschlimmert. Wenn auch das schwer erträgliche Klima und das zerklüftete Gelände manches entschuldigen, so wird doch deutlich, daß die alliierten Befehlshaber durch ihr Zögern, unkonventionelle Initiativen zu ergreifen, wie gelähmt erschienen. Laut Feldmarschall Albert Kesselring, der die Kunst des defensiven Rückzugs mit hervorragender Präzision anzuwenden verstand, verrieten die Alliierten ihre jeweiligen nächsten Schritte im Grunde genommen im voraus: „Die alliierten Pläne zeigten durchweg, daß es der beherrschende Gedanke des alliierten Oberkommandos war, unbedingt Erfolg zu erringen; dieses führte dazu, sich orthodoxer Methoden und Waffen zu bedienen. Daher war es mir trotz unzureichender Möglichkeiten der Aufklärung und dürftigem Nachrichtendienst fast immer möglich, den nächsten strategischen oder taktischen Schritt meines Gegners vorauszusehen – und so die geeigneten Gegenmaßnahmen zu ergreifen, soweit es meine Kräfte erlaubten."

Die größte Enttäuschung auf britischer Seite war zweifellos General Montgomery. Vom Sieger von El Alamein hätte man erwarten können, daß er mehr militärisches Talent erkennen ließ; aber Montgomery war kein Mann fürs Gebirge. Als er zum Beispiel von Sizilien zum italienischen Festland übersetzte, standen mehr als 600 Geschütze an der Küste Siziliens bereit, um ein einleitendes Sperrfeuer quer über die Straße von Messina auf Strände zu feuern, die vom Feind schon längst aufgegeben worden waren; und als die 8. Armee schließlich landete, soll einem Gerücht zufolge die heftigste Gegenwehr ein Puma geleistet haben, der dem örtlichen Zoo entsprungen war.

Montgomerys Entlastungsvorstoß längs des ganzen Fußes des italienischen Stiefels bis nach Salerno ließ ebenfalls einen Mangel an Inspiration erkennen. Kesselrings Stabschef, General Siegfried Westphal, glaubte in der Tat, daß die 8. Armee besser nicht an der Spitze, sondern in voller Stärke am Absatz des italienischen Stiefels hätte landen sollen, der nur von zwei Fallschirmjägerdivisionen in verminderter Stärke verteidigt wurde.

Aber das Fehlen kreativer Kriegführung auf der Seite der Alliierten wurde am Schienbein des Stiefels am deutlichsten sichtbar, wo Mark Clark den Hauptangriff ansetzte. Wie MacArthur im Pazifik um Publicity bemüht, versuchte Clark oft, den Eindruck zu erwecken, er sei mit berühmten Eroberern Italiens wie Hannibal, Belisar und Napoleon auf eine Stufe zu stellen.

Er hatte jedoch bei Salerno beinahe die Nerven verloren, als er einen partiellen (und sicherlich verhängnisvollen) Rückzug in dem Moment ins Auge faßte, als sich das Glück zu seinen Gunsten wendete. Dann gab es die fatale Kampfpause an der Küste bei Ánzio, die Kesselring in die Lage versetzte, den Brückenkopf mit einem stählernen Ring abzuriegeln.

Clark benutzte später eine der Hauptwaffen der Alliierten, um sich selbst zu verteidigen. *Ultra,* das Dekodierungssystem des Feindlagedienstes, das es den Alliierten ermöglichte, die chiffrierten Funksprüche der Deutschen zu lesen, habe die Erkenntnis gebracht, so machte Clark geltend, daß Hitler Verstärkung von außerhalb Italiens zum Brückenkopf bei Ánzio beordert hatte; deswegen sei es nötig gewesen, sich angesichts des drohenden Gegenangriffs einzugraben. Doch das italienische Transportwesen war so zerrüttet, daß eine Woche nach der Landung noch keine der Verstärkungen südlicher als bis Florenz gekommen war!

Lediglich mit zusammengewürfelten einheimischen Truppen dämmte Kesselring die Angriffswellen Clarks ein – und vereitelte so die alliierten Pläne eines Sturmlaufs nach Rom. Oder wie General Westphal es ausdrückte: „Niemand hätte eine kühn vorstoßende Abteilung davon abhalten können, in die ewige Stadt einzudringen. Bei diesem atemberaubenden Zustand blieb es für die ersten beiden Tage nach der Landung. Erst dann wurden die deutschen Gegenmaßnahmen wirksam."

Weitere Kontroversen überschatteten nicht allein die Führung, sondern auch den Sinn des Feldzugs in Italien. General Wedemeyer zum Beispiel zweifelte nie daran, daß Italien „ein Nebenkriegsschauplatz war, der viele unnötige Menschenopfer forderte". In der Tat bestätigt die Anwesenheit von 30 alliierten Divisionen gegenüber 21 deutschen zum Zeitpunkt der Landung in der Normandie im Jahre 1944 die Ansicht, daß der Mittelmeerraum alliierte Reserven vom Hauptkriegsschauplatz abgezogen hatte.

Andererseits wären die Deutschen ohne die alliierte Invasion in der Lage gewesen, den größten Teil der 21 Divisionen in die Normandie zu verlegen. Das Ausmaß der Landeoperationen im Ärmelkanal beruhte auf der Anzahl der zur Verfügung stehenden Amphibienfahrzeuge. Selbst wenn also die in Italien gebundenen alliierten Truppen hier zur Verfügung gestanden hätten, wäre es nicht möglich gewesen, sie bei der Invasion einzusetzen.

Das abschließende Urteil soll einem Deutschen zugestanden werden. Während eines Verhörs kurz nach dem Krieg bestätigte Feldmarschall Kesselring trotz seiner allgemeinen Geringschätzung der Taktik der Alliierten in diesem Fall die Richtigkeit ihrer Strategie, als er aussagte, daß seiner Meinung nach die Alliierten niemals an der Westfront den Sieg davongetragen hätten, wenn sie nicht auch ihre Divisionen in den Mittelmeerraum entsandt hätten.

**Ronald Lewin**

# DAS TOR ZUR FESTUNG EUROPA

*Sousse (Tunesien), Juli 1943: Mit Tornistern und Waffen bepackte britische Soldaten gehen an Bord der Landungsschiffe nach Sizilien.*

# EINE FURCHTGEBIETENDE INVASIONSSTREITMACHT

Tripolis (Libyen), 3. Juli 1943: Ein Signalgast gibt einem Teil der alliierten Invasionsflotte mit Flaggensignalen den Befehl zum Auslaufen – Kurs Sizilien.

Historisch gesehen, waren die Alliierten die letzten einer langen Reihe von Heeren, die die strategisch bedeutsame, nur 32 Kilometer von der Stiefelspitze Italiens entfernte Insel Sizilien in ihren Besitz zu bringen suchten. Griechen, Karthager, Römer, Byzantiner, Sarazenen, Normannen, Franzosen und Spanier – alle waren sie an den Küsten dieses gebirgigen Verkehrsknotenpunktes im Mittelmeer gelandet. Doch die Operation *Husky,* wie der Deckname der alliierten Sizilieninvasion des Jahres 1943 lautete, sollte alle bisherigen Eroberungen übertreffen. Sie war als der größte amphibische Angriff geplant, der jemals unternommen worden war.

In den ersten 48 Stunden dieser alliierten Landoperation gegen das von der Achse besetzte Europa sollten nicht weniger als 80 000 Soldaten, 7000 Fahrzeuge, 300 Lastwagen, 600 Panzer und 900 Geschütze an Land gebracht werden. Für den Transport der Invasionsstreitmacht nach Sizilien wurden 3300 Seefahrzeuge aller Art benötigt. Die Luftlandeoperation, die drei Stunden vor dem amphibischen Landeunternehmen stattfinden sollte, war für die Alliierten gleichfalls ein noch nie dagewesenes Unternehmen: Bei dem ersten größeren alliierten Fallschirmabsprung des Zweiten Weltkriegs kamen 4600 Soldaten, die von 222 Flugzeugen und 144 Lastenseglern befördert wurden, zum Einsatz.

Schon Monate vor der Invasion beschäftigten sich die Experten für Logistik mit den gewaltigen Problemen, die mit der Ausrüstung und Zusammenziehung der Landungsstreitkräfte zusammenhingen. Außer Waffen und Munition sollte jeder US-Soldat Verpflegung für vier Tage mit sich führen. Ausrüstungsgegenstände, wie zum Beispiel Benzinöfen – einer je Infanteriegruppe –, mußten eingekauft und verteilt werden. Die Planer des US-Quartiermeisterkorps veranschlagten den Tagesbedarf von je 200 Soldaten auf einen neuen Plastikrasierapparat, 30 Rasierklingen, 16 Tuben Rasiercreme, drei Zahnbürsten, sieben Packungen Zahnpulver, 28 Stück Seife, 200 Schachteln Zigaretten, 400 Schachteln Streichhölzer, 25 Pfund Bonbons und 400 Stangen Kaugummi.

Die Invasion wurde bis ins letzte Detail geplant. Während die Truppentransporter auf das Zeichen zum Aufbruch aus den Bereitstellungsräumen in England, den Vereinigten Staaten, Nordafrika und dem Vorderen Orient warteten, wurden den eingeschifften Soldaten Exemplare des „Soldatenführers Italien" in die Hand gedrückt – für viele die erste Information über ihr Bestimmungsland.

*Versorgungsschiffe für die Operation Husky werden im Hafen von Tripolis mit Nachschubgütern beladen. Nach der alliierten Landung auf Sizilien benötigte allein das amerikanische Kontingent täglich 2700 Tonnen Nachschub.*

*Feldmarschmäßig ausgerüstete amerikanische Truppen gehen im Hafen von Biserta in Tunesien an Bord von Landungsschiffen.*

326
14
88
91
321

*Britische Fallschirmjäger legen auf einer Startbahn in Nordafrika ihre Fallschirme an. Die Briten setzten insgesamt 144 Lastensegler ein.*

*Alliierte Soldaten, die gedrängt auf einem Landungsboot stehen, werden im Hafen von Sousse zu größeren Transportschiffen gebracht.*

*Sizilien, Juli 1943: Während ihre Kameraden ein Versorgungsschiff entladen, machen britische Soldaten einen Jeep wieder flott.*

# 1

**Die größte Invasionsflotte der Geschichte**
**Uneinigkeit unter den Alliierten**
**Montgomery mißtraut den Amerikanern**
**Oberstleutnant Darbys mutige Einzelleistung**
**Mißverständnis mit tödlichen Folgen**
**Die Landung deutscher Fallschirmjäger auf Sizilien**
**Zwei unterschiedliche Truppenführer**
**Palermo – reif zum Sturm**
**Der Stoß auf Messina**
**Der Ohrfeigen-Skandal**
**Amphibische Flankenoperationen der Alliierten**
**Geschickter deutscher Rückzug**
**Flucht auf das Festland**

# DER SPRUNG NACH SIZILIEN

„Einen Eindruck von dem gigantischen Umfang dieser Flotte zu vermitteln, ist völlig unmöglich. Von weitem glich sie den Umrissen einer Stadt. Sie nahm den halben Horizont ein, und die mit Tarnfarbe bemalten, unzählbaren und in der Ferne zu einer kompakten Masse verschwimmenden Schiffe hoben sich nur schwach gegen die Krümmung des bleigrauen Wassers ab. Ihr anzugehören, war bereits schreckenerregend. Ich hoffe, kein Amerikaner wird jemals den Aufmarsch einer ähnlichen Armada gegen unsere Küsten erleben."

So schrieb der amerikanische Kriegsberichterstatter Ernie Pyle über die gewaltige Flotte, die im Juli 1943 zu dem bisher größten Landungsunternehmen der Geschichte, der alliierten Invasion Siziliens, aufbrach. Ihr Deckname lautete Operation *Husky,* und 3300 Schiffe waren daran beteiligt. Sieben alliierte Divisionen sollten den Angriff vortragen – zwei mehr, als bei der Landung in der Normandie am 6. Juni 1944 zum Einsatz kommen sollten.

Es war dies im Zweiten Weltkrieg das erste Mal, daß eine alliierte Streitmacht den Boden einer der Achsenmächte betrat – in diesem Fall gegen den Widerstand italienischer Truppen und ihrer deutschen Verbündeten. Im Verlauf dieser Landung und der anschließenden Kämpfe um die Insel Sizilien wurden bereits alle Hauptelemente des Kampfes um Italien – eines der langwierigsten, härtesten und umstrittensten alliierten Feldzüge des Krieges – erkennbar. Der Italienfeldzug war auf seiten der Alliierten durch Fehler, Unterlassungen und Streitigkeiten gekennzeichnet, die bisweilen fast skandalöse Ausmaße annahmen, auf deutscher Seite dagegen durch die außerordentlich planvolle, gewandte und zähe Verteidigungsführung eines der intelligentesten und tüchtigsten militärischen Befehlshaber des Zweiten Weltkrieges, des Generalfeldmarschalls Albert Kesselring.

Der Beschluß, auf Sizilien zu landen, war im Januar jenes Jahres in der marokkanischen Stadt Casablanca gefaßt worden, während alliierte Kräfte noch in Tunesien gegen die nur langsam zurückweichenden Deutschen und Italiener kämpften. In Casablanca waren Präsident Franklin D. Roosevelt und Premierminister Churchill mit den Kombinierten Stabschefs Großbritanniens und der USA zusammengetroffen, um sich einen Überblick über die militärische Lage der Alliierten zu verschaffen und die nach dem Abschluß der Besetzung Nordafrikas – mit der man im Laufe des nächsten halben Jahres rechnete – einzuleitenden Schritte zu erörtern.

Es wurde dabei sogleich offenbar, daß die Amerikaner und Briten völlig verschiedene Ansichten vertraten. Die amerikanischen Strategen, an ihrer Spitze der Generalstabschef der US-Streitkräfte, General George C. Marshall, sahen in Deutschland den Hauptfeind. Ihrer Meinung nach konnte der Krieg am schnellsten dadurch beendet werden, daß man in England eine gewaltige Streitmacht versammelte, um sie über den Kanal nach Frankreich und weiter in das Dritte Reich zu schicken. Das Mittelmeer war, in den Worten Marshalls, „eine Saugpumpe", die nur Menschen und Kriegsmaterial vom Hauptkampfgebiet abziehen würde.

Die Briten, seit Jahrhunderten in der Kriegführung auf dem europäischen Festland erfahren, plädierten demgegenüber für ein indirektes, pragmatisches Vorgehen. Sie hatten die fürchterlichen Schlachtfelder von Ypern, Passchendaele und an der Somme, auf denen im Ersten Weltkrieg die Blüte ihrer Jugend geblieben war, noch in lebendiger Erinnerung und wollten eine Wiederholung dieser verlustreichen Schlachten unbedingt vermeiden. Nach Churchills Ansicht war es klüger, das Hitlerreich an seiner Peripherie anzugreifen, ihm unablässig durch Blockade, Bombenangriffe und Untergrundaktivitäten zuzusetzen, bis sich schließlich die Gelegenheit bot, zum entscheidenden Schlag auszuholen.

Churchill war der Auffassung, daß ein Feldzug im Mittelmeerraum möglicherweise binnen kurzem zum Kriegsaustritt Italiens führen würde; er gab freilich in Casablanca keine formelle Erklärung dieses Inhalts ab. Die alliierten Streitkräfte könnten dann, meinte er, nach der Einnahme Roms, die ein spektakuläres Ereignis sein würde, durch die Apenninhalbinsel vorstoßen und in den „weichen Unterleib" der Achse einbrechen. Vielleicht würde sich die neutrale Türkei dann angesichts der neuen Lage bewogen fühlen, auf alliierter Seite in den Krieg einzutreten.

General Marshall war gegen jedes Unternehmen, das geeignet schien, die Alliierten von der Verwirklichung ihrer „Hauptaufgabe" abzuhalten, die nach seiner Meinung in einer Invasion Nordfrankreichs bestand. Er wollte sogar erklären – bis Roosevelt ihm vorsichtig Einhalt gebot –, daß die Amerikaner ihre Hauptanstrengungen auf die Niederkämpfung Japans im Pazifik richten und sich aus dem Krieg in Europa lösen würden, falls Großbritannien auf seiner Strategie bestehen sollte.

Die Amerikaner und Briten schlossen schließlich einen Kompromiß. Es bestand kein Zweifel, daß sie für eine Invasion Nordfrankreichs noch nicht genügend gerüstet waren. Um aber die Initiative nicht wieder aus der Hand zu geben und um ihre in Afrika stationierten, kampferfahrenen Truppen nicht untätig zu lassen, wollten sie Sizilien angreifen und besetzen – jedoch nicht notwendigerweise als Auftakt zu weiteren Feldzügen auf dem italienischen Festland. Sie versprachen sich von dieser Operation drei strategische Vorteile: eine Sicherung des von Gibraltar an Sizilien vorbei zum Suezkanal und nach Fernost verlaufenden alliierten Schiffahrtsweges; die teilweise Ablenkung der Deutschen von der Ostfront, wie es Stalin gefordert hatte, den möglichen Kriegsaustritt Italiens infolge des ausgeübten Druckes.

Über die Frage, wer das Unternehmen leiten sollte, wurde ebenfalls Einigung erzielt. Obwohl Großbritannien und die Länder des britischen Commonwealth weit mehr Land- und Seestreitkräfte im Mittelmeerraum stationiert hatten als die USA, wurde der amerikanische Generalleutnant Dwight D. Eisenhower zum alliierten Oberbefehlshaber ernannt. Seine Hauptuntergebenen waren indes sämtlich Briten: General Sir Harold R. L. G. Alexander, General der Flieger Sir Arthur W. Tedder und der spätere Großadmiral Sir Andrew B. Cunningham. Als Invasionsdatum wurde „die günstige Juli-Mondphase" festgesetzt. Diese astrologisch klingende Zeitangabe trug lediglich den militärischen Erfordernissen Rechnung: Luftlandetruppen ziehen es vor, bei Mondschein zu operieren, während die Marine eine feindliche Küste am liebsten im Schutz der Dunkelheit ansteuert. Am 10. Juli würde der Mond frühzeitig auf- und schon gegen Mitternacht wieder untergehen und daher für beide Waffengattungen günstig sein.

Der Plan für die Invasion Siziliens *(Karte, S. 25)* sah die Landung der britischen 8. Armee (General Sir Bernard L. Montgomery) an der Südostspitze der Insel vor. Sie setzte sich aus der britischen 5., 50. und 51. Infanteriedivision, der 1. kanadischen Infanteriedivision und zwei Marine-Kommandoeinheiten zusammen. Links von Montgomery sollte die amerikanische 7. Armee (General George S. Patton jr.), bestehend aus der 1., 3. und 45. Infanteriedivision und später auch der 2. Panzerdivision, an Land gehen. Während die Amerikaner seine linke Flanke und seinen Rücken abdeckten, sollte Montgomery die Ostküste hinauf über Augusta und Catánia zur Straße von Messina vorstoßen und – wenn alles gut ging – den Deutschen und Italienern den Rückzug auf das Festland versperren.

Dieser auf Montgomerys Betreiben entworfene Plan verstimmte die amerikanischen Frontbefehlshaber aufs tiefste, wies er ihnen doch nur eine zweitrangige Rolle in dem Feldzug zu, während Montgomery die Schlagzeilen machen und die Lorbeeren einheimsen würde. Vielen von ihnen war der britische General von Grund auf zuwider. Sie hielten ihn für eitel und stimmten Generalleutnant Omar N. Bradley, dem Kommandeur des in Tunesien und auf Sizilien eingesetzten II. US-Korps, zu, der Montgomery „Starrsinn und ein übersteigertes Selbstbewußtsein" vorwarf.

Montgomery seinerseits zweifelte die Kampfentschlossenheit der Amerikaner an, die bei ihren ersten Gefechten mit den Deutschen in Nordafrika einige empfindliche Schlappen erlitten hatten. Seine eigene 8. Armee war eine kampferprobte, erfahrene Streitmacht, und er glaubte, daß ihr eine dominierende Rolle in dem bevorstehenden Feldzug zukomme. Es konnte nicht ausbleiben, daß sich die zwischen den amerikanischen und britischen Frontbefehlshabern entstandene Kluft im weiteren Verlauf des Feldzugs vertiefte. Wie der britische General Sir William G. F. Jackson bemerkte, „war die

Saat der Zwietracht zwischen den Hauptquartieren der 7. und 8. Armee ausgesät und sollte sehr rasch aufgehen".

In der Planungsphase war es die zentrale Frage gewesen, ob und wie entschlossen die auf Sizilien stationierten Italiener kämpfen würden. Auf dem Papier erschien ihre Kampfkraft nicht unbeträchtlich; mehr als fünf Divisionen standen bereit, Siziliens Küste zu verteidigen, und im Innern lagen vier von Panzerkräften unterstützte schnelle Divisionen, die jederzeit an Schwerpunkten eingesetzt werden konnten. Insgesamt verfügten die Italiener auf Sizilien über rund 200 000 Soldaten. Dazu kamen zwei deutsche Divisionen mit über 30 000 Mann: die offiziell zur Luftwaffe gehörende Panzerdivision „Hermann Göring" und die 15. Panzergrenadierdivision. Beide galten als sehr schlagkräftig. Ein Bericht des alliierten Geheimdienstes charakterisierte die deutschen Einheiten als „außerordentlich draufgängerisch", und man nahm an, daß sie sich hervorragend und tapfer schlagen würden, obschon ein Großteil ihrer jüngeren Offiziere und Mannschaften noch ohne jede Kampferfahrung war.

Die Achsentruppen, Deutsche wie Italiener, standen unter dem Kommando des Oberbefehlshabers der italienischen 6. Armee, des Generals Alfredo Guzzoni, der als fähiger Offizier galt. Die Deutschen unterhielten jedoch ihr eigenes Fernmeldenetz und ihre eigenen Führungsstäbe und waren darauf vorbereitet, selbständig zu handeln. Ihre auf Sizilien stationierten Divisionen unterstanden dem auf dem Festland befindlichen Generalkommando des XIV. Panzerkorps (General der Panzertruppe Hube), und ihr Oberbefehlshaber war der in Frascati bei Rom residierende Kesselring. Die alliierte oberste Führung stimmte größtenteils dem Chef des Nachrichtendienstes des II. US-Korps, Oberst Benjamin A. Dickson, bei, der meinte: „Wenn es hart auf hart geht, dann zieht der Boche den Itakern den Stöpsel raus und läßt sie im Ausguß verschwinden."

Bei der Einschätzung der Streitmacht, die die Achsenmächte voraussichtlich gegen die auf Sizilien landenden alliierten Kräfte einsetzen würden, mußten die Planer zwei weitere entscheidende Faktoren beachten: die Luft- und Seestreitkräfte des Gegners. Die deutsche Luftwaffe, die kurz zuvor durch Verlegungen aus dem Reich und von der Ostfront verstärkt worden war, verfügte auf Sizilien, Sardinien und auf dem italienischen Festland jetzt über mehr als 800 Maschinen, die sie gegen die Truppentransporter und Versorgungsschiffe der Alliierten einsetzen konnte.

Die Alliierten hatten sich nach besten Kräften bemüht, die deutsche Luftwaffe vor Invasionsbeginn zu dezimieren, und in mehreren Luftschlachten über dem Mittelmeer eindrucksvolle Erfolge errungen. Diese Siege sowie die unablässige Bombardierung von Feindflugplätzen in Italien und auf Sizilien sicherten ihnen die eindeutige Luftüberlegenheit über den Strandabschnitten und hatten schon Reichsmarschall Hermann Göring veranlaßt, seinen Flugzeugführern eine geharnischte Rüge zu erteilen. Verglichen mit den Piloten in Frankreich, Norwegen und Rußland, so sagte er, könne er sie nur mit Verachtung betrachten. Er forderte eine sofortige Verbesserung der Flugleistungen und drohte ihnen an, sie zu degradieren und als Bodentruppen an die Ostfront zu schicken, falls sie nicht stärkeren Einsatz zeigten. Hätten die Alliierten gewußt, daß die Deutschen von ihrem Oberbefehlshaber daheim derartige Ermahnungen zu hören bekamen, so wäre ihre Besorgnis über das, was die mit dem Rücken zur Wand kämpfende Luftwaffe fertigbringen würde, womöglich noch größer gewesen.

Die italienische Kriegsflotte war gleichfalls in der Lage, zu einem verzweifelten letzten Schlag gegen die Invasionsschiffe auszuholen. Die Briten hatten im Verlauf der vergangenen drei Jahre der italienischen Kriegsmarine so erfolgreich zugesetzt, daß deren Überwasserstreitkräfte jetzt die meiste Zeit im Hafen lagen: Niemand machte den Alliierten ihre maritime Überlegenheit im Mittelmeer mehr streitig. Mussolini besaß jedoch noch zehn Zerstörer, sechs Kreuzer und vier Schlachtschiffe – darunter zwei moderne, die mit 38,1-cm-Geschützen ausgerüstet waren und mit einer Geschwindigkeit von 30 Knoten fahren konnten –, mit deren Auslaufen aus Häfen an der Adria und im Golf von Genua jederzeit zu rechnen war. Die italienische Marine besaß jedoch keine modernen Radargeräte und hatte nur noch wenig Öl; indes war sie unberechenbar. Würde sie sich jetzt vielleicht, getreu Mussolinis Lieblingsdevise „Lieber einen Tag Löwe als 50 Jahre Schaf", auf einen Kampf einlassen?

Der Landung von See her gingen britische und amerikanische Luftlandungen voran, die darauf abzielten, deutsch-italienische Gegenangriffe auf die Strandabschnitte abzuwehren und feindlichen Verstärkungen durch die Inbesitznahme wichtiger Brücken den Weg zu versperren. Man hatte vorgehabt, die Luftlandetruppen gegen Mitternacht abzusetzen, drei Stunden bevor die ersten Bodentruppen von Bord gingen. Das Hauptangriffsziel der Amerikaner war ein wichtiges Höhengelände unweit Gela namens Piano Lupo; die Briten sollten eine strategisch wichtige Brücke im Süden von Syrakus, den Ponte Grande, nehmen.

Die Briten kamen in Lastenseglern, während die Amerikaner mit dem Fallschirm absprangen. Die Piloten und Navigatoren der bei den beiden Operationen eingesetzten Transportflugzeuge waren größtenteils Amerikaner. Das fliegende Personal war nur unzureichend ausgebildet, und das sizilianische Terrain war ihm nur aus bei Tage aufgenommenen Luftaufklärungsphotos bekannt: Von dem Aussehen des Terrains bei Nacht hatte es nur recht nebelhafte Vorstellungen. Um nicht von der Invasionsflotte unter Feuer

*In dem zerklüfteten Bergland Siziliens und Italiens spielten sich besonders heftige und blutige Kämpfe ab. Die Deutschen machten sich das schwierige Gelände zunutze, indem sie an strategisch wichtigen Stellen stark befestigte Verteidigungslinien errichteten. Außerdem sprengten sie die Fernmeldeeinrichtungen und alles, was für die Alliierten sonst noch militärisch verwendbar gewesen wäre. Die Zerstörungen wirkten sich derart verheerend aus, daß General Dwight D. Eisenhower äußerte: „Auch dort, wo uns keinerlei Feindwiderstand entgegenschlug, war der Vormarsch angesichts der vielen gesprengten Straßenabschnitte, zerstörten Brücken und blockierten Eisenbahngleise schwierig genug."*

Österreich
Schweiz
Ungarn
Luganer See
Comer See
ALPEN
ALPEN
Garda-see
Frank-reich
Lago Maggiore
Mailand
Iseo-See
Verona
Padua
Venedig
Po
Etsch
Jugoslawien
Genua
APENNIN
Bologna
ROMAGNA
La Spezia
Rimini
Pisa
Arno
Florenz
Ligurisches Meer
Adria
Livorno
Ancona
APENNIN
Pescara
Ortona
Korsika
Italien
Rom
Cassino
MONTI DEL MATESE
Ánzio
Fóggia
Tyrrhenisches Meer
Neapel
Avellino
Salerno
Golf von Salerno
Tarent
Sardinien
Ionisches Meer
Mittelmeer
Straße von Messina
Sizilien
GOTENSTELLUNG
WINTER-LINIE
Pantelleria
Tunesien
0
50
100
150
Kilometer

genommen zu werden, war es überdies gezwungen, einen umständlichen Zickzackkurs zu steuern.

Kurz nachdem sie von ihren nordafrikanischen Flugbasen aus gestartet waren, gerieten die Maschinen in Windböen, und ihre V-förmigen Formationen lösten sich vor dem Erreichen Siziliens auf. Orientierungspunkte waren in der Dunkelheit nicht mehr auszumachen, und die Maschinen näherten sich den Absprungzonen aus allen Richtungen im Blindflug. Italienische und deutsche Flakbatterien eröffneten alsbald das Feuer auf sie. „Der Motorenlärm war so stark, daß wir die Detonationen nicht hören konnten", berichtete ein Angehöriger einer Flugzeugbesatzung. „Wir wurden durch die Explosionen aber immer wieder hin- und hergeschüttelt und konnten unten das Mündungsfeuer sehen." Die 3400 amerikanischen Fallschirmjäger, die über Sizilien absprangen, wurden über den ganzen Südostteil der Insel verstreut. Die meisten von ihnen waren von ihren Zielen weit entfernt; der Kommandeur der Einheit, Oberst James M. Gavin, war sich nicht einmal sicher, ob er sich wirklich auf Sizilien befand.

Weit schlimmer erging es den britischen Luftlandetruppen. Von den 144 Lastenseglern, die von Flugbasen in Nordafrika aus starteten, stürzten fast 70 infolge vorzeitigen Ausklinkens der Schleppseile ins Meer; die übrigen wurden kilometerweit über das Gelände verstreut, und lediglich ein Dutzend ging in den vorgesehenen Landezonen nieder. Nur 87 Soldaten erreichten ihr Zielgebiet, den Ponte Grande, und bis auf 19 Mann fanden sie dort den Tod oder wurden verwundet. Die Überlebenden vermochten die Brücke indes so lange zu halten, bis sie von anderen britischen Truppen ersetzt wurden, die von den Landungsstränden vorstießen.

Die chaotische Zersplitterung der Luftlandetruppen bereitete den alliierten Befehlshabern, die sich ein Bild vom Kampfgeschehen zu machen versuchten, schweres Kopfzerbrechen. Noch rätselhafter erschien sie indes den deutschen und italienischen Stellen, die eine derartige Fülle von Meldungen über Landungen an dermaßen vielen Plätzen erhielten, daß etliche von ihnen annahmen, die Amerikaner und Briten hätten 20 000 bis 30 000 Mann abgesetzt. (Ihre Gesamtzahl betrug in Wirklichkeit 4600.)

Sehr viel glatter verlief unterdessen die Landung der alliierten Bodentruppen an der Süd- und Ostküste der Insel. Im US-Sektor gingen Truppen der amerikanischen 7. Armee bei Licata, Gela und Scoglitti an Land. Bei Gela gerieten amerikanische Rangers knapp 500 Meter vor der Küste unter schweren Beschuß. Ein ganzer Zug fiel dem feindlichen Maschinengewehrfeuer zum Opfer, doch als der Morgen dämmerte, war die Stadt in ihrer Hand. Bei Licata besetzten US-Truppen kampflos einen in größter Hast preisgegebenen italienischen Gefechtsstand, dessen Verteidiger, ohne einen einzigen Schuß abzugeben, das Weite gesucht hatten. Ein amerikanischer Kriegsberichterstatter, Michael Chinigo vom International News Service, war einer der ersten, die ihn betraten. Als das Feldtelephon klingelte, nahm Chinigo, der fließend italienisch sprach, den Hörer ab und fragte: „*Chi c'è?*" („Wer ist dort?") Am Apparat war ein hoher italienischer Offizier, der von ihm wissen wollte, ob es zutreffe, daß die Amerikaner in der Gegend an Land gingen. „Aber nein", antwortete Chinigo. „Gut", bemerkte der Offizier und legte den Hörer auf.

Im Südosten der Insel waren die beträchtlich verstärkten Divisionen der britischen 8. Armee beiderseits der Halbinsel Pachino in der Nähe von Syrakus planmäßig an Land gegangen. Der Hoffnung auf mühelose alliierte Erfolge wurde am Abend jenes Tages Nahrung gegeben, als die britische 5. Division praktisch widerstandslos in den Hafen von Syrakus, ein wichtiges Operationsziel der Alliierten, einmarschieren konnte.

In ernste Schwierigkeiten gerieten die Bodentruppen erstmalig im amerikanischen Landeabschnitt Gela. Der Armee-Oberbefehlshaber von Sizilien, General Guzzoni, hatte vor Beginn der alliierten Invasion eine seiner schnellen Divisionen, die Division „Livorno", und zwei mit veralteten Panzern ausgerüstete mobile Kampfgruppen für einen Gegenangriff bei Gela im Zusammenwirken mit der Division „Hermann Göring" ausersehen. Generalmajor Paul Conrath, der Kommandeur der deutschen Division, empfing die Meldung von den alliierten Landungen zuerst von seinen eigenen Spähtrupps sowie vom Hauptquartier des Generalfeldmarschalls Kesselring aus Frascati bei Rom. Conrath beschloß daraufhin, sofort auf eigene Faust einen Gegenangriff zu führen. Außerdem waren seine Fernsprechverbindungen zu Guzzonis Hauptquartier durch die alliierten Bombenangriffe unterbrochen worden, so daß Guzzoni seinen Befehl zum Zusammenwirken mit den Italienern nicht hatte übermitteln können.

Am Morgen des 10. Juli, gegen 4 Uhr, setzte sich Conrath von seinem Bereitstellungsraum bei Caltagirone, rund 32 Kilometer nordöstlich von Gela, aus mit Panzer- und Infanteriekräften in Marsch. Alliierte Bomber und Überfälle der Luftlandetruppen verzögerten seinen Vormarsch; zeitweise wurde die Lage so kritisch, daß der Kommandeur eine Panik nur verhindern konnte, indem er seine noch relativ unerfahrenen Soldaten direkt ansprach. Trotz allem vermochte die Division ihren Vormarsch in Richtung auf Gela fortzusetzen.

Weiter westlich hatten die Einheiten der Division „Livorno" und die Panzer der mobilen Kampfgruppen mehr Glück – wenigstens zunächst. Neun oder zehn Panzern gelang es, in Gela einzudringen, allerdings ohne Infanterieunterstützung. Dort rasselten sie unablässig durch die Straßen, während US-Rangers und Pioniere ein tödliches Katz-und-Maus-Spiel mit ihnen veranstalteten, indem sie, in den Häusern Deckung suchend und immer wieder hervorpreschend, mit Bazookas schossen und Handgranaten warfen.

Die amerikanischen Truppen vermochten anfänglich nichts gegen den Feind auszurichten. Ein draufgängerischer junger Oberstleutnant namens William O. Darby verlor jedoch, nachdem er 300 Schuß Munition vom Kaliber 7,62 mm auf einen italienischen Panzer abgefeuert und erlebt hatte, daß sie ausnahmslos daran abprallten, schließlich die Geduld. Er sprang in seinen Jeep, jagte zur Küste hinunter und griff sich ein soeben gelandetes 3,7-cm-Geschütz samt Bedienungsmannschaft. Das Geschütz wurde in den Jeep gehievt, und dann ging es im Eiltempo zurück zur Stadtmitte, wo Darby mit dem behelfsmäßigen Panzerjäger das Feuer auf die feindlichen Kampfwagen eröffnete. Er berichtete später, der Rückstoß sei so heftig gewesen, daß der Geschützführer bei jedem Abschuß rückwärts hingefallen sei. Gleichwohl gelang es Darby – der für seine Tat das Militärverdienstkreuz bekam –, einen Feindpanzer außer Gefecht zu setzen und die anderen zum alsbaldigen Rückzug aus der Stadt zu zwingen.

Während sich die Panzer absetzten, näherten sich etwa 600 selbstmörderisch tapfere italienische Infanteristen der Division „Livorno" in geschlossener Formation Gela. Amerikanisches Handwaffen- und Granatwerferfeuer prasselte alsbald auf sie nieder, so daß kein einziger von ihnen in die Stadt gelangte.

Die ebenfalls in der Richtung auf Gela marschierende Division „Hermann Göring" stieß unterdessen auf zunehmend stärkeren Widerstand. Er kam zum größten Teil von Schiffsgeschützen, die sie mit 12,7- und 15,2-cm-Granaten eindeckten, doch stellten diese nicht das einzige Problem dar. Ihre schweren Tigerpanzer, die den durch die Olivenhaine im Osten von Gela angreifenden Infanterieverbänden zugeteilt waren, blieben in dichten Baumbeständen stecken. Sie gehörten zu den ersten Panzern dieses Typs, und bei einigen von ihnen versagte die Steuerung. Gleichwohl hielt Conrath den Druck auf den Gegner aufrecht. Am Nachmittag kämpften seine Männer ein amerikanisches Bataillon nieder und nahmen die meisten Überlebenden gefangen, darunter den Kommandeur. Dieser deutsche Erfolg machte den Strandabschnitt der 1. US-Division eine Zeitlang verwundbar, doch leisteten amerikanische Reserven, die sogleich in den Kampf geworfen wurden, dem Gegner tapfer Widerstand – bis die deutschen Soldaten plötzlich von Panik ergriffen wurden und kopflos davonrannten. Als die Dunkelheit hereinbrach, war der Landekopf nach wie vor fest in amerikanischer Hand.

Doch Kesselring, der weder mit den Leistungen der Italiener noch mit denen der Division „Hermann Göring" sonderlich zufrieden war, befahl Conrath tags darauf, den Angriff wieder aufzunehmen. Diesmal rückten die Deutschen gemeinsam mit ihren Bundesgenossen vor. Jedoch gelang es den Alliierten mit Hilfe italienischer Geschütze, die die Rangers erbeutet hatten, mehrere koordinierte Vorstöße der Achsentruppen zum Stehen zu bringen; besonders wirkungsvoll erwies sich abermals die Feuerwalze der Schiffsartillerie. Als Hauptmann James B. Lyle eine italienische Kolonne gegen seine Stellung bei Gela vorgehen sah, bat er den leichten US-Kreuzer *Savannah* um Unterstützung. Die *Savannah,* die über 15 Geschütze vom Kaliber 15,2 cm verfügte, ließ sogleich ein vernichtendes Sperrfeuer von 500 Schuß auf den Gegner niederprasseln, das seinen Angriff zum Stehen brachte. Als Lyle mit seinen Männern dann einen Gegenangriff vortrug, nahmen sie fast 400

## DIE EROBERUNG EINER FELSENINSEL AUS DER LUFT

Die alliierte Eroberung der italienischen Inselfestung Pantelleria war eine in der Geschichte einzig dastehende Operation: Ein feindliches Bollwerk wurde fast ausschließlich durch Luftstreitkräfte eingenommen.

Die Insel liegt an einer strategisch wichtigen Stelle zwischen Afrika und Sizilien. In den zwanziger und dreißiger Jahren zur Festung ausgebaut, verfügte Pantelleria über Küstenbatterien, einen Flugplatz und unterirdische Hangars, die bis zu 80 Flugzeugen Schutz boten.

Im Mai 1943 begannen alliierte Kampfflugzeuge mit gelegentlicher Unterstützung der britischen Kriegsmarine eine fünfwöchige Bombardierung der Insel. Am 10. Juni waren derart viele Maschinen über Pantelleria im Einsatz, daß etliche kreisend auf die Gelegenheit, ihre Bombenlast abzuladen, warten mußten.

Tags darauf gingen die Briten an Land, ohne bei der völlig verstörten, 11 000 Mann starken italienischen Besatzung auf ernsthaften Widerstand zu stoßen.

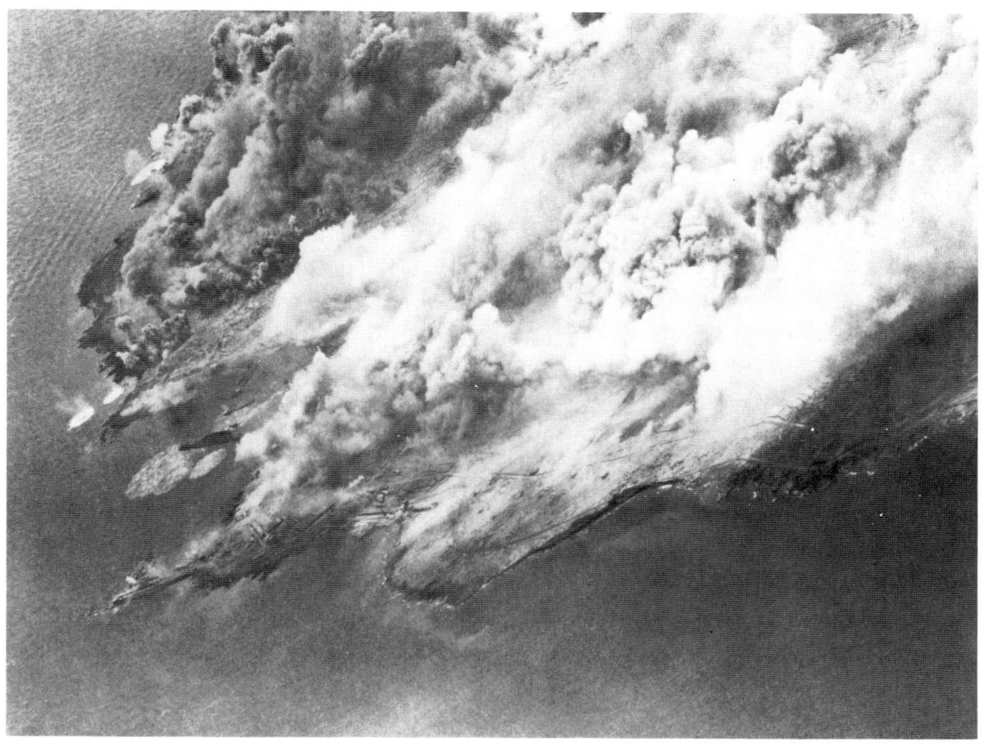

*Pantelleria nach einem Luftangriff: Im Verlauf von zehn Tagen wurden 4394 Tonnen Bomben abgeworfen.*

völlig benommene und taumelnde Italiener gefangen, die kaum begriffen, was mit ihnen geschah.

Der Kampf war indes noch lange nicht vorüber. Es fehlte nicht viel, so hätte die erneut angreifende Division „Hermann Göring" die Amerikaner ins Meer zurückgeworfen, und eine Zeitlang glaubten die Deutschen ihr Ziel erreicht zu haben. Sechzig deutsche Panzer gingen zum Angriff vor; einige von ihnen kamen bis auf 2 Kilometer an die Küste heran und richteten ihre Kanonen auf die dort eingesetzten Amerikaner. Die Ausladeoperationen wurden daraufhin sämtlich eingestellt; jedermann griff sich eine Waffe und feuerte auf die Angreifer. Auf deutscher Seite meldete irgend jemand bereits aufgeregt, die Amerikaner seien im Begriff, sich wieder einzuschiffen. Tatsächlich gingen jedoch immer noch amerikanische Truppen an Land, darunter auch ein Bataillon Feldartillerie, das seine Geschütze entlang der Dünen in Stellung brachte und das Feuer auf die deutschen Panzerkräfte eröffnete.

Die Panzer zogen sich langsam zurück und konnten alsbald auch von den Schiffsgeschützen unter Feuer genommen werden. Diese waren bisher stumm geblieben, da der Abstand vom Feind so gering gewesen war, daß die Geschützbedienungen fürchteten, sie könnten ihre eigenen Kameraden treffen. Zwei Drittel der Panzer wurden abgeschossen. „Als Salve auf Salve der schweren Schiffsgeschütze die Wannen der Panzer durchschlug", schrieb General Bradley, „kamen die deutschen Panzerkommandanten zu der Erkenntnis, daß ein 25 Tonnen wiegender deutscher Panzer IV einem Kreuzer nicht gewachsen ist. Der Gegner machte kehrt und zog sich eiligst in Richtung auf die Berge zurück, wo ihm unsere Kriegsschiffe endlich nichts mehr anhaben konnten."

Die Kriegsschiffe setzten gleichwohl alle ihre Kräfte daran, dem zurückweichenden Gegner so lange wie möglich zuzusetzen. Der vor Gela operierenden amerikanischen Flotte war ein britisches Schiff namens H.M.S. *Abercrombie* zugeteilt, das einen etwas sonderbaren Anblick bot. Es war ein völlig antiquierter Monitor aus dem 19. Jahrhundert, dessen Erscheinen bei den amerikanischen Seeleuten zunächst beträchtliche Heiterkeit erregte. Ganz niedrig auf dem Wasser liegend, war die *Abercrombie* im Grunde nichts als eine schwimmende Plattform für einen großen gepanzerten Turm, in den man zwei 38,1-cm-Geschütze eingebaut hatte.

Als die Deutschen den Rückzug antraten, war der Kommandant dieses stolzen Pottes, Kapitän zur See G. V. B. Faulkner, derart darauf versessen, die Beschießung fortzusetzen, daß er eine besondere Methode anwandte, die es ihm erlaubte, dem seinen Blicken längst entschwundenen Gegner weiter zuzusetzen. Er nahm eine Ballastverlagerung vor, indem er die Wasserbehälter im Bug leerte und im Heck füllte, so daß sich das Panzerfahrzeug schräg legte. So vergrößerte er den Abschußwinkel seiner beiden Geschütze und erhöhte ihre maximale Schußweite auf beinahe 34 Kilometer. Als die Amerikaner landeinwärts vordrangen, stellten sie fest, daß die *Abercrombie* einen Volltreffer auf einem feindlichen Gefechtsstand erzielt hatte.

Die mit schwersten Kalibern bestückten Schiffe der Kriegsflotte Mussolinis verzichteten von vornherein auf die Bekämpfung der *Abercrombie* oder irgendeines anderen feindlichen Schiffes. Sie blieben im Hafen, wo britische Schlachtschiffe und Flugzeugträger sie aus der Ferne sorgfältig im Auge behielten. Die deutschen und italienischen Luftstreitkräfte machten jedoch äußerste Anstrengungen, die Invasionsflotte auf den Grund des Meeres zu schicken, und durchstießen wiederholt den alliierten Luftschirm. Da die Bewegungen der alliierten Luft- und Überwasserstreitkräfte kaum koordiniert waren, hatten die deutschen Kampfflieger ungeachtet ihrer zahlenmäßigen Unterlegenheit leichtes Spiel. Vor Gela beschädigten deutsche Flugzeuge mehrere alliierte Schiffe schwer und versenkten den US-Zerstörer *Maddox* sowie ein Panzer-Landungsschiff mit einer wertvollen Ladung Panzerabwehrkanonen. Die *Robert Rowan,* ein mit Munition beladenes Frachtschiff der Liberty-Bauserie, wurde durch eine gewaltige Explosion auseinandergerissen, die ihre Trümmer in einer riesigen Wolke aus Rauch und Flammen mehr als 100 Meter hoch in die Luft schleuderte.

Abgesehen von den unmittelbaren Schäden, die die deutsche Luftwaffe den Invasionsstreitkräften zufügte, hatte die ständige Anwesenheit ihrer Flugzeuge über dem Landungsraum noch eine indirekte – und für die Alliierten verheerende – Folge: Ein deutscher Angriff, der fast gleichzeitig mit dem Absprung amerikanischer Luftlandekräfte über der Landestelle bei Gela erfolgte, trug zu einem der tragischsten Irrtümer des Zweiten Weltkriegs bei.

In der Nacht des 11. Juli erschienen starke deutsche Bomberkräfte, die den vor Gela ankernden Flottenverband schon den ganzen Tag über angegriffen hatten, abermals über dem Landungsabschnitt der 7. Armee und den sie unterstützenden Schiffen. Sie warfen Reihen von Leuchtfallschirmen ab, die die Schiffe in ein grelles, blauweißes Licht tauchten, und suchten sich ihre Ziele.

Die von den Leuchtfallschirmen geblendeten Geschützbedienungen der Schiffe setzten sich nach besten Kräften gegen die Feindflugzeuge zur Wehr, indem sie einen Schirm aus Leuchtspurgeschossen und Eisenschrott errichteten. Die deutschen Flugzeuge waren nicht sichtbar; die alliierten Schiffskanoniere konnten daher nicht sehen, was sie unter Beschuß nahmen. Doch kurz nach 22.30 Uhr schien es ihnen und den Bedienungsmannschaften der Flakbatterien an Land, daß die Deutschen einen schweren Fehler begingen: Ihre Flugzeuge kamen im Tiefflug angeflogen, so daß man ihre blauen Auspuffgase sehen konnte. Mehr als 5000

*Die alliierten Streitkräfte, die am 10. Juli 1943 auf Sizilien landeten, hatten sich in Großbritannien und in zwölf Mittelmeerhäfen, von Oran bis Beirut (kleine Karte), eingeschifft. Die britische 8. Armee ging mit vier Divisionen im Südosten der Insel an Land (untere Karte), die amerikanische 7. Armee mit drei Divisionen an der Südküste. Nach der Landung der Alliierten führten die Deutschen bei Gela einen Gegenangriff gegen die Amerikaner und begannen anschließend, sich unter Ausnutzung natürlicher Rückzugswege durch die Berge nach und nach in die Nordostspitze der Insel abzusetzen. Im Osten versuchten die Deutschen, mit massierten Kräften den Küstenstreifen zwischen Catánia und Messina zu blockieren. Im Westen sprengten sie bei ihrer Absetzbewegung nach Messina alle Brücken, verminten die Straßen, verteidigten Gebirgspässe und machten mit starken Kräften an der Ätna-Linie Front, während ihre Truppen über die Straße von Messina auf das Festland übersetzten.*

Geschütze aller Kaliber schleuderten ihnen einen fast vulkanartigen Rauch- und Feuerstrahl entgegen.

Unter lauten Jubelrufen beobachteten die Kanoniere, wie etliche der Maschinen brennend abstürzten. Aus anderen Feindflugzeugen schwebten Fallschirme herab, an denen dunkle Gegenstände baumelten. Warf der Gegner etwa Minen ins Meer? Die Kanoniere fluchten und nahmen die dunklen Dinger unter Beschuß, um sie in der Luft zur Explosion zu bringen. Als eine der Maschinen unweit des US-Zerstörers *Beatty* abstürzte, nahmen die Kanoniere, um ganz sicherzugehen, auch noch die Trümmer mit ihren 2-cm-Flakgeschützen unter Feuer, bis sie endlich erkannten, um was für ein Flugzeug es sich handelte: eine amerikanische Transportmaschine vom Typ C-47!

Tatsächlich waren sämtliche im Tiefflug anfliegenden – insgesamt 144 – Flugzeuge amerikanische Maschinen, die 2000 Fallschirmjäger der 82. Luftlandedivision an Bord hatten. Sechs von ihnen wurden abgeschossen, ehe die Fallschirmjäger abspringen konnten. 229 tote, verwundete und vermißte Fallschirmspringer waren die erschütternde Bilanz dieses Mißverständnisses; 23 Maschinen wurden abgeschossen und 37 schwer beschädigt. Ein Flugzeug, das es noch schaffte, zu seiner Basis nach Nordafrika zu kommen, war durchsiebt von Einschüssen.

Wer hatte hier versagt? Als Patton den Entschluß faßte, die Fallschirmjäger in der Nacht des 11. Juli zur Verstärkung des Landekopfes heranzubringen, gab er Befehl, sämtliche Einheiten von ihrer Ankunft in Kenntnis zu setzen. Generalmajor Matthew B.

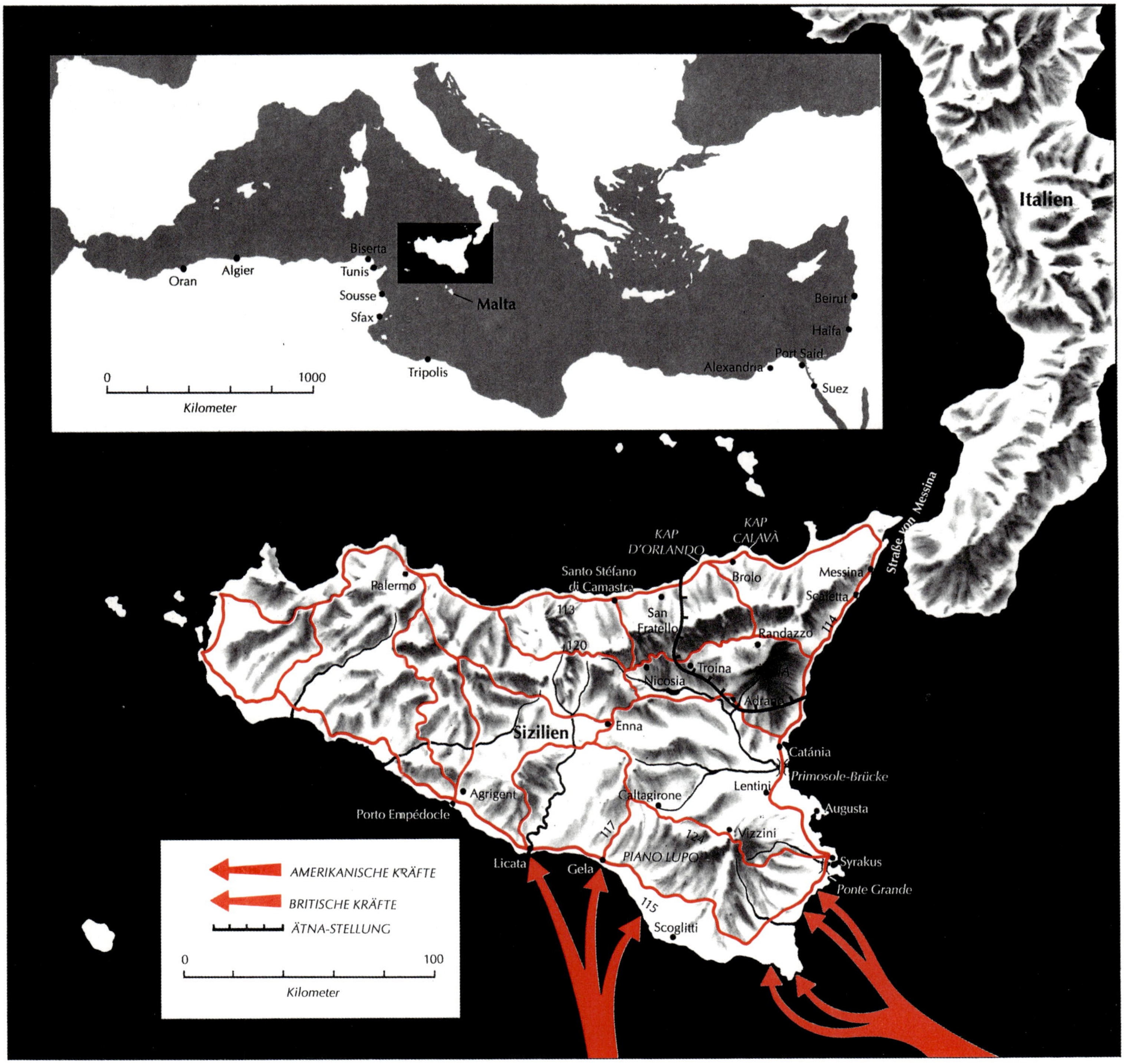

Ridgway, der Kommandeur der 82. Luftlandedivision, flog von Nordafrika nach Sizilien, um sicherzustellen, daß diese Warnung allen Beteiligten zur Kenntnis gebracht wurde. Die Marinebefehlshaber hatten Ridgway vorher ausdrücklich versichert, daß sie die Maschinen nicht beschießen würden, wenn sie einen schmalen Korridor entlang dem Landekopf benutzten. Die Flugzeuge hielten sich an diese Anweisung. Einige Schiffseinheiten erhielten jedoch von dieser Planung keine Kenntnis.

Wie General Eisenhower in einem Bericht über den Vorfall ausführte, folgte der den Transportflugzeugen vorgeschriebene Kurs „auf 56 Kilometern der Kampffront, und die Kanoniere der Flak an Bord und an Land waren im Verlauf der seit zwei Tagen andauernden Luftangriffe dazu übergegangen, jedes Flugzeug auf Sicht abzuschießen". Die Kanoniere hätten die Transportmaschinen höchstwahrscheinlich, ob gewarnt oder nicht gewarnt, in jedem Falle unter Beschuß genommen, obwohl sie die gelbbraunen Kennlichter aufwiesen. (Etliche Maschinen erreichten übrigens vor dem Einsetzen des Feuers das Absprunggelände.) Doch ihr Eintreffen unmittelbar im Anschluß an einen deutschen Luftangriff machte die Katastrophe fast unausweichlich. General Ridgway kam später nach einer genauen Untersuchung zu dem Schluß, die Verantwortung sei derart „breit gestreut und so schwer abzuschätzen", daß man von der Einleitung von Disziplinarverfahren absehen sollte. „Derartige Verluste sind im Krieg nun einmal unvermeidlich", lautete das Fazit seiner Ausführungen.

In der auf diese Katastrophe folgenden Nacht führten die Deutschen weiter östlich gegenüber der britischen 8. Armee ein eigenes Luftlandeunternehmen durch. Die unauffällige Ankunft von Teilen der 1. Fallschirmjägerdivision auf dem Flugplatz von Catánia bezeichnete den Beginn eines deutschen Aufmarsches, in dessen Verlauf die Zahl der deutschen Truppen auf der Insel schließlich auf über 50 000 Mann anwuchs. Dieser Aufmarsch erfolgte auf persönlichen Befehl Hitlers – der für seinen zögernden italienischen Bundesgenossen, Benito Mussolini, Zeit gewinnen wollte.

Am Morgen jenes Tages war Kesselring nach Sizilien geflogen, um sich persönlich einen Überblick über die Lage auf der Insel zu verschaffen. Der Feldmarschall brachte den Italienern weit mehr Achtung und Wertschätzung entgegen als die Mehrzahl der übrigen deutschen Militärs. Es ließ sich jedoch nicht verheimlichen, daß es den Italienern auch mit deutscher Unterstützung nicht gelungen war, die Alliierten ins Meer zurückzuwerfen. Dennoch glaubte Kesselring, die Achsenstreitkräfte würden imstande sein, den alliierten Vormarsch aufzuhalten und an einer Abwehrfront im Bergland von Nordostsizilien zum Stehen zu bringen. Die nächste Phase des Kampfes sollte nach seinem und Hitlers Plan ein deutsches Unternehmen bilden, bei dem die Italiener – die nominell nach wie vor die Gesamtverantwortung hatten – ihrem Verbündeten Unterstützung leisteten.

An den darauffolgenden Tagen trafen laufend weitere Einheiten der 1. Fallschirmjägerdivision vom Festland ein, dazu die 29. Panzergrenadierdivision. Das Generalkommando des XIV. Panzerkorps wurde ebenfalls nach Sizilien verlegt, und sein Kommandierender General, General der Panzertruppen Hube, übernahm die Führung der deutschen Verbände auf der Insel.

Dem Achsenplan zufolge sollten alle deutschen Kräfte, insbesondere die 15. Panzergrenadierdivision, Westsizilien preisgeben – obwohl man erneute alliierte Landungen in diesem Raum befürchtete – und sich zusammen mit den besten der noch verbliebenen italienischen Truppen auf eine durchgehende Verteidigungslinie zurückziehen, die von Catánia an der Ostküste um die schroffen Westhänge des Ätna bis nach Santo Stéfano di Camastra am Tyrrhenischen Meer verlaufen sollte.

Die Absetzbewegung der Achsentruppen änderte theoretisch nichts an den Aufgaben der sie verfolgenden alliierten Armeen: Die britische 8. Armee war der Sturmbock und die amerikanische 7. Armee der Wachhund, der Rücken und Flanke der Briten abdeckte. Doch im Verlauf des Feldzugs blieb der Sturmbock stehen und der Wachhund verwandelte sich in einen Tiger. Zum Teil hing diese Entwicklung natürlich von unvorhersehbaren Ereignissen der Kriegführung ab, zu einem großen Teil resultierte sie aber auch aus den Eigenarten der beiden Armee-Oberbefehlshaber, Patton und Montgomery. Obwohl beide hervorragende Soldaten und zugleich Primadonnen unter den Offizieren waren, waren sie doch so verschieden wie Tag und Nacht.

Ihre gegensätzliche Wesensart zeigte sich ganz deutlich in ihrer Einstellung zur Uniformfrage. Während Patton in der Gluthitze des sizilianischen Sommers darauf bestand, daß seine Untergebenen Stahlhelme und, zumindest im rückwärtigen Gebiet, Krawatten trugen, waren Montgomery solche Dinge völlig gleichgültig. Als der Oberbefehlshaber der 8. Armee einmal an einem glühendheißen Tag auf der Fahrt zur Front einem Lastwagen begegnete, dessen Fahrer lediglich mit einem Zylinder bekleidet war, den er zum Gruße ehrerbietig vom Kopfe zog, lachte Montgomery schallend und diktierte später einen scherzhaften Befehl: „Das Tragen von Zylindern ist in der 8. Armee untersagt."

So starr Pattons Einstellung in der Kleiderfrage war, so flexibel, kühn und listig zeigte er sich indes auf dem Schlachtfeld, während Montgomerys laxe Handhabung der Uniformvorschriften in auffallendem Gegensatz zu seiner Vorsicht und Traditionsgebundenheit als Stratege stand. Er war ein Meister des konventionellen, sorgfältig geplanten Gefechts und wollte, ehe er zum Angriff antrat, die

Gewißheit haben, daß sich jede Kugel – manche meinten sogar, jeder Schnürsenkel – an der vorgeschriebenen Stelle befand.

Im Verlauf des Juli bildete sich zwischen diesen beiden so gänzlich verschieden veranlagten Oberbefehlshabern eine heftige Rivalität heraus, die bis zum Kriegsende andauern sollte. Zum Teil resultierte sie aus Montgomerys geringschätziger Meinung über die Kampfkraft der amerikanischen Truppen und aus Pattons Entschlossenheit, der Weltöffentlichkeit den Kampfwert seiner 7. Armee vor Augen zu führen. Eine beträchtliche Rolle spielte aber auch der heftige Konkurrenzneid der beiden Oberbefehlshaber. Ein erfahrener britischer General wies noch auf einen weiteren Grund hin: „Es mag kindisch erscheinen", bemerkte er, „aber Kämpfernaturen dürsten nach Ruhmestaten, die in der ganzen Welt Schlagzeilen machen. Generale wollen persönliche Siege erringen."

Im Abschnitt der 8. Armee drängte Montgomery mit zwei Seite an Seite kämpfenden Korps vorwärts. Das XIII. Korps (Generalleutnant Sir Miles C. Dempsey) rückte im Osten auf der Küstenstraße in Richtung Catánia vor, und das XXX. Korps (Generalleutnant Sir Oliver W. H. Leese) landeinwärts an der rechten Flanke der Amerikaner – in der Hauptsache Einheiten von Bradleys II. Korps. Das britische XIII. Korps führte einen Angriff gegen die neue deutsche Abwehrfront im Süden von Catánia, die sich landeinwärts bis Enna erstreckte, doch der Angriff begann schlecht, kam ins Stocken und rannte sich schließlich fest. Zu dem verpatzten Beginn gehörte auch ein gleichzeitiger Angriff von Luftlande- und Kommandotruppen auf zwei wichtige Brücken. Die Kommandotruppen – zahlenmäßig zu schwach und zu leicht bewaffnet – wurden durch starke deutsche Gegenstöße zur Aufgabe ihrer Brücke gezwungen.

Die Fallschirmjäger gerieten auf dem Weg zu ihrem Angriffsziel in alliiertes Flakfeuer – es war dies die dritte Luftlandekatastrophe des Feldzuges – und wären anschließend fast über dem Maschinengewehrbataillon der deutschen 1. Fallschirmjägerdivision abgesprungen, das am selben Tage etwas früher abgesetzt worden war. Von den 1856 britischen Fallschirmjägern, die von Nordafrika aus gestartet waren, erreichten nur 295 ihre Brücke; sie nahmen sie in Besitz und vermochten den Feind so lange abzuwehren, bis sie von Bodentruppen des XIII. Korps entsetzt wurden.

Da der gegnerische Widerstand nahe Lentini den Hauptvorstoß des XIII. Korps entlang der Straße nach Catánia verlangsamte, faßte Montgomery einen neuen Plan. Er wollte das XXX. Korps (Leese) um die Ätnahänge herum schwenken lassen und Messina von Westen her angreifen, während das XIII. Korps entlang der Küstenstraße an der Ostseite der Insel weiter Druck ausüben sollte. Für diese Richtungsänderung benötigte Montgomery allerdings die von der Stadt Vizzini über Caltagirone nach Westen führende Straße Nr. 124. Der in Frage kommende Straßenabschnitt gehörte zu dem ursprünglich den Amerikanern zugewiesenen Abschnitt und war die einzige größere Rollbahn, über die sie zu jenem Zeitpunkt in diesem Teil der Insel verfügten.

Für den Sieger von El Alamein war der Wunsch Vater des Befehls. Ohne die Amerikaner oder zunächst sogar seinen unmittelbaren Vorgesetzten, General Alexander, davon in Kenntnis zu setzen, schickte Montgomery Leeses Soldaten auf der Straße Nr. 124 vor. Die nordwärts Richtung Enna vorrückenden Amerikaner stellten plötzlich fest, daß sie mit britischen Panzersoldaten und Infanteristen der 51. Highland-Division um dieselben Ziele wetteiferten. Den in diesem Raum eingesetzten amerikanischen Kommandeuren und Soldaten kam die Situation zwar etwas verworren, aber keineswegs völlig widersinnig vor. Als die Highland-Division beim Kampf um Vizzini Oberst Charles M. Ankcorn, den Kommandeur der Regimentskampfgruppe 157 der 45. US-Division, um Unterstützung bat, sagte dieser sofort zu, obwohl es sein eigenes Operationsgebiet war. Um Zeit zu sparen, umging er sogar den Dienstweg, indem er von einem verlassenen Eisenbahnwaggon einen Versandschein abriß und auf die Rückseite einen Befehl an einen seiner Kommandeure kritzelte: „Murphy, helfen Sie den Briten!"

Als General Alexander schließlich von Montgomerys eigenmächtigem Entschluß zur Übernahme der Straße Nr. 124 erfuhr, erklärte er sich voll und ganz damit einverstanden. Er wies Patton mündlich wie schriftlich darauf hin, daß die 7. US-Armee ihre passive Rolle als Rücken- und Flankenschutz für Montgomery in der jetzigen Situation unbedingt weiterspielen müsse: Eine Teilnahme der Amerikaner an dem Sturm auf Messina könne unter keinen Umständen in Frage kommen.

Patton hatte sich von Anfang an darüber geärgert, daß seiner Armee nur eine unterstützende Rolle zugedacht war, und sein Ärger steigerte sich jetzt noch – wenn auch noch nicht zu unbändiger Wut, wie es später geschehen sollte. Fürs erste beherrschte er sich vielmehr und hielt auch seine vor Zorn schäumenden Korpsgenerale und Divisionskommandeure im Zaum. Gewiß tat er dies aus soldatischem Gehorsam gegenüber seinem Dienstvorgesetzten; möglicherweise erkannte er auch, daß die Schwierigkeiten, in die die 8. Armee im Osten geraten war, und Montgomerys energisches Vorgehen entlang der Straße Nr. 124 der 7. Armee unter Umständen eine einmalige Chance geben würden.

Tatsache war, daß Patton Siziliens größte Stadt, Palermo, im Auge hatte. Die Einnahme von Palermo würde ihn dazu befähigen, den Westteil der Insel abzuschnüren, Schlagzeilen zu machen und vor allem einen größeren Hafen zu kontrollieren, von dem aus er dann letztlich seinen eigenen Stoß auf Messina entlang der Nordküste der Insel führen konnte. Patton weihte General Alexander vorerst nicht in seinen ehrgeizigen – noch keineswegs ausgereiften – Plan ein –, vielleicht, weil er hoffte, er könne ihn wieder vor eine vollendete Tatsache stellen, wie Montgomery es getan hatte. Er erwirkte jedoch bei ihm die Erlaubnis, einen begrenzten Vorstoß nach Westen in Richtung Agrigent zu unternehmen: Porto Empédocle, der Hafen von Agrigent, würde ihm für die Anlandung von Nachschubgütern von Nutzen sein, die ein Stoß auf Palermo erforderte. Patton wies Alexander darauf hin, er brauche den Hafen unbedingt, denn das Löschen von Versorgungsgütern an den Uferstreifen sei auf die Dauer zu umständlich.

Eine nachfolgende Weisung Alexanders löste dann jedoch einen regulären Wutausbruch bei Patton aus. Es war dies ein auf den ersten Blick völlig harmloser Befehl, der lediglich all das guthieß, was seit der Besetzung der Straße Nr. 124 durch Montgomery geschehen war; wie schon zuvor wurde auch hierin der 7. Armee nur eine unterstützende Rolle zugewiesen und darüber hinaus kein weiterer Auftrag erteilt.

Patton hatte bisher alles schweigend ertragen. Der Gedanke, seine Armee solle immer nur dazu da sein, Montgomerys Rücken abzudecken, steigerte seinen Ärger jedoch zu grimmiger Wut: Alexanders Befehl schien die Amerikaner auf diese Rolle für den Rest des Feldzuges festzulegen.

Zornentbrannt flog Patton nach Tunis, um Alexander wegen dieser, wie es ihm schien, ehrenrührigen Unterschätzung des Kampfgeistes der US-Truppe zur Rede zu stellen. Alexander, der angenommen hatte, die Amerikaner hätten sich mit der ihnen zugewiesenen Rolle abgefunden, war über Pattons Wutausbruch aufs äußerste überrascht. „General", sagte Patton, „ich bin gekommen, um Sie zu ersuchen, uns freie Hand zu lassen und Ihren Befehl wie folgt abzuändern: ‚Die 7. Armee wird in zügigem Vormarsch nach Nordwesten und Norden vorstoßen und Palermo nehmen.' " Alexander stimmte dem sofort zu.

Wie sich herausstellte, war Palermo reif zum Sturm, und der anschließende Blitzfeldzug war für die Alliierten ein großer Erfolg, vermochten sie dadurch doch die Westhälfte von Sizilien zu säubern und einen wichtigen Hafen zu gewinnen. Patton stellte für den Stoß auf die Stadt unverzüglich ein improvisiertes Korpskommando unter seinem Stellvertreter, Generalmajor Geoffrey Keyes, auf, dessen zwei Divisionen, die 2. Panzerdivision und die 3. Infanteriedivision, in der Frühe des 19. Juli antraten und in vier Tagen gegen nur symbolischen Feindwiderstand 160 Kilometer zurücklegten. Gelegentlich waren die Straßen vermint, und auf dem Weg nach Palermo hielt ein italienisches 7,5-cm-Panzerabwehrgeschütz, das alsbald außer Gefecht gesetzt wurde, die Panzerkolonne für kurze Zeit auf. Als die schlimmsten Feinde der Amerikaner erwiesen sich die sengende Hitze und die dichten Staubwolken, die von den ausgetrockneten Kiesstraßen aufwirbelten.

Infanteristen der 3. US-Division legten in einem 36stündigen Marsch 87 Kilometer zurück und trafen rechtzeitig in Palermo ein, um dort die Soldaten der 2. Panzerdivision begrüßen zu können. Dreckverkrustete italienische Soldaten säumten die Straßen und warteten auf jemanden, dem sie sich ergeben konnten. Die Deutschen waren verschwunden, und der Großteil der Einwohner hatte die Stadt schon vor längerer Zeit auf der Flucht vor den zermalmenden alliierten Bombenangriffen verlassen. Am Abend

des 22. Juli betrat General Keyes die Stadt und nahm von General Giuseppe Molinero die Kapitulation entgegen.

Gewiß trifft es zu – wie auch zahlreiche Kritiker Pattons betont haben –, daß der Vormarsch nach Palermo größtenteils über feste Straßen erfolgte; daß der deutsche Gegner keinen nennenswerten Widerstand leistete und daß die amerikanischen Verluste mit nur 57 Toten, 170 Verwundeten und 45 Vermißten gering waren. Es stimmt aber auch, daß die Deutschen den Hafen von Palermo durch die Versenkung von 44 Schiffen unbenutzbar gemacht hatten. Jedoch entfalteten US-Heerespioniere sogleich eine fieberhafte Tätigkeit und vermochten die Hafenanlagen innerhalb von nur einer Woche zu 60 Prozent ihrer früheren Kapazität wieder betriebsfähig zu machen, so daß die Amerikaner für die weiteren Kampfhandlungen jetzt über einen eigenen Hafen verfügten. Überdies führte die Einnahme von Palermo der ganzen Welt und also auch den Briten vor Augen, daß der amerikanische Oberbefehlshaber und die ihm unterstellten Kommandeure den Anforderungen des modernen Bewegungskrieges durchaus gewachsen waren.

Nach der Einnahme von Palermo konnte sich die 7. Armee nach Osten wenden und zum Stoß auf Messina ansetzen. Der Wettstreit zwischen Patton und Montgomery, wer die Stadt als erster betreten würde, war nun im vollen Gange. „Dies ist ein Wettrennen, bei dem der Ruf der US-Armee auf dem Spiel steht!" verkündete Patton. „Wir müssen Messina vor den Briten nehmen!"

Patton verfügte jetzt über zwei Hauptstraßen: Die eine führte entlang der Küste unmittelbar nach Messina, und die andere durchschnitt das Gebirge und verlief um die Nordhänge des Ätna herum zur Ostküste der Insel. Die 7. Armee sollte jetzt gleichrangig mit der 8. Armee im Norden operieren, während die 8. Armee fortfuhr, gegen Catánia anzurennen und gegen die linke Flanke und das Zentrum der deutschen Frontlinie vorzustoßen.

Die Amerikaner sahen sich jetzt zwei Gegnern gegenüber: dem Gelände und den findigen Deutschen, die ihren Vormarsch immer wieder ins Stocken brachten. Die Straßen waren in den gebirgigen Gegenden von Nordsizilien eng, kurvenreich und steil und wiesen Tunnel und Brücken auf, die von ein paar mit einer Schnellfeuerwaffe und etlichen Sprengladungen ausgerüsteten Deutschen leicht verteidigt und dann ohne große Mühe gesprengt werden konnten. Diese Feindstellungen waren nur dadurch auszuschalten, daß man die Straße verließ, die Berge zu beiden Seiten erkletterte und den Feind an der Flanke umging – woraufhin er sich gewöhnlich auf einen an der nächsten Kurve oder auf der nächsten Bergeshöhe gelegenen ähnlichen Stützpunkt zurückzog.

Da an den meisten Tagen Temperaturen bis zu 38° C herrschten, war Wasser in diesem zerklüfteten Teil der Insel oft knapp, und die von den Bautruppen auf den Straßen und Brücken zu leistenden Instandsetzungsarbeiten wären auch ohne das zielgenaue, unablässige feindliche Infanterie-, Granatwerfer- und Artilleriefeuer bereits außerordentlich anstrengend gewesen.

In den ersten Augusttagen vermochten die Amerikaner – die entlang der Küstenstraße Nr. 113 ostwärts vorstoßende 45. Division und die parallel zu ihr im Innern entlang der Straße Nr. 120 marschierende, kampferfahrene 1. Division – nur ganz allmählich Boden zu gewinnen. Beide Straßen waren eng und kurvenreich; die Deutschen verminten sie und sprengten Brücken und Tunnel mit einer geradezu unheimlichen Perfektion.

Der stets ungeduldige, leicht erregbare Patton wurde nervös. Seine Unruhe wurde offenbar, als er sich jäh zu einer Tat hinreißen ließ, die daheim mehr Aufsehen erregte als die Einnahme von Palermo und die ihn beinahe die Stellung gekostet hätte. Tag für Tag begab er sich an die Front, um seine Männer vorwärtszutreiben, und inspizierte auch, seiner Gewohnheit gemäß, die Feldlazarette, um sich mit den verwundeten Soldaten zu unterhalten. General Omar Bradley zufolge „kümmerten sich nur wenige Befehlshaber so intensiv um die Lazarette wie George, sah er doch in den Wundverbänden der Soldaten das augenfällige Tapferkeitsabzeichen, das ihm die größte Achtung abnötigte".

In einem Lazarett erblickte Patton, nachdem er mehrere Verwundete beglückwünscht hatte, einen Soldaten, der keinen Verband trug. „Was fehlt Ihnen?" wollte er wissen.

*Die Einwohner von Monreale heißen ihre amerikanischen Befreier jubelnd willkommen. Die begeisterten Sizilianer überschütteten die US-Soldaten mit Blumen. Wie es auf Sizilien Brauch ist, blieben die Frauen größtenteils zu Hause und überließen die Begrüßung der Soldaten den Männern.*

*Der narbengesichtige italienische General Giuseppe Molinero fährt mit US-Generalmajor Geoffrey Keyes zum Palazzo Reale von Palermo, wo der Italiener dem Amerikaner die Stadt übergab. Keyes' Gesicht ist noch schmutzig vom Staub, der beim Panzervorstoß über die ungepflasterten Straßen Siziliens aufgewirbelt wurde.*

„Ich habe plötzlich schlappgemacht, Herr General", gab ihm der Soldat darauf zur Antwort.

Patton geriet in Wut. Er schlug den Mann mit seinen Handschuhen ins Gesicht, überhäufte ihn mit Schmähungen und warf ihn schließlich gewaltsam aus dem Zelt. Später stellte sich heraus, daß der Soldat an Ruhr und Malaria erkrankt war und hohes Fieber hatte. Aber dies war nicht der einzige Zwischenfall dieser Art.

Acht Tage später traf Patton in einem anderen Lazarett auf einen Soldaten, der laut ärztlicher Diagnose an „schwerer Kriegsneurose" litt. „Es sind die Nerven, Herr General", klagte er Patton. „Ich kann noch ertragen, wenn die Granaten pfeifen, aber wenn sie aufschlagen, dann ist es aus."

„Die Nerven, verflucht noch mal! Du bist nichts weiter als ein gottverdammter Feigling, du Hundesohn", brüllte Patton den bemitleidenswerten Mann an, zog seine Pistole und fuchtelte damit vor dessen Nase herum. „Du verdienst, an die Wand gestellt und erschossen zu werden! Eigentlich sollte ich dich gottverdammten Kerl hier auf der Stelle erschießen!"

*Kap Calavà, Sizilien: Amerikanische Infanteristen klettern auf dem Marsch nach Messina über die Überreste der gesprengten Küstenstraße. Um den Vormarsch der 3. US-Division zu verzögern, hatten die Deutschen einen 45 Meter langen Straßenabschnitt in die Luft gejagt. Das X. US-Pionierbataillon schlug jedoch innerhalb von zwölf Stunden eine Holzbrücke über den Abgrund (kleines Bild), die sogar Jeeps und Lastwagen trug.*

Als der Soldat zu weinen begann, versetzte Patton ihm einen heftigen Schlag ins Gesicht, so daß ihm der Helm vom Kopf fiel und über den Fußboden rollte. Daraufhin schritt der Leiter des Lazaretts, ein Oberstabsarzt, ein und überredete den General, den Soldaten zu schonen und das Zelt zu verlassen.

General Bradley bemerkte nach dem Krieg über diese Vorfälle, Pattons Verhalten sei, wenn auch nicht verzeihlich, so doch verständlich: „George erlebte den Krieg nicht so sehr als Heimsuchung, sondern sah darin eine Bewährungsprobe, in der er Erfüllung fand... Als echte Kämpfernatur vermochte er nicht zu begreifen, daß es Männer gab – es sei denn, Feiglinge –, die den Krieg verabscheuten." Patton selber meinte, er habe den betreffenden Soldaten mit seinen Ohrfeigen einen Gefallen getan. Er habe ihnen ihre Selbstachtung wiedergeben wollen und „nach jedem Vorfall den dabei anwesenden Offizieren gesagt, er habe das Gefühl, wahrscheinlich eine unsterbliche Seele gerettet zu haben".

Die beiden Vorfälle kamen alsbald dem alliierten Oberkommandierenden, General Eisenhower, zu Ohren. Nach der Disziplinarstrafordnung wäre er voll und ganz im Recht gewesen, wenn er Patton seines Postens enthoben und verabschiedet hätte. Er anerkannte indes, daß Patton, was immer man von ihm denken mochte, ein hervorragender Kämpfer sei, der „den Streitkräften für die großen Schlachten, die uns in Europa noch bevorstanden, erhalten bleiben müsse". Patton hatte vielleicht kein sehr gewinnendes Wesen, war aber ein Draufgänger, einer der angriffsfreudigsten Frontgenerale, die die Vereinigten Staaten je hervorgebracht hatten, und seine Abberufung wäre für die US-Armee ein unersetzlicher Verlust gewesen. Eisenhower setzte Patton nicht ab, wies ihn aber in einem Brief mit strengen Worten zurecht und forderte ihn auf, sich zu entschuldigen.

Pattons Beliebtheit taten die beiden „Tätlichkeits-Vorfälle" indes keinen Abbruch. Bei seinem ersten öffentlichen Auftreten nach dem Skandal richtete er in Palermo eine Ansprache an Soldaten, die in einem Theater zusammengeströmt waren. Sie begann mit den Worten: „Ich dachte, ich sollte mich mal vor euch Kerle hinstellen, damit ihr selber seht, ob ich wirklich so ein großer Hundesohn bin, wie ihr meint." Tosender Beifall füllte den Saal.

Patton wollte so schnell wie möglich Messina erreichen und trieb seine Armee ungestüm vorwärts. Bei Troina, einer Stadt im Gebirge, wurde ihm jedoch der Weitermarsch auf der Staatsstraße Nr. 120 versperrt. Troina bildete zusammen mit den im britischen Abschnitt gelegenen Städten Adrano und Catánia einen entscheidenden Eckpfeiler der deutschen Abwehrstellung. Der Befehlshaber der deutschen Heeresverbände, General Hube, hatte noch immer nicht Befehl erhalten, Sizilien zu räumen. Ein Meister der Verteidigung und der hinhaltenden Gefechtsführung, wollte Hube jedoch sichergehen, daß die Übersetzbewegung auf das Festland gegebenenfalls in voller Ordnung erfolgen konnte. Er wußte, daß bei einer frühzeitigen Aufgabe von Triona ein Großteil der deutschen Truppen auf Sizilien möglicherweise eingeschlossen würde.

Hube war vielleicht allzu besorgt. In einem Land, das eine Vielzahl von natürlichen Sperrstellungen aufwies, stellte Troina eines der stärksten Bollwerke dar. Von der hoch auf einem Felsen erbauten Stadt ließen sich nicht nur alle Zufahrtswege überwachen, sie war zudem noch überall von Höhenzügen und Berggipfeln umgeben, die den Weg nach Osten versperrten. Das Gelände war abschüssig, uneben und von Gebirgsflüssen durchschnitten, deren Ufer die Deutschen vermint hatten.

Zunächst schien es den Amerikanern jedoch, als sei die Vertreibung des deutschen Gegners von den Höhenrücken um Troina keine sonderlich schwierige Operation; sie hatten den Eindruck, Stadt und Umgebung würden nur von schwachen Sicherungen gehalten, die vermutlich nur hinhaltenden Widerstand leisten und sich alsbald absetzen würden. Doch dann traf plötzlich ein Notruf nach dem anderen ein.

Ein Kommandeur meldete „verdammt viele Feindkräfte dort oben nahe unseren Angriffszielen" und bezweifelte, „ob wir stark genug sind, unseren Auftrag auszuführen". Für diesen Auftrag, von dem man anfänglich angenommen hatte, daß ihn ein einzelnes amerikanisches Regiment – rund 3000 Mann – mühelos würde ausführen können, benötigte man dann schließlich zusätzlich nicht weniger als eine ganze Division.

Die Deutschen – es handelte sich um Einheiten der 15. Panzergrenadierdivision – setzten sich in ihren ausgebauten Stellungen nicht nur erbittert zur Wehr, sondern traten auch zu Gegenstößen an und fügten dem Gegner dabei jedesmal schweren Schaden zu. Sie erlitten freilich auch selber schwere Verluste: Allein in einer Schlacht wurden an die 1600 Mann getötet, von denen ein großer Teil amerikanischen Fliegerbomben und Artilleriegranaten zum Opfer fiel. US-Nachrichtenoffiziere fanden bei einem gefallenen deutschen Soldaten einen Brief an seinen an der Ostfront kämpfenden Bruder, worin es hieß: „Über die Amerikaner kann man nur staunen. Sie kämpfen den ganzen Tag lang, greifen die ganze Nacht hindurch an und schießen dabei unaufhörlich."

In der Morgendämmerung des 6. August zogen sich die Deutschen nach schweren Fliegerangriffen und von Einschließung bedroht aus der Stadt zurück. Die ersten GIs, die Troina betraten, stießen nur hin und wieder auf Gewehrfeuer, aber auf viele Leichen und im Innern der Kirche auf einen 90 Kilogramm schweren Blindgänger. Ähnliche Anblicke boten sich den in Adrano und Catánia einrückenden Briten, als sie durch die von Trümmern versperrten Straßen vordrangen und die verpestete Luft einatmeten. Die deutsche Ätna-Stellung war zusammengebrochen.

Die Deutschen setzten sich indes immer noch erbittert zur Wehr, um Zeit für ihre Räumungsbewegung zu gewinnen. So gelang es der Nachhut der 15. Panzerdivision, den amerikanischen Vormarsch an der strategisch bedeutsamen Straßenkreuzung von Randazzo zeitweilig zum Stehen zu bringen, indem sie das Gelände intensiv verminte und günstige Stellungen für ihre Geschütze auswählte.

Entlang der Küstenstraße hatte der deutsche Gegner unterdessen Sperrstellungen um mehrere Befestigungen bei Santo Stéfano, San Fratello und im Abschnitt von Capo d'Orlando–Naso herum errichtet. Die amerikanische 45. Division kämpfte sich durch die erste Abwehrstellung bei Santo Stéfano hindurch und wurde dann von der 3. Division abgelöst, die nunmehr ihrerseits eine weitere starke Abwehrfront bei San Fratello angreifen mußte.

General Patton war entschlossen, den Stoß auf Messina zügig fortzuführen, und befahl der 3. Division, eine amphibische Kampfgruppe für eine Landung an der Küste hinter den deutschen Linien aufzustellen. Ein verstärktes Bataillon unter Oberstleutnant Lyle A. Bernard wurde auf einen kleinen Landungsschiffsverband verladen und im Rücken der Deutschen an Land gebracht. Die Deutschen entgingen jedoch der Falle.

Beim Erreichen der nächsten deutschen Sperrstellung, der Naso-Stellung, rief Patton den Kommandierenden General des II. Armeekorps, Bradley, zu sich und befahl eine weitere Landung hinter den deutschen Linien. Doch der Divisionskommandeur, Generalmajor Lucian K. Truscott jr., erhob Einwendungen. Er stimmte dem Plan zwar zu, wollte mit dem Unternehmen aber noch so lange warten, bis das Gros seiner Truppen weiter nach Osten vorgestoßen und in der Lage sein würde, rasch die Verbindung mit den gelandeten Truppen herzustellen.

Patton ließ sich nicht erweichen. „Verdammt noch mal!" schalt er. „Die Operation wird jetzt durchgeführt!" Demgemäß mußte sich das Bataillon Bernard abermals einschiffen und wurde hinter den deutschen Linien unweit der Stadt Brolo an Land gesetzt, wo es die Hänge des 410 Meter vom Strand entfernt aufragenden Monte Cipolla erklomm. Es geriet dabei unter Artilleriefeuer, vermochte einen deutschen Infanterieangriff aber mit Maschinengewehren und Granatwerfern abzuwehren. Der US-Kreuzer *Philadelphia* fuhr die Küste entlang und beschoß festgelegte Zielpunkte sowie deutsche Fahrzeuge und Infanterie.

Das Gros der ostwärts angreifenden Einheiten der 3. Division geriet unterdessen beim Anrennen gegen die deutschen Abwehrstellungen in eine derart kritische Lage, daß Bernards Bataillon Gefahr lief, zerschlagen zu werden, noch bevor es Unterstützung erhielt. Truscott bekam Funkmeldungen von Bernard, in denen es immer nur hieß „Lage kritisch", und der General und sein Führungsstab wurden zunehmend nervöser.

Als das Gros schließlich zu Bernard durchbrach, hatte er von seinen 650 Mann 167 verloren. Die Deutschen waren entkommen, und man hatte im Grunde nicht viel mehr erreicht, als daß man sie gezwungen hatte, ihren Rückzug um einen Tag vorzuverlegen.

Später versuchte Patton zum drittenmal eine amphibische Umfassungsoperation, indem er Truppen der Regimentskampfgruppe 157 der 45. Infanteriedivision bei Bivio Salica, rund 40 Kilometer westlich von Messina, an Land setzte. Die Deutschen konnten jedoch auch diesmal rechtzeitig nach Osten abziehen.

Gleichsam durch Pattons Beispiel angespornt, befahl Montgomery zwei Landeopertionen durch Kommandoeinheiten an der Ostküste Siziliens, setzte beide Operationen jedoch wegen der damit verbundenen Risiken im letzten Augenblick wieder ab. Er beschloß, statt dessen langsam entlang der Küstenstraße vorzurükken, wo sich die Division „Hermann Göring" in hinhaltender Kampfführung in Steinhäusern und an felsigen Hängen verschanzte, bis es an der Zeit war, Messina zu räumen. Später rang sich der enttäuschte Oberbefehlshaber der 8. Armee dann schließlich doch noch zu einem Kommandounternehmen von See aus durch. Seine im Süden von Scaletta an Land gebrachten Truppen wurden von der Nachhut der Division „Hermann Göring" in Schach gehalten und sahen sich tags darauf gezwungen, drei Kilometer vor Messina an einer gesprengten Brücke haltzumachen.

Als erster alliierter Verband rückte am 17. August ein amerikanischer Stoßtrupp in Messina ein, bahnte sich vorsichtig einen Weg durch die mit Minen und versteckten Sprengkörpern blockierten Straßen und stellte fest, daß die letzten Deutschen verschwunden waren. Zwei Stunden später traf eine britische Panzerkolonne ein. „Jetzt kommt ihr Touristen!" rief ihnen ein Amerikaner zu.

Die Amerikaner hatten den Wettlauf nach Messina gewonnen – jedoch nur in den Schlagzeilen. Die Deutschen waren ihnen entkommen: Sie waren über die Straße von Messina auf das Festland übergesetzt.

Bereits am 8. August hatte Kesselring, ohne auf Weisungen Hitlers zu warten – der sich, wie er wußte, mit Händen und Füßen gegen eine Räumung sperren würde –, die restlose militärische Evakuierung der Insel befohlen. Die deutsche Räumungsbewegung erwies sich als eine Meisterleistung. Anders als bei der italienischen Operation, von der sie völlig getrennt verlief, erhielten Zivilisten oder Urlauber keine Plätze in den Fahrzeugen zugewiesen. Der hochbefähigte deutsche Kommandant der Messina-Straße, Oberst Ernst-Günther Baade, verfügte über sieben Marine-Fährprahme, sieben Siebel-Fähren (ursprünglich für die Invasion Großbritanniens im Jahre 1940 bestimmte motorgetriebene, bewaffnete Flachbodenfahrzeuge), vier Pionier-Siebel-Fähren, zehn Landeboote, zwei Flak-Kampf-Fähren, einen Marine-Artillerie-Leichter, sechs Infanterie-Boote und 30 Pionier-Sturmboote. 500 Geschütze, die auf dem Festland in Stellung gebracht waren, schützten diese Fahrzeuge gegen Angriffe aus der Luft und von See her.

Unter dem Schutz dieses „Flakschirms" und ihrer Nachhuten begannen die Deutschen in der Nacht zum 12. August mit dem Übersetzen ihrer Truppen und Ausrüstung über die Straße von Messina. Die Italiener hatten schon am 3. August angefangen, sich abzusetzen, als Kesselrings diesbezügliche Befehle an die deutschen Truppen noch nicht ergangen waren. Den Alliierten blieben die Bewegungen des Gegners nicht verborgen. So erhielt General Alexanders Hauptquartier am 3. August, dem Tage, an dem die Italiener die Insel zu räumen begannen, Hinweise auf Übersetzverkehr in der Straße von Messina, die den General veranlaßten, die für den Mittelmeerraum zuständigen Marine- und Luftwaffenbefehlshaber aufzufordern, etwas dagegen zu unternehmen.

Admiral Cunningham beantwortete Alexanders Ersuchen mit dem Hinweis, solange die Luftwaffe den heftigen direkten Beschuß von der Küste her noch nicht ausgeschaltet habe, könne er keine Großkampfschiffe in die Straße von Messina entsenden. General der Flieger Tedder stellte zur Bekämpfung der Räumungsbewegung einige Bombenflugzeuge ab. Die alliierten Maschinen versenkten neun Fähren und Landungsfahrzeuge, und es gelang ihnen, den italienischen Übersetzverkehr zu unterbrechen, doch die deutsche Räumungsbewegung vermochten sie nicht ernsthaft zu stören.

Durch die Besetzung Siziliens hatten die Alliierten im Verlauf des 38-Tage-Feldzugs ihr Operationsziel erreicht, und die Amerikaner bewiesen, daß sie sowohl dem Bewegungskrieg als auch dem Gebirgskampf gewachsen waren. Die Kampfführung der Alliierten war jedoch aufs Ganze gesehen schlecht koordiniert und die Abstimmung ihrer Pläne aufeinander mangelhaft gewesen. Besonders schwer fiel ins Gewicht, daß es ihnen trotz aller Planungen, trotz ihrer doppelten Anzahl an Bodentruppen sowie ihrer See- und Luftüberlegenheit nicht gelungen war, die Räumungsbewegung des deutschen Gegners zu vereiteln.

Die Einnahme der Insel kostete die amerikanische 7. Armee 7500 Mann und die britische 8. Armee 11 500 Mann Verluste. Die deutschen Verluste betrugen 12 000 Tote und Gefangene; ihre 4500 Verwundeten wurden zum größten Teil mitgenommen. Fast 40 000 deutsche Soldaten, 9600 Fahrzeuge, 47 Panzer, 94 Geschütze und rund 16 500 Tonnen Nachschubgüter und Munition wurden auf das Festland übergesetzt. Von den Italienern blieben 145 000 Gefangene und Tote zurück. Etwa 70 000 Soldaten und zwischen 75 und 100 Geschütze wurden auf das Festland geschafft. Als die Alliierten dort landeten, standen alle deutschen Verbände mit ihrer Ausrüstung und einem Großteil des besseren italienischen Materials bereit, um sie zu empfangen.

*Die letzten Deutschen, die Sizilien im Rahmen der großen Übersetzoperation über die Straße von Messina verlassen, beladen ihr Landungsfahrzeug trotz Bombengefahr bei hellichtem Tag. Alliierte Fliegerkräfte, die die fliehenden Deutschen aufzuhalten versuchten, behaupteten, sie hätten auf 43 Booten Treffer erzielt und weitere 23 zerstört. In Wirklichkeit verloren die Achsentruppen jedoch nur sechs deutsche und ein italienisches Boot.*

# DAS BESETZTE ROM

*Das zwischen den Besatzern und der römischen Bevölkerung herrschende Spannungsverhältnis kommt in diesem Aquarell von Pio Pullini deutlich zum Ausdruck.*

# AUS VERBÜNDETEN WERDEN BESATZER

Ein deutscher Unteroffizier, der in seiner Freizeit die Ruinen des Forum Romanum besichtigt, läßt sich von einem seiner Kameraden photographieren.

Als Italien am 8. September 1943 seinen Waffenstillstand mit den Alliierten bekanntgab, hallten Roms Straßen und Plätze von Rufen *„Viva la pace!"* (Es lebe der Friede!) wider. Die Freude erwies sich als verfrüht. Wenige Stunden später besetzten die Deutschen die Stadt. Voller Wut über den angeblichen Verrat ihres ehemaligen Verbündeten gaben sie Rom ihren Soldaten für 24 Stunden zur Plünderung frei. Es war dies ein kleiner Vorgeschmack von dem, was die Einwohner in den darauffolgenden Monaten erwartete.

Die Verfolgungsmaßnahmen der Besatzungsbehörden richteten sich vor allem gegen bestimmte Gruppen wie Antifaschisten, Monarchisten und Juden. Die Vatikanstadt wurde zu einer streng überwachten Enklave, und vor dem Petersplatz zogen deutsche Wachtposten auf. Keine Bevölkerungsgruppe blieb von Demütigungen und Schikanen verschont, und in dem Maße, wie die Deutschen immer größere Mengen Lebensmittel und Brennstoff beschlagnahmten, litten alle Not. Auch gab es immer die unterschwellige Angst, von der Straße weg verhaftet und abgeführt, dienstverpflichtet oder als Geisel eingekerkert zu werden – wenn einem nicht noch Schlimmeres widerfuhr.

Die Presse unterlag einer scharfen Zensur, und als ein wagemutiger ausländischer Berichterstatter Aufnahmen von Wehrmachtdepots machte, untersagten die Besatzungsbehörden selbst die Benutzung von Photoapparaten. Ein römischer Maler hat die damaligen Geschehnisse jedoch in Bildern von schonungsloser Deutlichkeit festgehalten. Die auf den Seiten 34 bis 47 abgebildeten Aquarelle stammen von Pio Pullini, einem in Italien bekannten Künstler, der sich vor dem Krieg mit der Ausmalung von Palästen und Regierungsgebäuden einen Namen gemacht hatte. Als die Deutschen Rom besetzten, unterrichtete der damals 56jährige Maler dort an einer Kunstakademie. Er machte es sich zur Gewohnheit, durch die Straßen Roms zu schlendern, zu beobachten, was sich dort abspielte, und, nach Hause zurückgekehrt, das Gesehene mit dem Pinsel festzuhalten. Er versteckte seine Bilder alsdann hinter einem schweren Bücherschrank und zog sie nur hervor, um sie seinen Bekannten zu zeigen.

Nach dem Krieg verkaufte Pullini seine Aquarelle an das Museo di Roma und an Privatleute. Die Bilder, die hier erstmalig veröffentlicht werden, liefern ein beredtes Zeugnis von den Lebensbedingungen unter der deutschen Besatzung.

*Ein Straßenbahnfahrgast bückt sich verstohlen nach einem Zigarettenstummel, den ein deutscher Soldat weggeworfen hat. Die Tagesration Zigaretten betrug drei Stück.*

WH 5278
P. PVLLINI

*Ein deutscher Oberleutnant bietet einer attraktiven Italienerin, die sein Interesse erregt hat, mit liebenswürdigstem Lächeln an, sie in seinem mit Tarnanstrich versehenen Wehrmachtauto mitzunehmen.*

*Ein deutscher Soldat tätschelt in einem Park einem hübschen kleinen Italiener das Kinn. Viele der nach fünf Kriegsjahren kampfesmüden Soldaten verhehlten keineswegs, daß sie das Kriegsende und damit ihre Entlassung in die Heimat herbeisehnten.*

*Drei schwer betrunkene deutsche Soldaten machen sich nach dem Besuch eines Weinlokals auf den Heimweg. Es gab auch Besatzungssoldaten, die nach einem ausgiebigen Mahl in einem Restaurant die Rechnung zu zerreißen pflegten.*

## VERGEBLICHE SUCHE NACH VERGNÜGUNGEN

Das besetzte Rom wimmelte von Wehrmachtangehörigen – Infanteristen, Panzersoldaten, SS-Männern, ja, selbst Pionieren, die als Lokomotivführer eingesetzt wurden, weil die oberste Führung den italienischen Eisenbahnern nicht traute. Im Dienst fuhren die deutschen Soldaten im Panzerspähwagen mit drohend auf die Passanten gerichteten Maschinengewehren umher oder brausten mit ihren Lastwagen ohne jegliche Rücksicht auf die Fußgänger die Hauptverkehrsstraßen hinunter.

Außer Dienst versuchten sie das Leben in der ‚Ewigen Stadt' auszukosten, doch schlug ihnen fast überall Feindseligkeit entgegen. Der Haß der römischen Bevölkerung war so stark, daß die deutschen Truppen Befehl hatten, ständig ihre Handfeuerwaffe mit sich zu führen und niemals allein auszugehen.

Die Anordnungen der Besatzungsbehörden ließen Verbrüderungen auch gar nicht erst zu. Selbst an einem Feiertag wie Silvester mußten alle Zivilpersonen wegen der nächtlichen Ausgangssperre spätestens um 21.00 Uhr in ihren Wohnungen sein. Die jungen deutschen Soldaten, die keinerlei Möglichkeit hatten, die Neujahrsnacht mit italienischen Mädchen zu durchtanzen, zechten am Silvesterabend 1943 in den Bars der Stadt und gingen um Mitternacht auf die Straße, wo sie bis zum Morgengrauen mit ihren Gewehren, Pistolen und Maschinengewehren einen Höllenspektakel vollführten.

*Eine Mutter zieht erschrocken ihr Kind vor einem Panzer weg, von dem ein Soldat heruntergrinst. Um ihre Macht zu demonstrieren und die Bevölkerung einzuschüchtern, ließen die Deutschen zuweilen ihre Panzer durch die Straßen rollen.*

*Ein römischer Universitätsprofessor versucht, deutschen Besatzungssoldaten, die sein Auto beschlagnahmen wollen, klarzumachen, daß er es bereits an die Behörden abgeliefert hat. Im Eingang des Hauses steht seine zu Tode erschrockene Frau.*

*Ein deutscher Posten überwacht bei hellichtem Tag in einer menschenleeren Straße Roms die Einhaltung des Ausgehverbots. Sabotageakte und Bombenanschläge veranlaßten die Besatzungsmacht, die Sperrstunde auf 17.00 Uhr vorzuverlegen.*

## DIE TÄGLICHE BÜRDE DER DEUTSCHEN OKKUPATION

In der ersten Besatzungswoche forderten wütende Deutsche mit vorgehaltener Pistole von Straßenpassanten Schmuck und Geld oder hielten Kraftfahrzeuge an, um dann einfach damit wegzufahren. Solche Übergriffe kamen derart häufig vor, daß etliche Römer spöttisch meinten, die Deutschen würden die Stadt bald wieder verlassen, da sie sich bereits fast alles, was sie brauchten, genommen hätten.

In der folgenden Zeit gingen die Besatzungstruppen bei ihren Plünderungen zwar nicht mehr so offen vor, fahndeten aber nach wie vor nach Waffen und Automobilen. Textilläden durften so lange nicht von Kunden betreten werden, bis Beauftragte der Besatzungsmacht die Lager systematisch leergeräumt und die Waren abtransportiert hatten. Nachdem zu wiederholten Malen Radfahrer auf deutsche Soldaten geschossen hatten und anschließend geflohen waren, wurde die Benutzung von Fahrrädern untersagt. Taxen waren verboten, und hin und wieder wurde der elektrische Strom für die Omnibusse und Straßenbahnen abgeschaltet, so daß der Verkehr zusammenbrach. Zur Unterbindung der Spionagetätigkeit wurden die Telephone gesperrt; Gas zum Kochen wurde lediglich mittags für anderthalb Stunden und abends für eine halbe Stunde zur Verfügung gestellt.

*Ein Schwarzmarkthändler sortiert seine Ware: Lire-Noten. Sie behaupteten, in Rom zirkulierten gefälschte 1000-Lire-Scheine, und machten anschließend glänzende Geschäfte mit dem Ankauf von 1000-Lire-Noten zum Preis von 900 Lire pro Stück.*

*Ein hohlwangiges älteres Ehepaar, dessen abgemagerte Körper in viel zu großen Mänteln stecken, blickt sehnsüchtig auf die Eier, die eine Schwarzmarkthändlerin feilbietet. Doch solche Delikatessen waren für die meisten unerschwinglich.*

## DIE STÄNDIGE GEGENWART DER NOT

Als der Herbst in den Winter überging, machte sich für die Römer, die sich auf ein lang dauerndes Besatzungsregime einzustellen begannen, der Mangel an Nahrungsmitteln und Brennstoff bemerkbar. Im November waren die Kohlevorräte erschöpft: Die Deutschen hatten allen Brennstoff für eigene Zwecke beschlagnahmt. Die ungeheizten römischen Häuser mit ihren Marmorfußböden, hohen Decken und riesigen Fenstern kühlten derart aus, daß sich die Bewohner drinnen wärmer anziehen mußten als draußen. Möbel, Bücher und Geschirr fühlten sich eiskalt an, und die Bewohner der reichen Stadtviertel zogen sich ebenso Frostbeulen zu wie die der Elendsquartiere.

Noch schlimmer wirkte sich die Lebensmittelknappheit aus: Jeder Einwohner erhielt nur 100 Gramm Brot pro Tag und 100 Gramm Fleisch pro Woche zugeteilt.

In den Läden konnte man jedoch oft nicht einmal diese Hungerration bekommen. Bisweilen beschlagnahmten die Besatzungsbehörden die gesamte monatliche Zuteilung an Teigwaren – dem italienischen Grundnahrungsmittel, das noch wichtiger war als das tägliche Brot.

Dem Verhungern nahe, kauften alle, die es sich leisten konnten, auf dem Schwarzen Markt ein, wo man zu horrenden Preisen Mehl, Reis und Kartoffeln bekam. Auf Befehl des deutschen Oberkommandos waren Schwarzhändler mit dem Tode oder mit Zuchthaus zu bestrafen, und die Besatzungstruppen veranstalteten regelmäßig Razzien. Es war jedoch allgemein bekannt, daß diese Razzien nur vorgetäuscht waren, denn die Deutschen, die als die größten Schwarzmarktgewinnler bekannt waren, pflegten ein paar Tage später die beschlagnahmten Vorräte an die Händler zurückzuverkaufen.

*Während ein wohlgenährter Besatzungssoldat in einem Postamt Briefmarken kauft, prüft ein besorgter Vater das Gewicht seines Sohnes. Gewichtsverlust war unter den Römern damals so häufig, daß es als unhöflich galt, darüber zu sprechen.*

P. PVLLINI
1944

*Bei einer Razzia wird ein schwächlicher alter Mann aus seinem Bett heraus als Geisel verhaftet. Eine große Zahl römischer Familien legte in ihren Kellerräumen oder hinter Tapetentüren Verstecke für arbeitsdienstfähige Männer an.*

*Ein zu Tode erschrockener jüdischer Greis wird mit brutalem Griff zu einem wartenden Lastwagen gebracht. Die Razzien fanden gewöhnlich in der Morgendämmerung statt, da die meist müden Opfer dann keinen Fluchtversuch machten.*

*Eine zusammengewürfelte Schar von Dienstverpflichteten – ein finster blickender Student, ein Arbeiter und zwei gutgelaunte südafrikanische Kriegsgefangene – werden mit einem Lastwagen zu ihrer zugewiesenen Arbeitsstätte transportiert.*

## BRUTALER TERROR DURCH RAZZIEN

Der Groll der Römer auf die deutschen Besatzungstruppen resultierte aus der Angst vor einer durchaus realen Gefahr: der massiven Menschenjagd. Immer wieder kam es vor, daß die Nazis irgendein Stadtviertel urplötzlich abriegelten, um alle einsatzfähigen Männer, die sie dort antrafen, zu verhaften und zum Stellungsbau in Italien oder in Deutschland zu zwingen.

Solche Razzien waren aber noch harmlos im Vergleich zu anderen. Wenn Sabotageakte verübt worden waren, pflegten die Besatzungstruppen solche Quartiere, die sie als Zuflucht für Partisanen ansahen, abzuriegeln und aus sämtlichen Häusern die Männer, junge wie alte, abzuführen, um sie als Geiseln einzukerkern. Am 16. Oktober stürmten deutsche Truppen das jüdische Ghetto, verhafteten über 1000 Juden und deportierten sie nach Auschwitz.

Für eine Weile fanden viele Partisanen und Juden in römischen Kirchen, Klöstern und Priesterseminaren Zuflucht, die als Besitz des Papstes besonderen Schutz genossen. Doch Ende Dezember waren sie auch dort dem Zugriff der Besatzungsbehörden ausgesetzt. Die Angst vor den Razzien ließ das sehnsüchtige Verlangen der Römer nach einem Ende der Besatzungszeit immer stärker werden, und um die Frühjahrsmitte 1944 waren die Gerüchte über den bevorstehenden Einzug der Alliierten und die Vertreibung der Deutschen weit verbreitet.

*Angestrengt lauschend, warten die Teilnehmer einer spiritistischen Sitzung auf die Reaktion des von ihnen beschworenen Geistes. Das Medium hatte ihn aufgefordert: „Klopfe einmal, wenn der Krieg in vier Wochen zu Ende ist.“*

*Am 4. Juni 1944 war es soweit: Ein deprimierter deutscher Unteroffizier verläßt die Ewige Stadt. Der Abzug der zum Teil verängstigten Soldaten erfolgte in größter Hast unter den schweigenden Blicken der Römer, die die Straßen säumten.*

WH
5787

# 2

**Mussolinis Sturz**
**Bombardement der Stiefelspitze Italiens**
**„Die blaue Bucht von Salerno"**
**Eine gefährliche Lücke**
**Italiens Kapitulation**
**General Walker lehnt Artillerieunterstützung ab**
**Ein Klavier am Landungsstrand**
**Die neue Bombe der deutschen Luftwaffe**
**Deutscher Gegenangriff im Sele-Calore-Korridor**
**Vorbereitung für einen Rückzug**
**Ein schwer erkämpfter Sieg**

# DIE LANDUNG BEI SALERNO

„Dann bin ich ein ruinierter Mann", murmelte er schließlich mit schwacher Stimme.

Dieser phrasenhafte Satz ist kein Zitat aus einem Marlitt- oder Courths-Mahler-Roman, sondern stammt aus jüngerer Zeit. Der ihn sprach, war Mussolini, und sein Gesprächspartner war König Viktor Emanuel III. von Italien. Überliefert wurde diese Äußerung von Feldmarschall Pietro Badoglio, den der König am 25. Juli 1943, 15 Tage nach der alliierten Invasion in Sizilien, im Anschluß an Mussolinis Sturz mit der Regierungsbildung beauftragte.

Nach seiner Entlassung als Regierungschef verließ Mussolini die Villa Savoia in Rom und suchte vergeblich nach seinem Auto. Es war nicht mehr an Ort und Stelle.

„Wo ist es?" fragte er einen Beamten.

„Es steht im Schatten, dort neben der Villa", deutete der Beamte mit einer Handbewegung an.

Als Mussolini sich in der ihm angegebenen Richtung entfernte, sah er sich plötzlich von einem halben Dutzend Polizeibeamten umringt, die ihn aufforderten, ein Krankenauto zu besteigen. „Warum kann ich nicht meinen Wagen benutzen?" fragte er traurig. „Und wohin bringen Sie mich?"

„An einen Ort, wo Sie nicht in Gefahr sind." Mussolini wurde als Gefangener abtransportiert: Seine 21jährige Diktatur war zu Ende.

Die Italiener waren des Krieges und der zwei Jahrzehnte faschistischer Herrschaft gründlich überdrüssig. Während sich die militärische Lage des Landes zusehends verschlimmerte, geriet gleichzeitig seine „Heimatfront" ins Wanken. Italiens Wirtschaftsleben lag völlig danieder, seine Industrie war gelähmt, und die Tagesrationen waren im Zuge der Erhöhung der Lebensmittellieferungen an Deutschland auf 900 Kalorien gekürzt worden. Im Sommer 1943 war die Lage reif für Mussolinis Sturz.

Zwei rasch aufeinanderfolgende dramatische Ereignisse führten ihn herbei. Am 19. Juli führten alliierte Bomber einen Angriff auf Verschiebebahnhöfe der Hauptstadt Rom durch, bei dem die ehrwürdige Pilgerkirche San Lorenzo Treffer erhielt, auf dem städtischen Friedhof Campo Verano Gräber aufgewühlt, die Bahnhöfe Littorio und Termini schwer beschädigt und 4000 Zivilisten getötet oder verwundet wurden. Das zweite, gravierendere Ereignis war der Erfolg der alliierten Invasion in Sizilien: Mitte Juli stand fest, daß die amerikanischen und britischen Armeen die Insel binnen kurzem überrennen würden. Allein Mussolinis Absetzung und die Aufkündigung des Bündnispaktes mit Deutschland konnten jetzt den völligen Ruin des Landes verhindern. Dementsprechend sprach der Große Faschistische Rat dem Duce das Mißtrauen aus, woraufhin dieser seinen Rücktritt erklärte.

Feldmarschall Badoglio erklärte, Italien werde der Achse treu bleiben, doch glaubte ihm das niemand, am allerwenigsten die deutsche oberste Führung. Hitlers Propagandaminister Goebbels notierte mit typischer Gehässigkeit in seinem Tagebuch: „Der Duce wird als der letzte Römer in die Geschichte eingehen; aber hinter seiner massigen Gestalt hat sich doch nur ein Volk von Zigeunern verborgen." Hitler selber geriet über Mussolinis Sturz derart in Wut, daß es sein erster Gedanke war, Rom zu besetzen und den König, die königliche Familie, die Regierung Badoglio und sogar den Papst und die ganze „Schweinebande" der beim Vatikan akkreditierten Diplomaten zu verhaften. Seine Generale vermochten ihm diesen Plan auszureden, doch wies Hitler sie an, Mussolinis Aufenthaltsort festzustellen und den Duce zu befreien. Darüber hinaus gab er Befehl, die Ausführung des *Planes Achse* vorzubereiten, der für den Fall von Italiens Kriegsaustritt die Entwaffnung der italienischen Wehrmacht durch deutsche Truppen und die Übernahme der Küstenverteidigungsanlagen zur Abwehr einer erwarteten alliierten Landung auf dem italienischen Festland vorsah.

Mussolinis plötzliche Entmachtung kam für die Alliierten völlig überraschend, und sie ersahen daraus, daß Italien zum Kriegsaustritt bereit war. Sie hatten bisher äußerst vorsichtig operiert. Der Alliierte Oberbefehlshaber, General Eisenhower, wurde im Mai angewiesen, für die Zeit nach der Invasion in Sizilien lediglich „solche Operationen zu planen, die am besten geeignet seien, den Kriegsaustritt Italiens herbeizuführen und die größtmögliche Zahl deutscher Truppen zu binden". Zwar hatten die alliierten Strategen Eisenhower einen beträchtlichen Ermessensspielraum bei seinen Planungen eingeräumt, doch hatten sie auch ihre Absicht zu erkennen gegeben, ihm einen großen Teil seiner Streitkräfte zu entziehen. Sieben kampferprobte Divisionen – vier amerikanische und drei britische – sollten im November vom Mittelmeerraum nach England verlegt werden, um sich dort auf die für das kommende Frühjahr geplante Landung in der Normandie vorzubereiten. Zugleich sollte mit ihnen ein großer Teil der Landungsfahrzeuge abgezogen werden, während andere für amphibische Landungen in Burma bestimmt wurden.

Angesichts der ihm auferlegten Beschränkungen faßte Eisenhower zunächst die Einnahme der von Deutschen besetzten Inseln Sardinien und Korsika ins Auge. Ihre Eroberung würde den Alliierten zwar nicht viel Ruhm einbringen, aber zumindest mit den vorhandenen Kräften durchzuführen sein; zudem konnten die Inseln als Luftstützpunkte für die Bombenangriffe auf Mittel- und Norditalien dienen. Eine andere Möglichkeit war es, an der Spitze und am Absatz des italienischen Stiefels zu landen und sich dann vorsichtig nach Norden vorwärtszutasten. Ein kühner Schlag gegen das Kernland Italiens schien indes undurchführbar.

Als die Sizilieninvasion dann jedoch über Erwarten erfolgreich verlief, wurden die alliierten Strategen ehrgeiziger. Am 16. Juli forderten sie Eisenhower auf, einen amphibischen Angriff auf das italienische Festland unweit Neapel ins Auge zu fassen, und am 23. wiesen sie ihn an, den Plan für eine solche Operation „als vordringliche Angelegenheit" auszuarbeiten. Mussolinis Sturz am 25. machte die Angelegenheit dann „äußerst vordringlich", und die Alliierten beurteilten ihre Aussichten nun überaus optimistisch.

Winston Churchill war über diese Änderung der alliierten Strategie hocherfreut. Die Einnahme Roms – einer der großen Weltstädte und des Sitzes der faschistischen Regierung – würde bedeutsame politische und psychologische Vorteile bringen. Der Plan zur Besetzung Korsikas und Sardiniens hatte den britischen Premierminister nicht befriedigt, und von einem bloßen Biß in Italiens Stiefelspitze versprach er sich gleichfalls nichts. „Warum wollen wir denn wie eine Grasmilbe vom Knöchel an das ganze Bein hochklettern?" meinte er. „Gleich gegen das Knie zu schlagen wäre doch viel besser!" Churchill stellte zu seiner Befriedigung fest, daß der Generalstabschef der US-Armee, General Marshall, der dem Mittelmeerraum zuvor nur zweitrangige Bedeutung zuerkannt und gemeint hatte, er ziehe nur für die Landung in der Normandie benötigte Kampfmittel ab, ihm nunmehr beipflichtete. In Wirklichkeit war Marshall aber keineswegs anderen Sinnes geworden, sondern nur zu der festen Überzeugung gelangt, daß Churchill seinen so heiß ersehnten Preis Rom bald bekommen müsse, da er sonst bis zur Einnahme dieser Stadt beträchtliche britische Kräfte im Mittelmeerraum belassen und auf diese Weise eine Kanalüberquerung verzögern würde.

Während die Alliierten hin und her überlegten, wie sie Mussolinis Entmachtung ausnutzen könnten, entsandte Marschall Badoglio, der am 26. Juli feierlich erklärt hatte, der Krieg gehe auch nach dem Regierungswechsel weiter, am 31. Juli Emissäre, die um einen Waffenstillstand nachsuchen sollten. Ein italienischer Unterhändler nahm in Lissabon mit britischen Diplomaten Fühlung auf, und dann folgten, wie Eisenhower berichtet, „Verhandlungen, Geheimdepeschen, getarnte Reisen von Geheimagenten und Zusammenkünfte an versteckten Orten, die man in einem Roman als unglaubhafte Effekthascherei belachen würde".

Churchill blieb skeptisch. „Badoglio gibt zu, daß er irgend jemanden zu hintergehen beabsichtigt", bemerkte er grimmig und ließ durchblicken, daß er nicht die Absicht habe, sich von dem Italiener hinters Licht führen zu lassen.

Die Heimlichkeit, mit der die Italiener zu Werke gingen, entsprang ihrer Furcht vor Deutschlands Rache für ihren Abfall. Es war möglich, ja wahrscheinlich, daß die Deutschen, falls die Übergabeverhandlungen bekannt würden, viele führende Persönlichkeiten, darunter Badoglio und die königliche Familie, erschießen oder zumindest gefangennehmen würden. Die Italiener

# MUSSOLINIS SCHWIEGERSOHN - EIN OPFER DES REGIMES

*Edda Mussolini winkt am Tage ihrer Hochzeit mit dem Grafen Galeazzo Ciano den Schaulustigen zu. Links neben der Säule steht ihr Vater, der Duce.*

Als Italiens Großer Faschistischer Rat den König bat, die Kommandogewalt über die Streitkräfte zu übernehmen, und damit den Sturz des Duce herbeiführte, stellte sich heraus, daß dessen eigener Schwiegersohn, Graf Galeazzo Ciano, einer der Führer des Staatsstreichs war.

Doch knapp zwei Monate später kam Mussolini zurück, ließ Ciano verhaften und wegen Hochverrats vor ein Sondergericht stellen. Selbst die inständigen Bitten der Lieblingstochter des Duce, Edda, deren Hochzeit mit Ciano 1930 mit großem Pomp gefeiert worden war, vermochten den Grafen nicht zu retten. Er wurde schuldig gesprochen und zum Tode verurteilt.

Zur festgesetzten Stunde band man Ciano mit dem Rücken zum Exekutionskommando auf einen Stuhl. Vor der Salve konnte er sich noch seinen letzten Wunsch erfüllen: Es gelang ihm, sich umzuwenden und im Angesicht seiner Mörder zu sterben. Er begegnete den Kugeln mit dem Ruf *„Viva l'Italia!"* (Es lebe Italien!)

*Mussolinis Schwiegersohn wurde hingerichtet. Ein Priester erteilt ihm den letzten Segen.*

bemühten sich daher um eine Garantie von seiten der Alliierten, daß britische und amerikanische Truppen in genügender Stärke auf dem italienischen Festland in Aktion treten würden, um die Italiener vor ihrem ehemaligen Verbündeten zu schützen.

Badoglio hielt die Landung von etwa 15 Divisionen im Umkreis von Rom für ausreichend. Er äußerte darüber hinaus den Wunsch, die Vereinigten Staaten möchten zur Unterstützung der italienischen Truppen bei der Verteidigung der Stadt gegen die Deutschen eine Luftlandedivision über Rom absetzen.

Später, am Vorabend der Invasion des italienischen Festlandes, ging Eisenhower dann tatsächlich so weit, General Maxwell A. Taylor heimlich nach Rom zu entsenden, damit er dort die Durchführbarkeit eines Planes zum Absetzen der amerikanischen 82. Luftlandedivision über der italienischen Hauptstadt prüfe. Taylor fuhr mit einem Schnellboot an den deutschen Stellungen vorbei, ging in Gaeta an Land und gelangte am 8. September nach Rom. Seine Meldung lautete jedoch, daß die italienischen Truppen nicht in der Lage sein würden, die Flugplätze zu halten, und er daher von der Operation abrate.

Badoglios Vorschlag, unweit von Rom mit 15 Divisionen anzugreifen, war gleichfalls undurchführbar. Das den Alliierten zur Verfügung stehende Potential an Schiffsraum und Truppen befähigte sie lediglich, fünf oder sechs Divisionen an Land zu setzen: zwei an der Stiefelspitze Italiens und die übrigen 50 Kilometer südlich von Neapel bei Salerno.

Zudem brachten die Alliierten nach ihrem mehrjährigen Kampf gegen die Italiener diesen nicht gerade übermäßiges Mitleid entgegen. Der italienischen Regierung blieb daher nichts anderes übrig, als die ihr vorgelegten Kapitulationsbedingungen, aus denen nicht hervorging, wann, wo und mit wieviel Truppen die Alliierten in ihr Land einzudringen gedachten, zu unterzeichnen. Die am 3. September vollzogene Kapitulation sollte bis zum 8. September, 18.30 Uhr, geheimgehalten und dann gleichzeitig von Eisenhower in Algier und von Badoglio in Rom verkündet werden. Diese Terminplanung beruhte auf einem sorgfältigen Kalkül: Die Alliierten beabsichtigten, am 9. September bei Salerno zu landen, und hofften, die Bekanntgabe der Kapitulation würde die Deutschen völlig in Verwirrung bringen.

Die Nachricht von Italiens Kriegsaustritt rief bei den Deutschen indes weder Überraschung noch Verwirrung hervor, hatten sie doch seit geraumer Zeit mit der Möglichkeit der Kapitulation ihres Verbündeten gerechnet. Da sie sich darüber im klaren waren, daß sie nicht allein die gesamte Halbinsel halten konnten, beschlossen sie, sich auf eine von Pisa nach Rimini verlaufende Linie im Norden zurückzuziehen, von der aus sie die Zugänge zum Deutschen Reich verteidigen konnten. Als im Sommer 1943 der Verlust Siziliens drohte, verlegten sie eine Heeresgruppe in Stärke von acht Divisionen unter Generalfeldmarschall Erwin Rommel in dieses Gebiet. Im Falle, daß die Alliierten einen starken amphibischen Angriff gegen den unteren Teil des Stiefels starteten, sollten sich die im Süden stationierten deutschen Truppen hinter die Linie Pisa–Rimini absetzen, ehe sie abgeschnürt werden konnten.

Südlich der Linie Pisa–Rimini trug Generalfeldmarschall Kesselring die Gesamtverantwortung. Die amerikanische Presse gab ihm den Spitznamen „Lächelnder Albert“, doch war der deutsche Oberbefehlshaber Süd alles andere als ein liebenswerter Einfaltspinsel. Anderen gegenüber vielleicht allzu vertrauensselig – „Der Kesselring“, äußerte Hitler, „ist zu anständig für die Leute da unten, für die geborenen Verräter“ –, war er gleichwohl ein hervorragender Truppenführer und ein scharfsinniger Stratege. Er war der festen Überzeugung, daß er imstande sei, einen alliierten Angriff auf das italienische Festland abzuschlagen; zumal, wenn Rommel ihm zwei seiner Divisionen aus Norditalien zur Unterstützung schickte.

Kesselring wollte das zur Verteidigung hervorragend geeignete Gelände im Süden um keinen Preis aufgeben. Als Oberbefehlshaber Süd verfügte er bereits über acht deutsche Divisionen, von denen zwei im Umkreis von Rom stationiert waren. Die anderen sechs standen bei Neapel; sie bildeten die deutsche 10. Armee unter Generaloberst Heinrich von Vietinghoff, genannt Scheel. Als alter preußischer Gardeinfanterist und hervorragender Fachmann, der in einem Bericht des amerikanischen militärischen Geheimdienstes als „der fähigste Offizier an dieser Front und die treibende Kraft hinter Kesselring“ bezeichnet wurde, war v. Vietinghoff ein Truppenführer härtesten Schliffs, der seinen Gegnern im weiteren Verlauf des Italienfeldzuges größten Respekt einflößte.

Der Invasionsplan, für den General Eisenhower sich entschieden hatte, sah vor, daß die britische 8. Armee unter General Montgomery irgendwann zwischen dem 30. August und 4. September die Straße von Messina überqueren sollte. Die Terminplanung blieb Montgomery überlassen, doch hoffte Eisenhower, daß der Übergang so bald wie möglich vonstatten gehen werde.

Am 9. September sollte die 5. US-Armee, die sowohl britische als auch amerikanische Verbände umfaßte, den Hauptschlag bei Salerno führen. Am selben Tage würden britische Truppen bei Tarent, am Absatz des italienischen Stiefels, an Land gehen, um den Hafen in Besitz zu nehmen und anschließend gegen Neapel vorzurücken. Wenn Montgomery und Generalleutnant Mark W. Clark, der Oberbefehlshaber der 5. US-Armee, zunächst auch viel zu weit voneinander entfernt sein würden, um sich gegenseitig unterstützen zu können, hoffte man doch, daß Montgomery imstande sein würde, ziemlich rasch vorzustoßen, um Clark in dem

Falle, daß die bei Salerno gelandeten Truppen in Schwierigkeiten geraten sollten, Hilfe zu leisten.

Zur Enttäuschung einiger amerikanischer und britischer Befehlshaber, die meinten, die Überquerung der Meerenge hätte schon vor dem 1. September erfolgen können, wartete Montgomery bis zum 3. Als er sich dann in Bewegung setzte, geschah dies nach einem Trommelfeuer, das auf die Zerstörung der gesamten Stiefelspitze Italiens abzuzielen schien. Britische und amerikanische Kampfflugzeuge belegten die kalabrische Küste wiederholt mit Bombenteppichen, die schweren Geschütze der britischen Schlachtschiffe *Nelson, Warspite, Rodney* und *Valiant* legten die küstennahen Gebiete in Schutt und Asche, drei Kreuzer, sechs Zerstörer, drei Monitore und zwei Kanonenboote ließen ihre Granaten niederprasseln, und mehr als 600 Feldgeschütze verschiedener Kaliber schleuderten Tausende von Granaten auf vermutete Feindstellungen. Doch als die britische 5. und die kanadische 1. Infanteriedivision übersetzten, stießen sie auf keinen einzigen deutschen Soldaten, sondern lediglich auf einige kümmerliche italienische Einheiten, die sich erboten, ihnen bei der Ausladung behilflich zu sein. Die Deutschen waren nach Norden ausgewichen, und die einheimische Bevölkerung hieß die Briten willkommen. Einige Italiener vervielfältigten folgenden, von Veteranen des Ersten Weltkrieges verfaßten Aufruf, um ihrer Freude über die Landung Montgomerys Ausdruck zu verleihen:

*Brüder!*

*Nach 39 Monaten Krieg, Schmerzen und Gram, nach 20 Jahren Tyrannei und Unmenschlichkeit, in denen wir als unschuldige Opfer von einer perversen Bande regiert worden sind, können wir heute, am 8. September 1943, mit lauter Stimme unserer großen Freude und Begeisterung über euer Kommen Ausdruck geben.*

*Wir vermögen unsere Genugtuung nicht in Worte zu fassen, sondern nur Gott auf den Knien dafür zu danken, daß er uns diesen Tag erleben läßt!*

*Wir haben die Sorgen der Kriegszeit mit euch geteilt, nun möchten wir gemeinsam mit euch den Tag des großen Sieges begehen!*

*Wir möchten bis zum letzten Tag mit euch gegen den Feind Nr. 1 marschieren!*

*Wir werden uns eurer Erwartungen würdig zeigen, wir wollen eure Verbündeten sein wie vor 25 Jahren!*

*Ein Hoch den Alliierten!*

*Ein Hoch dem freien Italien!*

*Der Ausschuß der antifaschistischen Veteranen*
*des Großen Krieges.*

War Montgomerys Landung auch planmäßig vonstatten gegangen, so stand der schlagkräftigen 8. Armee doch keineswegs ein bloßer Spaziergang nach Norden bevor. Das Land war gebirgig, die Straßen waren schmal und kurvenreich und führten über Brücken, durch Engpässe und Tunnel. Eine Handvoll deutsche Pioniere, erfahrene Sprengstoff-Experten, vermochte in diesem Gelände eine ganze Armee aufzuhalten. Kesselring und v. Vietinghoff war dies natürlich nicht verborgen geblieben.

Im Unterschied zu dieser unwirtlichen Gegend mußte das Gebiet, in dem die 5. Armee fast eine Woche später landen sollte, wohl jedermann, ausgenommen einer Invasionsstreitmacht, als eine der paradiesischsten Landschaften der Welt erscheinen. Von dem amerikanischen Dichter Longfellow als „die blaue Bucht von

*Rom, 19. Juli 1943: Papst Pius XII., der nach dem alliierten Bombenangriff auf militärische Ziele der italienischen Hauptstadt zum erstenmal seit Kriegsbeginn den Vatikan verlassen hat, erteilt einer ihn angsterfüllt umringenden Menge den Apostolischen Segen. Obwohl die Piloten vorher genau instruiert worden waren und der Angriff mit Rücksicht auf die umliegenden Gebäude bei Tage erfolgte, kamen Tausende von Zivilisten ums Leben.*

Salerno mit ihrer Sichel weißen Sandes" besungen, bietet der Golf von Salerno von See her einen überwältigenden Anblick dar. An seinem nördlichen Ende springt die steilwandige, blaugrüne Sorrentiner Halbinsel mit dem im Westen und Norden von Bergen umgebenen Städtchen Salerno vor, und südlich von Salerno erstrecken sich rund um die Bucht über Paestum bis zur Stadt Agrópoli fast 50 Kilometer weit hellgelbe Sandstrände.

Landeinwärts erstreckt sich eine halbmondförmige, sanft ansteigende Ebene, die von einem steilen Höhenzug umrahmt und beherrscht wird. Sie wird durch mehrere kleinere Wasserläufe und zwei – an vielen Stellen recht breite und tiefe und daher für Fahrzeuge unpassierbare – Flüsse, den Sele und seinen Nebenfluß, den Calore, bewässert. Im Jahre 1943 wurde diese fruchtbare Ebene landwirtschaftlich intensiv genutzt und war von Gemüsegärten, Tomaten-, Tabak- und Melonenfeldern sowie Nußbaum- und Olivenhainen durchzogen.

Als Gelände für einen amphibischen Großangriff wies die Bucht von Salerno mancherlei Vorzüge auf. Das steil ins Meer abfallende Ufer ermöglichte es der Invasionsstreitmacht, ihre Landungsboote auf den Strand zu setzen und die Truppen direkt an der Küste zu landen, und der kleine Hafen von Salerno konnte, falls es gelang, ihn unzerstört zu erobern, einen Teil der Nachschubgüter aufnehmen. Nicht weit landeinwärts gab es eine Eisenbahnstrecke, und von Agrópoli führte eine Küstenstraße nordwärts über Salerno und Neapel bis nach Rom. Ein weiterer entscheidender Vorteil bestand darin, daß auch Luftstreitkräfte in den Kampf eingreifen konnten, denn die Uferstreifen bei Salerno lagen gerade noch im Operationsbereich der auf Sizilien startenden Jagdflugzeuge. Überdies wies der Landungsraum bei Montecorvino einen guten Flugplatz auf, den die Alliierten besetzen und in Gebrauch nehmen konnten.

Salerno bot aber auch Nachteile. Die Täler des Sele und Calore bilden einen schmalen Korridor, der die Ebene in zwei Teile zerschneidet. Sandbänke längs der Küste machten Anlandungen an der Mündung des Sele unmöglich. Alliierte Verbände, die zu beiden Seiten des Korridors landeten, würden etwa 13 Kilometer voneinander getrennt sein. Überdies stellten die den Landekopf umschließenden Berge ein Hindernis dar, denn von dort aus konnte feindliche Artillerie den alliierten Truppen schwere Verluste zufügen. Feldmarschall Kesselring, der diese Höhen mit Befriedigung betrachtete, nannte sie ein „Gottesgeschenk für die Kanoniere". Selbst wenn die Alliierten den Landekopf halten konnten, würde ein Vordringen auf Neapel äußerst schwierig sein, da sie durch zwei Schluchten in den Bergen hindurch mußten, die von den Deutschen leicht zu verteidigen waren.

Als sich die Landungsflotte an dem schönen, stillen Abend des 8. September Salerno näherte, mußten Tausende von Soldaten unwillkürlich an das italienische Sprichwort „Neapel sehen und sterben" denken. Es hatte jetzt einen düsteren Beiklang.

Um 18.30 Uhr – die Sonne stand noch am Himmel, und die alliierte Flotte war nur noch rund 30 Kilometer von der Küste entfernt – wurde über Rundfunk die Kapitulation Italiens bekanntgegeben. Die Nachricht löste bei den britischen und amerikanischen Soldaten, die in die stumme, gedankenschwere Melancholie von Männern am Vorabend einer Schlacht versunken waren, sogleich helle Begeisterung aus. Aus ihrem dumpfen Brüten erwachend, stießen sie Jubelrufe aus und begannen, Freudensprünge und -tänze zu vollführen. Die Soldaten der Regimenter The King's Own Yorkshire Light Infantry, York and Lancaster, The Sherwood Foresters und The Coldstream Guards schlugen sich gegenseitig auf die Schultern und triumphierten: „Die Itaker haben aufgegeben! Alles vorbei, nur noch Gebrüll!" Vorräte an Bier und starkem nordafrikanischen Wein wurden hervorgeholt, während sich die Offiziere mit Whisky und Gin zuprosteten.

Auf einem mit 200 Soldaten des II. Bataillons der Scots Guards vollgestopften Landungsboot wiesen die Offiziere den Dudelsackpfeifer an, einen „Marsch der Scots Guards durch Neapel" zu komponieren. Auf einem amerikanischen Landungsschiff schaute ein Major auf die jubelnden Soldaten der 36. Division. „Ich glaube nicht, daß ich noch einmal einen derartigen Freudentaumel erleben werde", schrieb er später. „Unsere Phantasie malte sich die kommenden Tage in den rosigsten Farben aus... Wir würden kampflos im Hafen von Neapel anlegen, mit einem Ölzweig in der einen Hand und einer Opernkarte in der anderen."

Die höheren Offiziere, die genau wußten, daß sich die Deutschen auch im Falle des Kriegsaustritts ihres italienischen Verbündeten erbittert zur Wehr setzen würden, traten an die Schiffslautsprecher und versuchten, die allgemeine Begeisterung ein wenig zu dämpfen, hatten damit jedoch so gut wie keinen Erfolg. Admiral Cunningham, der Oberbefehlshaber der alliierten Mittelmeerflotte, machte dazu in seinem Bericht später die lakonische Bemerkung: „Viele schlugen diese Warnungen in den Wind und legten eine selbstzufriedene Gelassenheit an den Tag."

Die zur Unzeit erfolgte Bekanntgabe des Sonderwaffenstillstands mit Italien sollte, nach dem Urteil eines Historikers, auf alliierter Seite „psychologisch katastrophale" Auswirkungen zeitigen.

Was die Deutschen betraf, so waren sie über Italiens Abfall zwar bestürzt, aber gleichwohl kampfbereit. Der den Italienern so freundlich gesonnene Kesselring fühlte sich verletzt und schmählich verraten. Dem ihm unterstellten Armee-Oberbefehlshaber, Generaloberst v. Vietinghoff, teilte er unverzüglich mit, die Italiener hätten „hinter unserem Rücken ... gemeinen Verrat begangen", um dann fortzufahren: „Wenn wir kämpferische Entschlossenheit und kühlen Kopf bewahren, dann bin ich fest davon überzeugt, daß wir die uns vom Führer gestellten Aufgaben erfüllen können. Wir werden an die Ehre der italienischen Truppen appellieren und sie auffordern, den Kampf an unserer Seite fortzusetzen. Wer sich weigert, wird sofort entwaffnet. Rücksicht gegenüber Verrätern ist fehl am Platze. Lang lebe der Führer."

In Wirklichkeit war Kesselring Hitler nicht sonderlich zugetan und wünschte ihm auch kein besonders langes Leben. Er wußte aber, daß man seine Befehle in Berlin lesen würde, und formulierte sie daher so, daß sie keinerlei Anstoß erregen konnten. Überdies war er sich darüber klar, daß er später möglicherweise Verstärkungen aus dem Norden benötigen würde, die er nur mit Hitlers Einwilligung bekommen konnte.

In ganz Italien warfen italienische Soldaten ihre Waffen weg und machten sich davon. Deutsche Bedienungen übernahmen alsbald die italienischen Geschütze. Bei Salerno nahm ein italienischer Offizier die Verschlußteile seiner Geschütze an sich, um sie zu vergraben, doch fielen die meisten Batterien den Deutschen unversehrt in die Hände.

Es gab aber auch italienische Kommandeure, die sich von der Kapitulation ihres Landes und der Übernahme ihrer Waffen durch die Deutschen zutiefst angewidert fühlten. So weigerte sich General Don Ferrante Gonzaga, der Kommandeur der bei Salerno eingesetzten italienischen 222. Küstendivision, dem deutschen Major von Alvensleben, der in seinen Gefechtsstand gestürzt kam, seine Pistole auszuhändigen. Gonzaga entstammte einer bekannten italienischen Offiziersfamilie und trug mehrere Tapferkeitsauszeichnungen aus dem Ersten Weltkrieg. Er stand von seinem Schreibtisch auf und versuchte, seine Pistole zu ziehen, um dem Deutschen die gebührende Antwort zu erteilen. „Ein Gonzaga legt die Waffen nicht nieder!" rief er – und sank, von mehreren Feuerstößen aus Schmeisser-Maschinenpistolen getroffen, zu Boden. Von Alvensleben war tief beeindruckt und äußerte später, Gonzaga sei als „tapferer Soldat" gestorben. Die italienische Regierung verlieh dem General postum eine weitere Auszeichnung.

Die 5. US-Armee war in den vorangegangenen Monaten in Nordafrika aufgestellt worden und stand unter dem Befehl eines Offiziers, der im Zweiten Weltkrieg bisher noch an keinerlei Kampfhandlungen teilgenommen hatte. Generalleutnant Mark Clark hatte im Ersten Weltkrieg als Absolvent der Militärakademie West Point in Frankreich gekämpft und vor kurzem als Stellvertreter Eisenhowers in Nordafrika Dienst getan. Er stand zur Zeit der Landung bei Salerno im 48. Lebensjahr und war somit einer der jüngsten Generale der US-Armee.

General Clarks Armee war in zwei Korps gegliedert. Das VI. US-Korps unter Generalmajor Ernest J. Dawley umfaßte die 36. und 45. Division und die in Nordafrika in Reserve liegende 3. und 34. Division. Das britische X. Korps unter Generalleutnant Sir Richard L. McCreery setzte sich aus der 46. und 56. Division und der draußen auf See in Reserve liegenden 7. Panzerdivision zusammen.

Der erste Angriff sollte von vier Divisionen vorgetragen werden, die insgesamt 70 000 Mann stark und damit erheblich schwächer als die auf Sizilien gelandeten Kräfte waren. Nach Clarks Plan *(Karte, S. 58–59)* sollten drei Bataillone US-Rangers und zwei britische Kommando-Einheiten zur Sicherung seiner linken, nördlichen Flanke starke Stellungen in den Bergen an der Südseite der Sorrentiner Halbinsel beziehen und sich der beiden nordwärts nach Neapel führenden Pässe bemächtigen. Die britische 46. Infanteriedivision sollte die Stadt Salerno nehmen, und weiter südlich sollte die britische 56. Infanteriedivision den Straßen- und Bahnknotenpunkt Battipáglia und den Flugplatz von Montecorvino besetzen. Sodann war da die Lücke rund um die Mündung des Sele, an deren anderer Seite die amerikanische 36. Infanteriedivision unter General Fred L. Walker an Land gehen sollte. Die Amerikaner hatten die Aufgabe, sich der Hauptstraßen zu bemächtigen, die rechte Flanke des Landekopfes zu sichern und Stoßtrupps nach Süden zu schicken in der Hoffnung, mit der von der Stiefelspitze Italiens aus vorstoßenden Armee Montgomerys Fühlung aufzunehmen. Zwei Regimenter der amerikanischen 45. Infanteriedivision sollten sich vor der Küste zu sofortigem Einsatz bereit halten.

Sobald die ersten Angriffsziele in ihrer Hand waren, sollten die Briten und Amerikaner zügig landeinwärts vordringen, um auf dem den Küstenstreifen umrahmenden, steil ansteigenden Höhenzug eine feste, halbkreisförmige Verteidigungsstellung zu errichten. Sie wußten um den schwachen Punkt ihres Landekopfes, die sumpfige Niederung der Flüsse Sele und Calore. Wenn stärkere deutsche Truppen- und Panzerverbände in den Korridor zwischen den beiden Flüssen eindrangen, so konnten sie einen Keil zwischen Briten und Amerikaner treiben und sie möglicherweise zur Kapitulation oder zum Rückzug auf ihre Schiffe zwingen. Doch wenn es den Briten gelang, die Höhen um Éboli zur Linken einer am oberen Ende des Korridors befindlichen Brücke, des Ponte Sele, zu besetzen, und die Amerikaner es schafften, ein Dorf namens Altavilla und eine auf den alliierten Karten als Höhe 424 bezeichnete Stellung rechts davon zu nehmen, dann würden sie den Zugang zum Korridor beherrschen und ihn damit abriegeln können. Soweit die Grundzüge des alliierten Plans.

Was die Deutschen betraf, so konnten sie der alliierten Landung zunächst nur mit einer Division – der 16. Panzerdivision – entgegentreten, aber nötigenfalls andere Divisionen aus dem

Norden und Süden heranführen. Die 16. war die einzige voll ausgerüstete deutsche Panzerdivision in Süditalien. Sie zählte 17 000 Mann, verfügte über 100 Panzer und eine beträchtliche Anzahl von Geschützen und hatte kurz vor der alliierten Landung im Gebiet des Landekopfes zur Erkundung von Verteidigungsmöglichkeiten Manöver abgehalten. Da die von der 16. Panzerdivision gehaltene Front fast 50 Kilometer lang war, kam die Errichtung eines durchlaufenden Abwehrgürtels entlang der Küste nicht in Frage. Statt dessen hatten die Deutschen zwischen Salerno und Agrópoli acht Stützpunkte – die nach berühmten deutschen Kriegshelden, wie Moltke, Scharnhorst, Lilienthal, Schlieffen, benannt waren – errichtet und sie mit Infanterieeinheiten, die von schweren Maschinengewehren, Granatwerfern und Artillerie unterstützt wurden, besetzt. Außerdem hatten sie dazwischen Beobachtungsposten und Fernmeldestellen eingerichtet und am Vorabend der Landung noch sechs italienische Küstenbatterien übernommen. Am 8. September um 15.40 Uhr bekam die 16. Panzerdivision die Meldung, eine alliierte Flotte sei in Richtung auf ihren Abschnitt im Anmarsch, woraufhin ihre Männer die Geschütze noch einmal überprüften, die Munition bereitlegten und auf den Feind warteten.

Obgleich die Alliierten während des Planungsstadiums auf strenge Geheimhaltung geachtet hatten, war bei Salerno an eine Überraschung des Gegners nicht zu denken. Mutmaßungen und Gerüchte waren aufgetaucht, und trotz aller Anstrengungen, undichte Stellen auszumerzen, war einiges von dem alliierten Landungsplan durchgesickert. Eine besonders energische Maßnahme führte in diesem Zusammenhang zwei Wochen vor dem Tage X zur Ablösung des Kommandeurs der britischen 46. Division, Generalmajor H. A. Freeman-Attwood, und dessen Ersetzung durch Generalmajor John Hawkesworth. Ersterer hatte nämlich in einem Brief an seine Frau aus Nordafrika geschrieben: „Es besteht Aussicht, daß ich an unserem Hochzeitstag irgendwo in Italien eine Flasche Champagner leere." Ein Zensurbeamter nahm Anstoß an diesem Passus und veranlaßte durch seine Meldung, daß Freeman-Attwood von heute auf morgen das Kommando entzogen und der redselige General als abschreckendes Beispiel nach England zurückversetzt wurde.

Am 8. war die verhalten fahrende alliierte Flotte – mit etwa 500 Fahrzeugen über fast 3000 Quadratkilometer Meeresfläche verteilt – längst von deutschen Flugzeugen entdeckt worden. Die Briten im Nordabschnitt baten in Anbetracht dieser Tatsache um Vorbereitungsfeuer, wozu sich die Marine auch sogleich bereit erklärte. General Walker, der Kommandeur der auf den Südabschnitt angesetzten 36. US-Division, schloß sich diesem Ersuchen jedoch nicht an. Er hielt nicht viel von den vorgeschlagenen Zielpunkten der Marine, äußerte die Befürchtung, daß seine Soldaten von zu kurz liegendem Feuer der Schiffsartillerie getroffen werden könnten, und meinte zudem, ein gewisses Überraschungsmoment liege noch immer im Bereich des Möglichen. In seinen Kriegserinnerungen legte er später die Gründe für seine ablehnende Haltung dar und ließ dabei eine Feinfühligkeit erkennen, die Frontgenerale oft vermissen lassen: „Hinter der Küste befanden sich ein paar alte Geschützstellungen, aber angemessene Ziele für schwere Schiffsartillerie fehlten völlig, und ich vermochte nicht einzusehen, warum wir eine Menge friedlicher Italiener vom Leben zum Tode befördern und ihre Heime zerstören sollten."

Walkers Entscheidung (Clark hatte ihn bevollmächtigt, in dieser Frage nach eigenem Gutdünken zu handeln) war sicherlich vernünftig, doch beraubte er seine Männer der psychologischen Unterstützung, die ihnen das Donnern ihrer Schiffsartillerie zweifellos gegeben hätte. Die Soldaten der 36., unter denen sich viele Angehörige der Nationalgarde von Texas befanden, waren tapfer und gut ausgebildet, aber noch ohne jede Fronterfahrung. Ihre Landung bei Salerno begann am 9. September um 3.30 Uhr. Sie suchten hinter Dünen und Buschwerk Deckung und mußten sich durch Stacheldrahtverhaue und an feindlichen Panzern und Maschinengewehren vorbei vorarbeiten, während hinter ihnen feindliche Granaten ihre Landungsboote zerstörten.

Als sich der Feldwebel Manuel S. Gonzales von der 5. Kompanie des Infanterieregiments 141 robbend im Maschinengewehrfeuer einer deutschen Feuerstellung näherte, schlug plötzlich ein Leuchtspurgeschoß in sein Sturmgepäck und setzte es in Brand. Gonzales warf es weg und setzte seinen Weg fort. Obwohl ihn kurz darauf ein Handgranatsplitter traf, robbte er weiter, bis er nahe genug herangekommen war, um die Bedienungsmannschaft mit einer seiner Handgranaten außer Gefecht zu setzen. Feldwebel

*Der italienische Regierungschef, Marschall Pietro Badoglio, bespricht sich vor der Bekanntgabe der italienischen Kriegserklärung an Deutschland vom 13. Oktober 1943 mit General Maxwell Taylor, dem amerikanischen Vertreter in der alliierten Militärkommission für Italien. Der 72jährige Badoglio war unter Mussolini Generalstabschef der Streitkräfte gewesen und folgte dem Duce im Juli 1943 im Amt des Ministerpräsidenten nach. Doch schon nach elfmonatiger Amtstätigkeit wurde Badoglio von Ivanoe Bonomi abgelöst – demselben Politiker, den Mussolini 1922 bei seiner Machtergreifung davongejagt hatte.*

James M. Logan erschoß mehrere deutsche Soldaten, die sich ihm durch ein Loch in einer Steinmauer näherten. Anschließend rannte er über ein Stück offenes Gelände, tötete eine feindliche Maschinengewehrbedienung, warf das Maschinengewehr herum und nahm die Deutschen unter Feuer. Gonzales wurde später das Militär-Verdienstkreuz, Logan die Ehrenmedaille verliehen.

Während an den Landungsstränden der Aufmarsch weiterging, wurden Stoßtrupps, die landeinwärts vorzudringen versuchten, von feindlicher Artillerie und Granatwerfern sowie von Maschinengewehr- und Scharfschützen unter Feuer genommen. Die Zeitplanung der Landung geriet durcheinander, und etliche Einheiten warteten vergeblich auf das Eintreffen von schweren Waffen. Funktrupps und Geschützbedienungen hatten mit unerwarteten Schwierigkeiten zu kämpfen. All dessen ungeachtet strömten jedoch weiterhin Soldaten und Kriegsmaterial an Land.

Um 7.00 Uhr, während unter den entlang den Uferstreifen verstreuten Truppen noch ziemliches Durcheinander herrschte, mußte die 36. Division den ersten größeren Panzerangriff abwehren. Vom Augenblick der Anlandung der ersten Sturmeinheiten an hatten einzelne Feindpanzer aus einigen Stellungen heraus Nahschüsse auf sie abgeben können, doch jetzt trat nordwestlich von Paestum die 16. Panzerdivision mit 15 oder noch mehr Panzerkampfwagen IV an und ging gegen das 141. Regiment vor. Unterstützt von Maschinengewehren, die hinter 1,20 Meter dicken Steinmauern und in Bauernhäusern in Stellung gebracht worden waren, rollten die Panzer an und richteten ihr Feuer auf die quer über das flache Gelände verlaufenden Stellungen des Regiments.

Der gegen den südlichsten Landeabschnitt gerichtete Hauptstoß der deutschen Panzerkräfte konnte erst in den Mittagsstunden zum Stehen gebracht werden. Er wurde in der Hauptsache von Infanteristen mit Infanteriewaffen abgewehrt, und überall zeichneten sich einzelne durch heroische Taten aus. Auf dem linken Flügel wurde Hauptmann Hersel R. Adams vom III. Bataillon des 141. Regiments bei der Führung eines Angriffs gegen anrollende Panzerkampfwagen IV verwundet. Er bedeutete seinen Männern, sie sollten sich nicht um ihn kümmern und weiterkämpfen; als die Panzer sich dann neu gruppierten und abermals, aus allen Rohren feuernd, angerollt kamen, wurde er tödlich getroffen. Gefreiter Edward L. Rookey und Gefreiter Lavern Counselman robbten mit einer Panzerbüchse, die sie von einem Verwundeten übernommen hatten, bis auf 27 Meter an vier anrollende Panzer heran, nahmen sie gemeinsam mit anderen Soldaten ihrer Gruppe unter Feuer und zwangen sie zum Abdrehen.

Im Zentrum der Abwehrfront des Regiments setzten sich Soldaten des II. Bataillons ebenso erbittert zur Wehr. Gefreiter Ramon G. Gutierrez machte, ungeachtet einer Armverwundung, ein feindliches Maschinengewehr aus und erstach den Schützen mit seinem Messer. Gefreiter Salomon Santos jr. und Gefreiter Abner E. Carrasco brachten ihr MG im feindlichen Maschinengewehrfeuer auf einer Mauer in Stellung, nahmen die Panzerkampfwagen IV, die die vorderste Stellung bedrohten, unter Beschuß und zwangen sie endlich zum Rückzug.

Während der Kämpfe des ersten Tages sammelte sich die 36. Division schließlich im Strandbereich, stellte sich bereit, drang sechseinhalb Kilometer landeinwärts vor und erreichte ihre Tagesziele. Die Division brachte ein bedeutendes Stück der Staatsstraße Nr. 18, der großen Küstenstraße, in ihren Besitz, setzte sich im Vorfeld des Monte Soprano fest und konnte um 16.00 Uhr den Rückzug des Gegners melden. Sie hatte festen Fuß gefaßt, doch bestand faktisch keinerlei Verbindung mit dem britischen X. Korps, so daß die gefährliche Lücke fortbestand.

Im Nordabschnitt waren britische Truppen nach einem viertelstündigen Trommelfeuer der Royal Navy gegen nur geringen Feindwiderstand an Land gebracht worden. Auf ihrer linken Flanke von amerikanischen Rangers abgedeckt, die auf der Sorrentiner Halbinsel nördlich der Stadt Maiori den Chiunzi-Paß sichern sollten, gingen britische Heeres- und Marine-Kommandoeinheiten bei Vietri unter dem Feuerschutz des Zerstörers *Blackmore* an Land. Schon bald nach der Anlandung wurde die Lage hier kritisch, als deutsche Granatwerfer und Geschütze ihr Augenmerk von der Flotte abwendeten und es auf die Sturmboote richteten, die Verstärkungen und Nachschubgüter heranbrachten. In der daraus entstehenden Verwirrung tauchte plötzlich das Gerücht auf, die Deutschen hätten den Strandabschnitt zurückerobert. Tatsächlich behielten aber die Briten die Oberhand.

Im Raum um den Flugplatz von Montecorvino ging die Landung der britischen Hauptstreitmacht zwar planmäßig vonstatten, doch entstand auch hier bald ein wüstes Durcheinander. Die britischen Truppen setzten zum ersten Mal Raketenschiffe, sogenannte „Hedgerows", ein. Die Hedgerows, die fast 800 7,62-cm-Raketengeschosse gleichzeitig abzufeuern vermochten, waren von gewaltiger Wirkungskraft, doch gab es noch immer keine Bedienungsvorschriften für diese neue Waffe. Die Hedgerows waren in aller Hast versammelt worden, und einige ihrer ersten Salven gingen völlig daneben. Ein Raketenschlag detonierte fast 800 Meter vom Ziel entfernt; da die Einheiten der 56. Division Befehl hatten, den Raketeneinschlägen zu folgen, gingen die irregeleiteten ersten Wellen infolgedessen am falschen Strandabschnitt an Land. Dort gerieten sie zusammen mit Einheiten der 46. Division in ein chaotisches Durcheinander, das mehrere Stunden dauerte und dadurch noch verschlimmert wurde, daß ihre Fahrzeuge und

# DIE ÜBERGABE DER ITALIENISCHEN KRIEGSFLOTTE

*Offiziere des britischen Schlachtschiffs „Warspite" beobachten italienische Schlachtschiffe, die nach der Kapitulation Italiens nach Nordafrika eskortiert werden.*

Die italienischen Land- und Luftstreitkräfte lösten sich nach der Bekanntgabe des Waffenstillstandes am 8. September 1943 faktisch auf, doch niemand vermochte vorauszusagen, wie sich die Kriegsflotte verhalten würde. Zwar hatten sich die italienischen Kriegsschiffe vor der Kapitulation im allgemeinen zurückgehalten und keine wirkliche Bedrohung für die Alliierten dargestellt, dennoch hatten diese beträchtliche See- und Luftstreitkräfte zu ihrer Überwachung einsetzen müssen.

Den Waffenstillstandsbedingungen zufolge sollten die an Italiens Westküste, größtenteils in La Spezia und Genua, stationierten Kriegsschiffe nach Korsika und dann nach Nordafrika fahren, um dort auf weitere Befehle zu warten. Die in Tarent, an der Ferse des italienischen Stiefels, liegenden Schiffe sollten den britischen Flottenstützpunkt Malta aufsuchen.

Am 9. September um 2.30 Uhr verließen die drei Schlachtschiffe *Roma, Vittorio Veneto* und *Italia* unter dem Geleitschutz von drei Leichten Kreuzern und acht Zerstörern den Kriegshafen La Spezia. Kurz darauf stürmten deutsche Truppen, die sie am Auslaufen hindern wollten, in die Stadt. Als sie feststellen mußten, daß die Schiffe verschwunden waren, erschossen sie in ihrer Wut mehrere italienische Kommandanten, die ihre Schiffe versenkt hatten.

Am Nachmittag desselben Tages wurden die italienischen Schiffe auf der Höhe von Sardinien von deutschen Bombenflugzeugen angegriffen. Mehrere wurden stark beschädigt, und die *Roma* sank, wobei fast 1400 Seeleute den Tod fanden. Die restlichen Schiffe konnten sich in Sicherheit bringen: Die Mehrzahl gelangte nach Nordafrika, während drei Zerstörer und ein Kreuzer, die ihre Fahrt unterbrochen hatten, um Überlebende aufzunehmen, in Menorca anlegten.

Während die Übergabe fast überall glatt vonstatten ging, näherte sich ein alliierter Schiffsverband dem großen italienischen Flottenstützpunkt Tarent. Plötzlich liefen die dort stationierten italienischen Kriegsschiffe aus dem Hafen aus. Ehe ihre Absichten erkennbar wurden, herrschte auf den alliierten Schiffen eine Zeitlang atemlose Spannung. Würden die Italiener das Feuer eröffnen? Sie fuhren auf den alliierten Verband zu – und dann mitten durch ihn hindurch. Sie waren nach Malta unterwegs, um sich dort den Briten zu unterstellen.

schweren Waffen am richtigen Strandabschnitt angelandet worden waren und erst am Abend zu ihnen gebracht wurden.

An einem anderen Strandabschnitt unweit des Flugplatzes von Montecorvino kam es unterdessen zu einem eher komischen Wirrwarr, als beim Entladen eines Landungsbootes unter den ersten Gegenständen ein Klavier zum Vorschein kam. Ein wutschnaubender Offizier wollte es ins Meer werfen, stieß indes auf den unbeugsamen Widerstand eines Unteroffiziers, dem man das für ein Unteroffizierskasino bestimmte Instrument anvertraut hatte. Die Angelegenheit endete damit, daß ein paar Kanoniere das Pianoforte eiligst in Sicherheit brachten, als der Offizier einmal für einen Augenblick abgelenkt wurde.

In anderen Abschnitten des Landekopfes wehrten britische Sturmtruppen, von treffsicher feuernder Schiffsartillerie unterstützt, zahlreiche Gegenangriffe feindlicher Panzer und Infanterie ab. Soldaten des 9. Bataillons des Regiments The Royal Fusiliers machten kurz nach ihrer um 3.45 Uhr erfolgten Landung eine deutsche Raketenbatterie aus und meldeten deren Standort an ein Führungsschiff. Alsbald näherte sich ein Zerstörer der Küste, um eine Breitseite auf die Batterie abzufeuern.

„Die Granaten hätten uns beinah das Haar gescheitelt", berichtete ein Regimentsangehöriger. „Von den Raketen drohte uns nun keine Gefahr mehr, aber ein Maschinengewehrnest, das bei dem Feuerschlag unversehrt geblieben war, mußte von unseren Truppen genommen werden." In einem Handgranaten- und Bajonettangriff, in dessen Verlauf der Führer des Zuges, Leutnant David Lewis, ums Leben kam, wurde die Maschinengewehrstellung erobert; außerdem wurden 25 Gefangene gemacht.

Um den strategisch wichtigen Flugplatz von Montecorvino wurde den ganzen Tag über erbittert gekämpft. Britische Maschinengewehrschützen gelangten so zeitig an den Rand des Flugfeldes, daß sie zwei feindliche Jäger und einen Bomber, die gerade starteten, abzuschießen vermochten. Eine britische Maschine, deren Pilot in dem Glauben, der Platz sei bereits in alliierter Hand, zur Landung ansetzte, wurde von deutschen Truppen zerstört. Bei Einbruch der Nacht war der Flugplatz zwischen den Panzern und Spähtrupps beider Seiten zum Niemandsland geworden.

Trotz allen Durcheinanders hatten sich britische Truppen in der Stadt Salerno festzusetzen vermocht und einen Landekopf gebildet. Dies hatte sie freilich derart große Anstrengungen gekostet, daß sie die Verbindung mit den rechts von ihnen kämpfenden Amerikanern nicht herstellen konnten.

Auf deutscher Seite hatte Generaloberst v. Vietinghoff ungeachtet der alliierten Anfangserfolge durchaus Grund zum Optimismus. Es war gelungen, die gelandeten Feindkräfte mit nur einer Division, der 16. Panzerdivision, auf einen schmalen Raum zu beschränken. Wenn er schnell genug Verstärkungen heranzuführen vermochte, so würde es vielleicht möglich sein, die Alliierten ins Meer zurückzuwerfen. Er befahl daher der 19. Panzergrenadierdivision und der 26. Panzerdivision, die schwache Gefechtsberührung mit Montgomerys Vorhuten abzubrechen und sich unter Zurücklassung kleiner Nachhuten und Sprengtrupps so schnell wie nur irgend möglich in Richtung Salerno in Marsch zu setzen.

Im Norden von Neapel versuchten die Panzerdivision „Hermann Göring" und die 15. Panzergrenadierdivision sich von den Schlägen zu erholen, die ihnen der Gegner auf Sizilien zugefügt hatte. Beide hatten hohe Verluste erlitten, besaßen aber immer noch insgesamt 27 000 zähe und kampferfahrene Soldaten. General v. Vietinghoff schickte die beiden Divisionen im Eiltempo nach Süden, wo sie im Laufe der Nacht gegen den britischen Abschnitt des Landekopfes zu drücken begannen. Kesselring, v. Vieting-

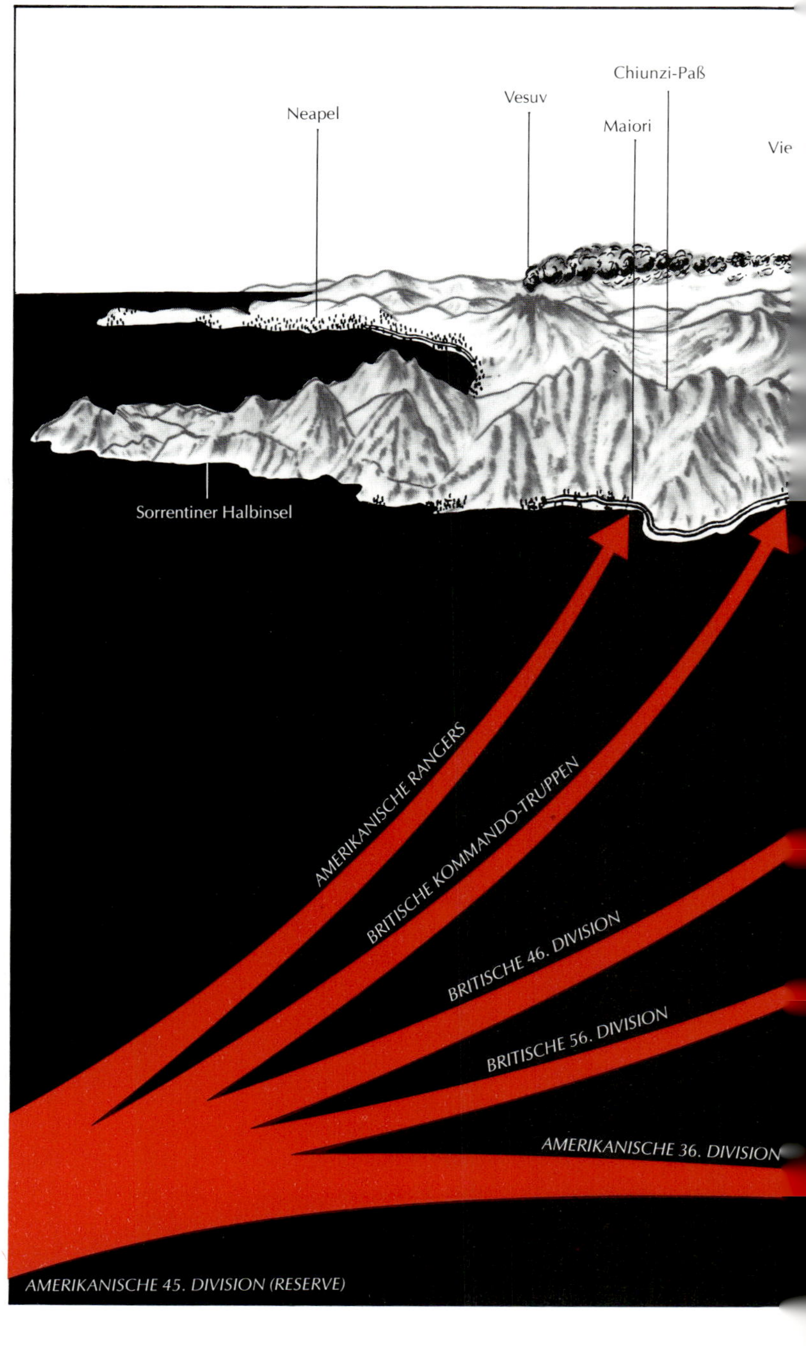


*Der halbmondförmige Landekopf bei Salerno erstreckte sich von der gebirgigen Sorrentiner Halbinsel im Norden bis zur Stadt Salerno und dann rund 50 Kilometer südwärts über Paestum bis Agrópoli. Das Gebiet ist von steilen Bergen umgeben, die im Norden über 1200 Meter und in der Mitte und im Süden zwischen 460 und 1200 Meter aufsteigen. Die britische 56. Division war von der 36. US-Division durch den Sele-Fluß und eine tückische Sandbank an seiner Mündung getrennt. Da die Deutschen die vom Landekopf nach Norden führenden Straßen ziemlich mühelos verteidigen konnten, stand den Alliierten ein schwieriger Vormarsch zu ihrem Hauptziel, der Stadt Neapel, bevor, die auf dieser Panoramazeichnung näher erscheint, als die tatsächliche Entfernung – gut 50 Kilometer – beträgt.*

hoffs Vorgesetzter, bestürmte unterdessen die deutsche oberste Führung, ihm für die Abwehr der Alliierten zwei von Rommels in Norditalien stationierten Panzerdivisionen zur Verfügung zu stellen. Sein Antrag wurde abgelehnt. Kesselring äußerte später, sein Vorschlag hätte zu einem entscheidenden Sieg führen können, wenn Hitler nur seinen doch sehr bescheidenen Anträgen stattgegeben hätte. Mag sein, daß er recht hatte, doch Hitler lehnte weitere Abstellungen nach Süden strikt ab, da diese dort durch ein neues alliiertes Landeunternehmen hätten abgeschnitten werden können.

Während die Deutschen ihre zur Niederkämpfung des alliierten Landekopfs bestimmten Kräfte zusammenzogen, flog ihre Luftwaffe einen Großangriff gegen die alliierte Landungsflotte im Golf von Salerno. Während der ersten drei Tage nach Invasionsbeginn flog sie, scheinbar unter völliger Mißachtung der alliierten Luftherrschaft, annähernd 550 Jäger-, Jagdbomber- und Bombereinsätze. Sie setzte außerdem eine neue Waffe ein, die versuchsweise schon auf Sizilien zum Einsatz gekommen war, jetzt aber in großem Stil angewandt werden sollte: eine Gleitbombe mit Fernlenkung und eigenem Triebwerk. Zwei Typen waren entwickelt worden. Die eine hatte eine Reichweite von rund 5600 Metern und erreichte eine Geschwindigkeit von 1060 Kilometern in der Stunde, die andere hatte eine Reichweite von 12 900 Metern und erreichte eine Geschwindigkeit von 918 Kilometern in der Stunde. Das Gewicht der Sprengladung betrug bei beiden 350 Kilogramm. Die Lenkflugzeuge konnten Angriffshöhen bis zu 8000 Metern einhalten.

Wie ungewöhnlich groß die Reichweite dieser neuen deutschen Waffe war, geht aus der Tatsache hervor, daß kein Fliegeralarm herrschte und das Feindflugzeug nicht einmal zu sehen war, als der britische Kreuzer *Uganda* am Nachmittag des 13. September auf der Höhe von Salerno von einer Gleitbombe getroffen wurde. Die Bombe drang durch sieben Stahldecks und detonierte unter dem Schiff. Obwohl über 1000 Tonnen Wasser eindrangen, ging die

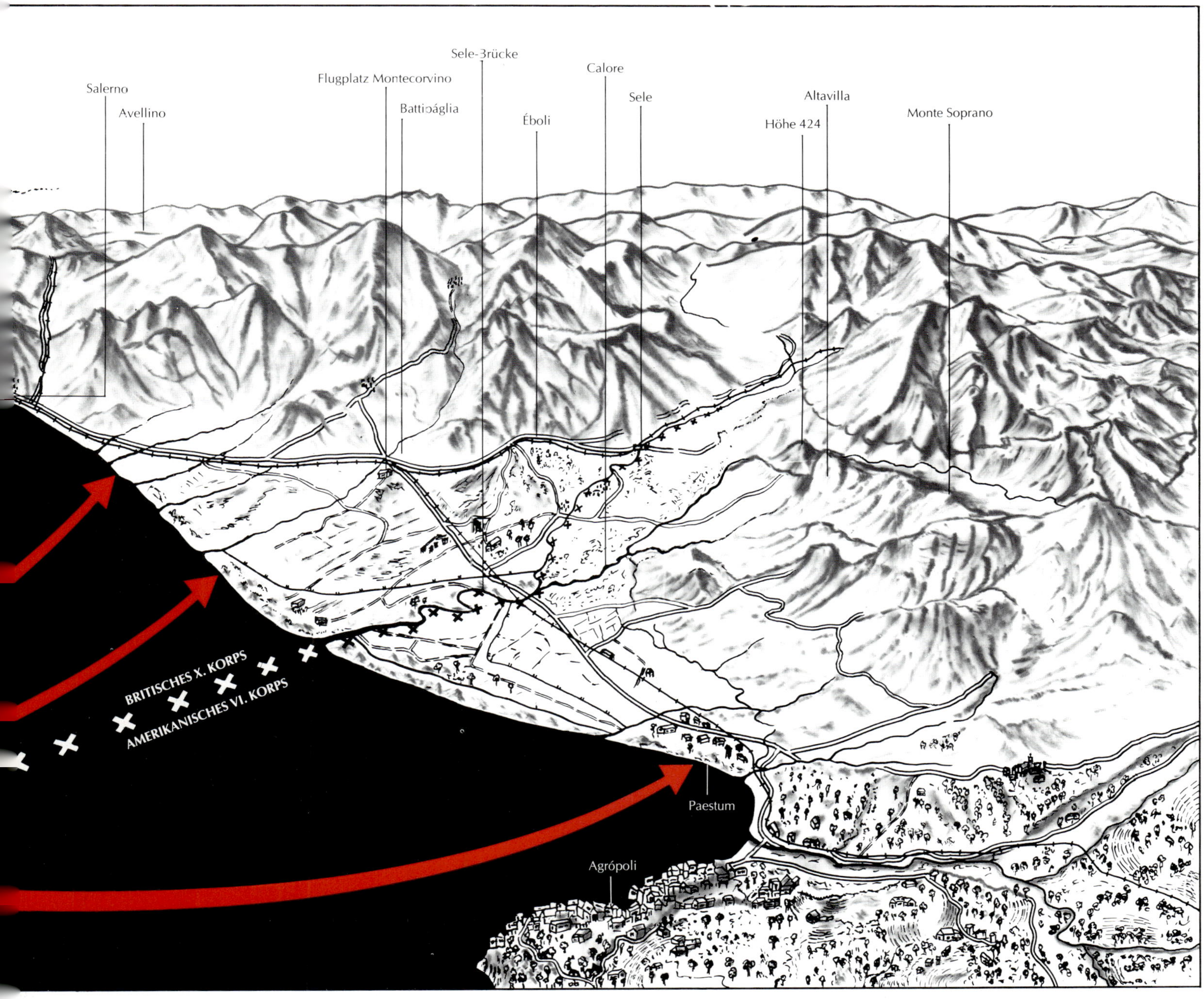

*Uganda* nicht unter und konnte aus dem Kampfgebiet in Sicherheit geschleppt werden. Das britische Schlachtschiff *Warspite* wurde gleichfalls von einer Gleitbombe außer Gefecht gesetzt, desgleichen der US-Kreuzer *Savannah*. Es gelang der deutschen Luftwaffe, mit diesem Kampfmittel und mit konventionellen Bomben vier Transporter, einen schweren Kreuzer und sieben Landungsfahrzeuge zu versenken sowie eine Anzahl anderer Schiffe mehr oder weniger schwer zu beschädigen.

Die Alliierten hatten nicht einmal Zeit gefunden, über ein Abwehrmittel gegen die deutsche Gleitbombe nachzudenken. Ein Radarfachmann an Bord des britischen Führungsschiffes meinte, man solle einmal versuchen, die empfindlichen Leitimpulse der Bombe mit Hilfe der winzigen Motoren von Elektrorasierern zu stören. Daraufhin wurden alle zur Flotte gehörenden Schiffe durch Funkspruch angewiesen, bei Verdacht auf einen bevorstehenden Gleitbombenangriff sämtliche elektrischen Rasierapparate anzustellen. Ob dadurch die erhoffte Wirkung eintrat, konnte allerdings nie festgestellt werden.

Als Gegenmaßnahme gegen den deutschen Aufmarsch im Raum von Salerno ließ General Clark seine schwimmende Reserve, zwei Regimenter der amerikanischen 45. Infanteriedivision, ausschiffen. Sie sollten landeinwärts vordringen und die Lücke zwischen den alliierten Kampfabschnitten schließen. Da aber Schiffsraum knapp war und Seetransporte von sizilianischen und nordafrikanischen Häfen viel Zeit beanspruchten, konnten zur Abwehr eines feindlichen Großangriffs keine zusätzlichen Verstärkungen mehr rechtzeitig über See herangeführt werden.

Sofortige weitere Hilfe war nur von der im Süden kämpfenden britischen 8. Armee zu erhoffen, doch stellten das unwegsame Gelände und die von den Deutschen vorgenommenen Sprengungen und Sperrmaßnahmen Montgomery vor schwierige Probleme. „Die Straßen in Süditalien winden sich in vielen Schleifen durch das gebirgige Gelände und verdienen als Bauwerke größte Bewunderung", schrieb er später. „Sie führen über eine Unzahl von Brücken, Überführungen und sogar durch Tunnel und bieten den Pioniertruppen unbegrenzte Möglichkeiten zu Zerstörungen und Straßensperren jeder nur vorstellbaren Art. Die Deutschen nutzten denn auch diesen Vorteil ohne zu zögern im vollen Umfang aus, und unsere Truppen wurden durch Beschädigungen, die dem Eisenbahn- und Straßennetz zugefügt worden waren, immer wieder aufgehalten." Am 10. September sah sich Montgomery genötigt, „eine kurze Pause einzulegen", da seine Armee „sich immer mehr auseinanderzog". Er billigte seinen Soldaten zwei Ruhetage zu, während derer er auf das Eintreffen von weiterem, dringend benötigtem Brückenbaumaterial wartete. Am 13. September, demselben Tag, an dem die Deutschen ihren Gegenangriff gegen den alliierten Brückenkopf bei Salerno begannen, waren Montgomerys Vorausabteilungen noch rund 190 Kilometer und das Gros seiner Armee 260 Kilometer vom Landekopf entfernt.

Inzwischen entstand für die Alliierten im Landekopf bei Salerno, wo sich die Kampftätigkeit in raschem Tempo steigerte, allmählich

eine krisenhafte Lage. Die schwersten Schläge mußte das britische Regiment The Royal Fusiliers einstecken, das Battipáglia besetzt hielt. Am 10. September wurde es von den Deutschen, die ihm schwere Verluste beibrachten und fast 1500 Mann gefangennahmen, aus der Stadt getrieben. An den beiden darauffolgenden Tagen kämpften britische Kommandotruppen in den Bergen nördlich Salerno gegen ein Fallschirmjägerbataillon der Division „Hermann Göring", wobei beide Seiden außerordentlich hohe Verluste erlitten. Unter den gefallenen Briten befand sich auch Hauptmann Herzog von Wellington, ein Ururenkel des Siegers von Waterloo.

Nach zweitägigen Kämpfen in diesem Abschnitt befanden sich die Höhen bei Éboli und Altavilla zu beiden Seiten des Sele-Calore-Korridors nach wie vor in deutscher Hand. Am 11. September machten amerikanische Panzer und Infanterie verstärkte Anstrengungen, sie zu nehmen. Ihr Angriff kam vor Éboli zum Erliegen, doch vermochten sie Altavilla und die Höhe 424 in ihren Besitz zu bringen und damit die Kontrolle über den Korridor von Süden her zu gewinnen. Tags darauf unternahmen die Deutschen jedoch einen wütenden Gegenangriff und warfen die Amerikaner unter blutigen Verlusten wieder zurück.

Die den Korridor hinunterrollenden Deutschen überrannten das II. Bataillon des 143. US-Infanterieregiments und rieben es völlig auf. Über 500 Offiziere und Soldaten gingen verloren – die meisten gerieten in Gefangenschaft –, während die Überlebenden in wilder Flucht das Weite suchten. Die Angreifer stießen unverzüglich nach, und ihre Panzer erreichten den nur drei Kilometer vom Strand entfernten Zusammenfluß des Sele und Calore.

„Damit", schrieb Clark, „waren wir Kesselring fast vollständig ausgeliefert, wenn es ihm einfiel, das Gros seiner Truppen ohne Erbarmen auf uns zu werfen." Zwischen den vordersten deutschen Panzerkräften und dem Meer standen lediglich eine Handvoll amerikanische Infanteristen und einige 10,5-cm-Geschütze des 189. Feldartilleriebataillons unter Oberstleutnant Hal L. Muldrow jr. und des 158. Feldartilleriebataillons unter Oberstleutnant Russell D. Funk, die beide zur 45. Division gehörten.

Clark war inzwischen an Land gegangen, und sein Gefechtsstand befand sich nur wenige hundert Meter hinter den Geschützstellungen. Er traf Vorkehrungen für eine kurzfristige Verlegung per Schnellboot in den britischen Abschnitt und begab sich anschließend in die vorderste Linie. Muldrow und Funk waren gerade dabei, Schreiber, Köche, Fahrer, Mechaniker und anderes Stabspersonal zusammenzutrommeln, um eine vorgeschobene Sicherung der Feuergeschützstellungen ihrer Batterien zu improvisieren. Auf den nahe gelegenen Straßen hielten Offiziere „alle Fahrzeuge an, die vorbeikamen. Jeder Soldat, der aus den Jeeps, Lastwagen und anderen Fahrzeugen stieg, erhielt ein Gewehr und wurde umgehend in die Schützenlinie eingereiht". Clarks Auge fiel auf „einen Hügel, der gegebenenfalls dem Feind eine günstige Stellung geliefert hätte... Ich ließ deshalb ein Regiment bewaffnen und dorthin schicken. Der in Frage kommende Hügel wies auf den amerikanischen Karten keine Bezeichnung auf. Ich sagte ihnen daher, sie sollten ihn Pikkolo-Spitze nennen".

Als die deutschen Panzer unweit einer zerstörten Brücke über den Calore auf eine Furt vorstießen, eröffneten die amerikanischen Artilleristen das Feuer auf sie. Schweißgebadet und mit bloßem Oberkörper schoben Funks und Muldrows Männer in der sengenden Sonne Granate auf Granate in ihre Geschütze; die so dicht – wie in einer modernen Materialschlacht möglich – massierten Geschütze erreichten eine Feuergeschwindigkeit von acht Schuß in der Minute je Geschütz, eine im Zweiten Weltkrieg vermutlich einzigartige Leistung. „Die Furt neben der Brücke und die zu ihr führende Straße waren eine einzige dichte Staubwolke", berichtete Clark, der zu den Kanonieren ging, um ihnen Mut zuzusprechen – und sich dabei dem feindlichen Feuer aussetzte. „Die Felder und Wälder, in welchen die feindlichen Panzer Aufstellung genommen hatten, waren in Staub gehüllt."

Die deutschen Kolonnen begannen zu schwanken, wichen zurück und setzten sich gegen Sonnenuntergang endgültig ab. Die amerikanischen Kanoniere hatten auf der schmalen Front 4000 Schuß abgegeben und damit die schlimmste Bedrohung des Landekopfes abgewendet.

Obwohl sich der deutsche Gegner zurückgezogen hatte, vermutete Clark doch, daß es in den nächsten Tagen noch schlimmer kommen würde. Er bekam indes hin und wieder Nachricht von General Montgomery aus dem Süden. „Ich will nicht sagen, daß er gemächlich angerückt kam, aber er marschierte doch bei weitem nicht so zügig vorwärts, wie ich gehofft hatte", äußerte Clark. „Ich war unterdessen wirklich in eine schwierige Lage geraten und bekam zwischendurch ständig ermunternde Worte von Montgomery: ‚Aushalten! Wir kommen!' Und später dann: ‚Aushalten! Wir haben schon miteinander Kontakt!' Ich erinnere mich noch, daß ich einmal zurückfunkte: ‚Ich habe noch nichts davon gemerkt, daß Sie Kontakt zu uns haben!'"

In der Nacht zum 14. September, während seine abgekämpften Artilleristen neben ihren Geschützen schliefen, kam Clark zu dem Schluß, daß er seinen Landekopf entweder räumen oder gewaltige Anstrengungen zu seiner Konsolidierung unternehmen müsse. Er forderte deshalb Vizeadmiral H. Kent Hewitt über Funk auf, Pläne zum Abtransport der südlich des Sele kämpfenden Amerikaner in den britischen Sektor auszuarbeiten. Hewitt hielt nichts von solch einer Operation. Wenn nämlich Landungsschiffe leer an einen

*Der britische General Sir Harold Alexander (links), Oberbefehlshaber der alliierten Landstreitkräfte in Italien, besichtigt mit dem US-Generalleutnant Mark Clark (Mitte), dem Oberbefehlshaber der bei Salerno eingesetzten Heerestruppen, und dem britischen Generalleutnant Sir Richard McCreery, dem Kommandierenden General des X. Korps, den schmalen alliierten Landekopf bei Salerno. In einem kurz nach seinem Besuch verfaßten Bericht führte Alexander über den Gegenangriff deutscher Kräfte folgendes aus: „Durch Einsatz sämtlicher Reserven gelang es, den Feind abzuwehren. Es war dies ein eindrucksvolles Beispiel des unbeugsamen Widerstandswillens der alliierten Verteidiger."*

Strandabschnitt fahren und dann mit Truppen und Gerät beladen werden, kann man sie oftmals nur schwer oder gar nicht wieder in tieferes Wasser bringen. Der zuständige britische Marinebefehlshaber, Kommodore G. N. Oliver, war entsetzt und äußerte nur kühl, so etwas sei „einfach nicht drin". Dennoch wurden schließlich entsprechende Pläne ausgearbeitet.

Während die Marinekräfte widerstrebend Vorbereitungen für eine Räumung trafen, langten alliierte Verstärkungen im Landekopf an. Auf ein dringliches Hilfeersuchen Clarks hin sprang ein Bataillon der auf Sizilien stationierten amerikanischen 82. Luftlandedivision über den amerikanischen Linien ab. Der Kommandeur der 82., General Ridgway, hatte zuvor nachdrücklichst betont, daß er keine Wiederholung des Fiaskos von Gela auf Sizilien wünsche, wo seine Fallschirmjäger von ihren eigenen Kameraden unter Beschuß genommen worden waren. Vor dem Absprung erging daher der Befehl „Geschütze fest", der auch strikt befolgt wurde. Deutsche Nachtbomber konnten sogar in nächster Nähe einen Angriff fliegen, ohne auf Flakabwehr zu stoßen.

Die Zahl der abgesprungenen amerikanischen Soldaten war zwar noch relativ gering – 1300 Mann vom II. Bataillon des 504. Fallschirmjägerregiments –, doch war die psychologische Unterstützung, die sie den eingeschlossenen Soldaten schließlich gaben, dafür um so stärker. Bald darauf, bei Tagesanbruch, traf das restliche Regiment der 45. US-Division auf dem Seewege ein, desgleichen Teile der britischen 7. Panzerdivision.

Da die alliierten Truppen über ein weites Gebiet hin verstreut und auseinandergezogen waren, verkürzte und verstärkte Clark in der Nacht vom 13. auf den 14. September vernünftigerweise seine Linien, indem er sie an verschiedenen Punkten auf günstigere Abwehrstellungen zurücknahm. Als die Deutschen dann tags darauf in Unkenntnis der Vorkehrungen der Amerikaner angriffen, büßten sie 30 Panzer ein. Die jetzt besser ausgebauten und an vielen Stellen durch Artillerie verstärkten amerikanischen Stellungen hielten überall stand. Die Artillerie der 36. Division verschoß an diesem Tag über 4100 Granaten, die der 45. Division 6687 Granaten, was für die Kämpfe bei Salerno einen Rekord darstellte.

Das 636. US-Panzerjägerbataillon vermochte am 14. September trotz beständigen Artillerie- und Infanteriebeschusses seine Stellungen zu halten. Unweit der Einmündung des Baches La Cosa in den Calore schoß seine 2. Kompanie fünf deutsche Panzer IV ab. Die 3. Kompanie setzte sieben Feindpanzer und einen Munitionswagen außer Gefecht; die meisten gingen auf das Konto der Mannschaft eines Panzerjägers namens „Jinx" unter dem Befehl von Feldwebel Edwin A. Yost. Der erste Schuß, den sie auf die heranstürmenden Panzer abgaben, verfehlte sein Ziel um 180 Meter, doch der nächste setzte einen Panzer in Brand, und der dritte jagte den Munitionswagen in die Luft. Insgesamt setzten Yost und seine Männer einen Munitionswagen und fünf Panzer außer Gefecht, und das im Verlauf von einer halben Stunde!

Im britischen Sektor war das X. Korps ebenfalls auf erbitterten Widerstand gestoßen. Die 46. Division hatte sich in dem Höhengelände bei Salerno eingegraben. Am 13. September nahmen die Deutschen dieses Gebiet unter Feuer und schickten Panzer gegen

die 56. Division, die in der Ebene südöstlich von Battipáglia verstreut war. Drei Stunden lang tobte die Schlacht, doch die Coldstream Guards der 201. Gardebrigade und die 19. Royal Fusiliers der 167. Infanteriebrigade wiesen alle Angriffe ab.

Der Druck auf die alliierten Streitkräfte war oft so stark, daß sie nur durch die treffsicher feuernden Geschütze der schweren Schiffseinheiten aus ihrer bedrohten Lage befreit werden konnten. Die Deutschen, die ihnen nichts entgegenzusetzen hatten, wurden durch die von See her kommenden Feuerwalzen eingeschüchtert und verbargen ihren bitteren Groll über die maritime Überlegenheit des Gegners nicht. „Der Angriff stieß an jenem Morgen auf heftige feindliche Abwehr", schrieb v. Vietinghoff nach dem Krieg. „Vor allem mußte die angreifende Truppe das schwerste Artilleriefeuer aushalten, das sie bisher erlebt hatte: Feuer von Schiffsgeschützen von wenigstens 16 bis 18 Schlachtschiffen, Kreuzern und Zerstörern, die vor der Küste lagen. Mit erstaunlicher Präzision und Beweglichkeit schossen diese Schiffe auf jedes erkannte Ziel." Im Verlauf der Kämpfe um den Landekopf bei Salerno verschossen die alliierten Seestreitkräfte mehr als 10 000 Tonnen Granaten auf die gegenüberliegenden deutschen Einheiten.

Auch aus der Luft erhielten die alliierten Truppen Unterstützung. Eisenhower hatte dem General der Flieger, Tedder, befohlen, die geballte Kraft der in Nordwestafrika stationierten Fliegerkräfte zur Entlastung der bei Salerno kämpfenden Landtruppen zum Einsatz zu bringen, und am 14. September donnerten Hunderte von Bombenflugzeugen, darunter B-25, B-26 und B-17, über den Küstenstreifen, um Ziele bei Éboli und Battipáglia sowie andere Schlüsselpositionen zu zerschlagen.

Es trafen nunmehr auch weitere Verstärkungen ein, so daß sich die Lage der 5. Armee bei Salerno noch erheblich besserte. Beim Vordringen des VI. und X. Korps landeinwärts stellte die linke Flanke des VI. Korps im Süden von Battipáglia die Verbindung mit der rechten Flanke des X. Korps her. Am 15. September stand das 180. Infanterieregiment der 45. Infanteriedivision im Raum nahe dem Monte Soprano; das 505. Fallschirmregiment war bei Paestum abgesprungen, die 325. Luftlande-Regimentskampftruppe war mit ihren Landungsbooten eingetroffen, und der Rest der britischen 7. Panzerdivision wurde gerade an Land gebracht. (Nur ein alliierter Verband bekam Schwierigkeiten: Das in der Nacht zum 15. September hinter den deutschen Linien bei Avellino abgesetzte 509. Fallschirmbataillon wurde über ein derart weites Gebiet verstreut, daß es seinen Auftrag, Verkehrsverbindungen des Feindes zu unterbrechen, nicht auszuführen vermochte.)

Wenngleich die bloße Existenz der von Süden her vorrückenden britischen 8. Armee nicht ohne Wirkung auf die Deutschen blieb – v. Vietinghoff war gezwungen, sich ständig nervös umzublicken –, so stellte Montgomery doch erst nach dem Abflauen der Kämpfe eine wirksame Verbindung mit den Truppen an der Landungsfront her. „Mancher möchte meinen – ich tat es seinerzeit selber –, daß wir es waren, die die Lage bei Salerno vielleicht nicht retteten, aber doch stabilisierten", schrieb Montgomerys Stabschef, Generalmajor Sir Francis de Guingand, nach dem Krieg. „Heute bezweifle ich, ob wir in größerem Ausmaß auf die Situation einwirkten – war General Clark doch bereits vollständig Herr der Lage, als die 8. Armee schließlich auf den Plan trat."

Am 18. September setzten sich die Deutschen nach neuntägigem Kampf von der Landungsfront ab. Sie hatten den Alliierten einen festen Landekopf überlassen müssen, waren aber nicht besiegt worden. Tatsächlich war ihr Rückzug Teil ihres Planes einer Absetzbewegung auf Stellungen im nördlichen Apennin. Es war dies alles andere als ein überstürzter Rückmarsch in Richtung auf Rom und nach Norden, sondern vielmehr eine wohlberechnete Operation, die dazu bestimmt war, mehrere Verteidigungslinien quer über die Halbinsel zu legen. Den britischen und amerikanischen Streitkräften standen noch schwere Kämpfe in regengepeitschten, wild zerklüfteten Gebirgen gegen einen zähen und entschlossenen Gegner bevor, der die hinhaltende Gefechtsweise in solchem Gelände meisterhaft beherrschte. Durch die Errichtung eines festen Landekopfes bei Salerno und durch seinen weiteren Ausbau hatte die 5. Armee jedoch ihr erstes Operationsziel im italienischen Feldzug erreicht.

Im Verlauf der schweren neuntägigen Kämpfe hatten die amerikanischen Streitkräfte 3500 Mann – 500 Tote, 1800 Verwundete und 1200 Vermißte – eingebüßt. Überdies hätte nicht viel gefehlt, und sie wären ins Meer zurückgedrängt worden. Acht Tage nach der Landung bei Salerno erschien General Eisenhower persönlich auf dem Gefechtsstand des VI. Korps, um den Kommandierenden General, Dawley, wegen seines Versagens in der blutigen Schlacht um den Sele-Calore-Korridor zur Rede zu stellen. „Wollen Sie mir bitte erklären, wie Ihre Truppen in einen derartigen Schlamassel geraten konnten?" fragte er ihn. Wenige Tage später wurde Dawley seines Postens enthoben.

Die Briten hatten bei den schweren Kämpfen um Salerno, den Flugplatz von Montecorvino und Battipáglia sogar noch höhere Verluste erlitten: insgesamt 5500 Tote, Verwundete und Vermißte. Doch der erfolgreiche Abschluß ihrer ersten Großlandung auf dem europäischen Festland, der Salerno-Operation (die fast mit einem Fiasko geendet hätte, waren die Deutschen doch nahe daran gewesen, sie wieder ins Meer zurückzuwerfen), bedeutete, daß die Alliierten auf Dauer in Italien – und Europa – Fuß gefaßt und die Herrschaft über das Mittelmeer gewonnen hatten.

*Ein zweirädriger Pferdewagen weicht auf einer Landstraße in der Nähe von Neapel einem vorbeirollenden amerikanischen Sherman-Panzer aus. Nach der Kapitulation ihres Landes versuchten die Italiener, das Beste aus ihrer Lage zu machen, doch forderten die Kämpfe zwischen Deutschen und Alliierten mit ihren zahlreichen Artillerie- und Luftbombardements viele Opfer unter der einheimischen Bevölkerung. 146 000 Zivilpersonen kamen dabei ums Leben.*

# EINE UMKÄMPFTE STELLUNG

*Ein US-Schützenpanzerwagen verhält auf der Chiunzi-Paßhöhe, um anschließend in offenes Gelände vorzupreschen und deutsche Stellungen unter Feuer zu nehmen.*

# HARTE KÄMPFE IN VORDERSTER LINIE

*Oberstleutnant William Darby (links), der Kommandeur der Rangers, bespricht einen Einsatz mit Major Roy Murray in den Bergen westlich von Salerno.*

Während die alliierte Hauptoffensive gegen das italienische Festland im September 1943 bei Salerno begann, wurden amerikanische Rangers unter der Führung von Oberstleutnant William O. Darby mit der wichtigen Aufgabe betraut, den westlichsten Abschnitt des alliierten Landekopfes zu sichern. Nach der Landung an dem schmalen Küstenstreifen bei Maiori, 20 Kilometer westlich von Salerno, stürmten sie zehn Kilometer landeinwärts vor und brachten den strategisch wichtigen, die Ebene von Neapel überblikkenden Chiunzi-Paß (1220 Meter) in ihren Besitz.

Durch die Einnahme dieser beherrschenden Höhen konnten die Rangers die Deutschen daran hindern, über den Paß einen Flankenangriff gegen den Landekopf bei Salerno vorzutragen. Desgleichen konnten sie vernichtendes Störfeuer auf deutsche Stützpunkte in den darunterliegenden Dörfern und auf Truppen und Nachschubkolonnen lenken, die auf der großen Küstenstraße Nr. 18 in Richtung auf Salerno rollten.

Darbys drei Bataillone ausgesuchter Freiwilliger waren den Anforderungen dieses schwierigen Auftrags durchaus gewachsen. Sie waren in Nordirland und Schottland von britischen Kommandotruppen ausgebildet worden und hatten dort unter scharfem Granatwerfer- und Maschinengewehrfeuer amphibische Landungen geübt. Wie hart die Ausbildung war, zeigt sich daran, daß die Rangers bei diesen Übungen mehr Verluste erlitten als später bei einigen ihrer Kampfeinsätze.

Die kampferfahrenen Rangers, die 1942 zusammen mit britischen und kanadischen Kommandotruppen an dem mißglückten Landeunternehmen in Dieppe und später an den Landungen in Nordafrika und Sizilien teilgenommen hatten, wurden auf dem Paß in äußerst harte Kämpfe verwickelt. Darbys Männer mußten fast täglich bis zu sechs Nahkämpfe bestehen und schweres Granatfeuer aushalten. Obwohl ihnen die Erschöpfung im Gesicht geschrieben stand, sie dem Gegner zahlenmäßig unterlegen und durch Krankheiten geschwächt waren – viele waren auf Sizilien an Malaria erkrankt und erlitten jetzt Rückfälle –, krallten sich die Rangers an den strategisch wichtigen Höhen fest und rechtfertigten Oberstleutnant Darbys Vertrauen in seine Männer. Hatte dieser doch am ersten Tage des Unternehmens an das alliierte Hauptquartier gefunkt: „Wir haben Stellungen im Rücken des Feindes bezogen und bleiben hier, bis die Hölle einfriert.“

*Die Stadt Maiori, wo die US-Rangers an Land gingen, liegt am Fuß der Berge auf der Sorrentiner Halbinsel. Die Straße in der Mitte führt zum Chiunzi-Paß.*

# ZÄHE VERTEIDIGUNG DES CHIUNZI-PASSES

Ehe die Alliierten ihren Hauptstoß über den Chiunzi-Paß in Richtung Neapel führen konnten, hatten die Rangers dort 18 Tage lang blutige Kämpfe zu bestehen. Sie schlugen sieben größere Gegenangriffe des ihnen um das Achtfache überlegenen Gegners zurück. Trotz ununterbrochenen Granatwerfer- und Artilleriefeuers, das sie zwang, tagelang in engen, in die Hänge gehackten Löchern zu hausen, hielten sie stand.

Außerdem kam es zu heftigen kleineren Feuergefechten mit kampferfahrenen deutschen Gebirgstruppen und Waffen-SS-Soldaten, die ihre Stellungen einzudrücken versuchten. Obwohl sie eine 15 Kilometer breite Front verteidigen mußten, die normalerweise einem Bataillon zugewiesen wird, gelang es den Rangers, sämtliche Angriffe abzuwehren.

„Es war höllisch", erinnerte sich einer von ihnen. „Unsere Verteidigungslinien waren so dünn besetzt, daß wir die Deutschen nur mit äußerster Anstrengung zum Stehen bringen konnten, aber wir schafften es dank unserer Schnelligkeit, Vielseitigkeit und harten Ausbildung. Als die Deutschen den Berg heraufkamen, rannten wir hin, um die Lücke zu schließen, und bereiteten ihnen einen warmen Empfang."

Die Rangers wehrten jedoch nicht nur feindliche Gegenangriffe ab: Sie hatten vier Schützenpanzerwagen, die ein tödliches Katz-und-Maus-Spiel mit deutscher Artillerie und 8,8-cm-Paks trieben. Die Schützenpanzerwagen preschten einzeln oder zu zweien zur Paßhöhe hinauf, feuerten mehrere Salven ab und machten sich dann unter schwerem Vergeltungsfeuer schleunigst wieder aus dem Staube. Nachts schickten die Rangers Erkundungstrupps in Stärke von vier bis sieben Mann aus, die die Stärken und Schwächen des Gegners feststellen und Gefangene für Verhöre mitbringen sollten.

Die Unternehmungen der Rangers auf dem Chiunzi-Paß waren derart wirkungsvoll, daß gefangene deutsche Soldaten später aussagten, ihre Offiziere hätten die Stärke der Amerikaner auf eine ganze Division geschätzt.

*Während sich ein Schützenpanzerwagen zurückzieht, nehmen mehrere Rangers in Erdlöchern Deckung.*

*Nahe dem Schützenpanzerwagen schlagen deutsche Geschosse ein. Alle Fahrzeuge wurden mehrfach getroffen. Der Boden ist mit Kartuschenhülsen übersät.*

*Beim Chiunzi-Paß erklettert ein Ranger-Stoßtrupp im Schutz eines Nebelschirms einen Berghang, um Gefangene zu machen und Sprengungen durchzuführen.*

*In einer Felsspalte kauernd, nimmt ein Ranger-Maschinenpistolenschütze angreifende Truppen unter Feuer.*

*Ein deutscher Granatwerferzug in der Ortschaft Sala wird vom Chiunzi-Paß aus mit Phosphorgranaten eingenebelt, um ihm die Sicht zu nehmen.*

## DER GEFECHTSSTAND „FORT SCHUSTER“

Darbys Rangers wehrten nicht nur in erbitterten Nahkämpfen den Feind ab, sondern nutzten den weiten Blick vom Chiunzi-Paß ins Tal auch zur Festlegung von Punktzielen für die Artillerie, Granatwerfer und Schiffsgeschütze der Alliierten. Um das Feuer der Deutschen zu behindern, deckten sie deren Geschützstellungen mit Nebelgranaten ein.

Die Rangers riefen das Sperrfeuer von einem unweit der Paßhöhe gelegenen vorgeschobenen Gefechtsstand aus ab. Es war dies ein Bauernhaus mit massiven Steinmauern, das Darbys Soldaten zu Ehren eines amerikanischen Stabsarztes, der dort am ersten Kampftag einen Sanitätsraum eingerichtet hatte, ,,Fort Schuster'' nannten. Obwohl ihn die Deutschen mit Artillerie und Granatwerfern unter Feuer nahmen, erwies sich der Gefechtsstand als so stabil, daß ihm ungezählte Treffer nicht allzuviel anzuhaben vermochten.

*Amerikanische und britische Artilleriebeobachter leiten von ihrem Beobachtungsstand im „Fort Schuster" das Geschützfeuer auf die deutschen Stellungen im Tal.*

*Artilleristen der amerikanischen 82. Luftlandedivision geben Darbys Rangers mit einer unweit Maiori in Stellung gebrachten 10,5-cm-Haubitze Feuerschutz.*

*Ein amerikanischer Feldwebel hält verwundete Soldaten fest, die zum Behelfslazarett gefahren werden.*

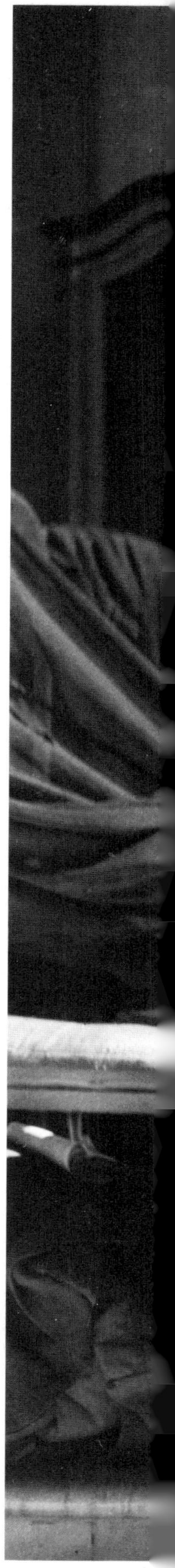

## VERWUNDETENFÜRSORGE IN EINEM BEHELFSLAZARETT

Die 18 Tage dauernde heroische Verteidigung des Chiunzi-Passes forderte einen hohen Preis. Die Rangers erlitten schwere Verluste – in einigen Einheiten bis zu einem Drittel.

Die Verwundeten wurden mit einem Jeep oder Lastwagen die steilen Hänge hinab nach Maiori transportiert, wo die Alliierten in einer katholischen Klosterkirche ein behelfsmäßiges Feldlazarett eingerichtet hatten. Die Kirchenbänke waren an die Wände gerückt und im Mittelschiff zwei lange Reihen Betten aus einem nahe gelegenen Waisenhaus aufgestellt worden. Auf einem transportablen, von einer Benzinlampe erhellten Operationstisch waren britische Chirurgen Tag und Nacht unermüdlich tätig. Wegen der Hitze und der mangelnden Entlüftung trugen sie dabei lediglich Gesichtsmasken, Operationshauben, Kniehosen und weiße Gummischuhe. Nach der ärztlichen Versorgung wurden die verwundeten Rangers von Krankenschwestern und Nonnen gepflegt. Die meisten wurden dann mit Landungsbooten die italienische Küste hinunter und anschließend zu Schiff in Großlazarette nach Nordafrika transportiert.

Für einige von Darbys Rangers wurde das Kloster von Maiori zur letzten Station auf ihrem Lebensweg. In einem der Räume zimmerte ein italienischer Tischler Dutzende von schlichten Fichtensärgen. Obwohl er so schnell wie möglich arbeitete, konnte er nicht Schritt halten.

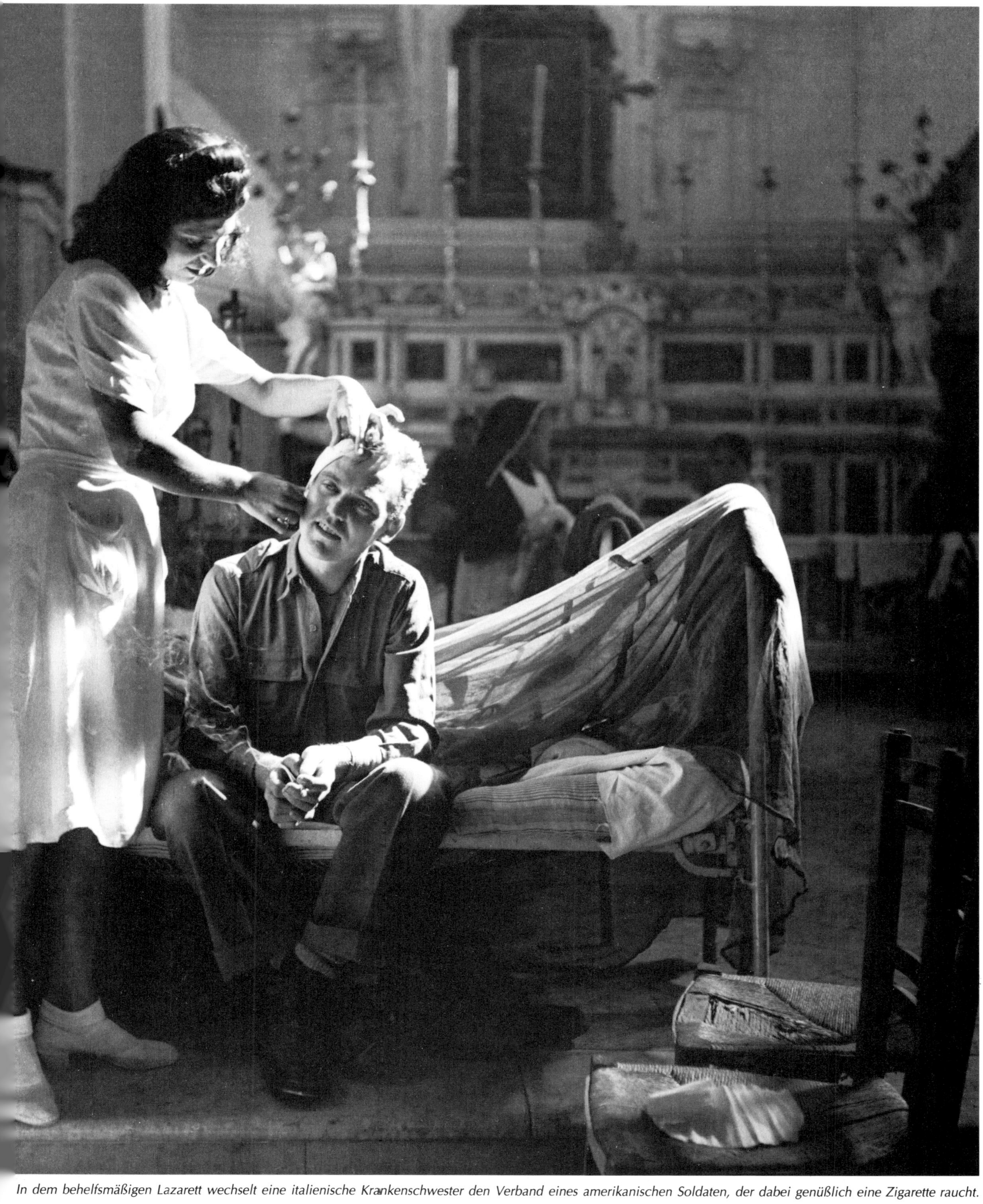

*In dem behelfsmäßigen Lazarett wechselt eine italienische Krankenschwester den Verband eines amerikanischen Soldaten, der dabei genüßlich eine Zigarette raucht.*

# 3

**Die unwegsame Apenninhalbinsel**
**Auf 40 Kilometer 25 zerstörte Brücken**
**Eine geniale Erfindung**
**Maultiertreiber und Sattler dringend gesucht**
**Kavallerie als Retter in der Not**
**General Clarks gespenstischer Einzug in Neapel**
**Ein Hafen mit 130 versenkten Schiffen**
**Ein altbekannter Feind schlägt zu**
**Der Entschluß zum Stoß auf Rom**
**Der Volturno: Barriere vor dem alliierten Erfolg**

# „NEAPEL SEHEN UND STERBEN"

Der alliierte Italienfeldzug war im Grunde reine Improvisation. Er entsprang nicht, sorgfältig ausgearbeitet, dem Hirn eines militärischen Genies, sondern entwickelte sich nach und nach. Die Alliierten landeten auf Sizilien, und als die Sizilien-Aktion erfolgreich verlief, beschlossen ihre Planer eine Truppenlandung auf dem Festland. In dem Maße, wie sie immer mehr Soldaten und Kriegsmaterial während des Feldzuges in den Kampf warfen, trat dann die Versuchung an sie heran, weiter nach Norden vorzustoßen, um größere Erfolge zu erzielen. Auf diese Weise wurde die Invasion Italiens allmählich zu einem der qualvollsten und langwierigsten Feldzüge des Zweiten Weltkrieges.

Nach der Errichtung ihres Landekopfes bei Salerno setzten die Alliierten zum Stoß auf Neapel an. Die Operationsziele ihres Vorgehens waren nach wie vor begrenzt: Die amerikanische 5. Armee sollte nach Norden bis zum Fluß Volturno vorstoßen. Unterdessen würde die britische 8. Armee die Flugplätze im Raum von Fóggia, nahe der Ostküste, einnehmen.

Der britischen 46. Infanteriedivision und der 7. Panzerdivision fielen beim Vorstoß auf Neapel die schwierigsten Aufgaben zu: Sie sollten sich über die Pässe auf der gebirgigen Sorrentiner Halbinsel vorwärtskämpfen und, an den Ruinen von Pompeji und dem gewaltigen Vesuv vorbei, sich von Süden her der Stadt nähern. Die britische 56. Division sollte gleichfalls über die Berge hinweg angreifen, Neapel jedoch umgehen und geradewegs zum Volturno marschieren. Zur selben Zeit sollten zwei amerikanische Infanteriedivisionen, die 3. und die 45., durchs Gebirge landeinwärts vordringen, um Neapel von Nordosten her zu bedrohen.

Dieser Operationsplan war durchaus vernünftig, allerdings war er für Kesselring und v. Vietinghoff auch ebenso leicht zu durchschauen, da das Gelände und die Straßenverhältnisse kaum einen anderen Weg zuließen. Die Deutschen hatten sich zum Ziel gesetzt, den amerikanisch-britischen Vormarsch mit allen Kräften zu verzögern und dem Gegner für jeden Kilometer Bodengewinn einen hohen Preis abzufordern. Sie waren zudem entschlossen, den Hafen von Neapel so gründlich zu zerstören, daß die Alliierten ihn nicht mehr militärisch nutzen könnten.

Als die Amerikaner am 20. September zu ihrem Marsch auf Neapel antraten, sahen sie sich von stark zerklüfteten Bergen umgeben, in denen sie nur auf engen, kurvenreichen Straßen vordringen konnten. Panzer und Artillerie erwiesen sich als nutzlos – und der deutsche Gegner unternahm alle Anstrengungen, ihnen Hindernisse in den Weg zu legen.

Zwischen dem antiken Paestum am Meer und der nur rund 40 Kilometer landeinwärts gelegenen Ortschaft Oliveto sprengten die Deutschen mehr als 25 Brücken. US-Pioniere ersetzten einige von ihnen durch vorgefertigte Stahlbrücken, sogenannte Bailey-Brükken, die man an Ort und Stelle zusammensetzen konnte. Andere zerstörte Brücken mußten durch Stein- und Erddämme nebst neuen Zufahrten ersetzt werden, die durch Sprengungen oder mit Bulldozern geschaffen wurden.

„Unser bei weitem wertvollstes Kampfmittel war der Pionier-Bulldozer mit Fronträumschild", äußerte der Kommandeur der 3. US-Division, General Truscott, „und unsere besten Soldaten waren die Pioniere, die unseren Vormarsch ermöglichten."

In der Regel begnügten sich die Deutschen jedoch nicht damit, die Brücken lediglich zu sprengen. Indem sie ein paar Maschinengewehre, einen Panzer oder ein Geschütz auf Selbstfahrlafette unweit einer von ihnen zerstörten Brücke in Stellung brachten, zwangen sie die amerikanischen Infanteristen, diese feindlichen Kampfstände zu umgehen und sich kilometerweit über steile, unwegsame Hänge zu quälen. Hatten sie das geschafft, so zogen sich die Deutschen auf die nächste Sperrstellung zurück und stellten dort ihre Waffen erneut auf.

Die nahe der Frontlinie und bisweilen sogar davor eingesetzten Bulldozer waren ein bevorzugtes Ziel der Deutschen. Wie Eisenhower in seinen Kriegserinnerungen berichtet, bekämpften die Deutschen sie „mit schweren Maschinengewehren und anderen weitreichenden Infanteriewaffen, die aus einer sicheren Entfernung von 1000 Metern die Fahrer erwischten und oft die Maschinen selbst zerstörten". Doch Hilfe war unterwegs in Gestalt eines etwas sonderbaren, aber sehr wirkungsvollen Fahrzeugs, „Räumpanzer" genannt. „Ein findiger und gescheiter Mann in der Heimat, der von diesen Nöten gehört hatte", fährt Eisenhower fort, „löste das Problem dadurch, daß er einfach eine Reihe von Sherman-Panzern mit Bulldozer-Ausrüstung versah und sie so in Räumpanzer verwandelte. Diese Panzer waren gegen Infanteriefeuer jeder Art gefeit und konnten nur durch die Granaten eines schweren Geschützes oder durch große Minen zerstört werden. Seit dieser Zeit erfreuten sich unsere Pionierabteilungen einer so hochgradigen Sicherheit, daß sie sich zu dieser abenteuerlichen Tätigkeit regelrecht drängten. Niemandem von uns gelang es, den Mann, dem die Konstruktion des Fahrzeuges zu verdanken war, ausfindig zu machen. Hätte er sich jedoch bei uns blicken lassen, so würde er mit allgemeiner Zustimmung alle Orden bekommen haben, die auf seiner Brust Platz gehabt hätten."

Als sie weiter ins Gebirge vordrangen, wo sie mehr und mehr abseits der Straßen zu operieren gezwungen waren, mußten die Amerikaner zum Transport ihrer Waffen, Munition und Verpflegung Tragtierkolonnen benutzen. Die Soldaten durchkämmten die Gegend nach Maultieren – pro Division wurden 300 bis 500 benötigt –, und bei den zuständigen Stellen in den USA wurden nicht nur dringend Tiere angefordert, sondern auch Hufeisen, Hufnägel, Halfter, Packsättel und vor allem Treiber, die mit den Tragtieren umzugehen wußten, Belader, die die Lasten auf ihren Rücken befestigen konnten, Schmiede, Sattler und Veterinäre.

Die Suche nach Männern mit solchen Fertigkeiten, die in der US-Armee nicht mehr offiziell registriert waren, zeitigte nur magere Ergebnisse. In den dreißiger Jahren hatte die Armee noch zwei Kavalleriedivisionen, eine Anzahl von mit Maultieren ausgerüsteten Artilleriebataillonen und ein aus Tragtierkolonnen für Munitions- und Verpflegungsnachschub bestehendes Bataillon zur Verfügung des Quartiermeisterkorps aufgewiesen, und alle diese Einheiten waren von Fachleuten begleitet, wie man sie jetzt in Italien dringend benötigte. In ihrem Modernisierungseifer hatten die Behörden jedoch nicht nur die betreffenden Armee-Einheiten aufgelöst, sondern auch die im Umgang mit Tieren und ihrer Ausrüstung erfahrenen Soldaten für den Dienst in Kraftfahrzeugtransport- und Infanterieeinheiten umgeschult – und die meisten von ihnen auf den pazifischen Kriegsschauplatz abkommandiert.

Neben den Tragtierkolonnen stellten die Amerikaner auch Kavallerieeinheiten auf, die in erster Linie Erkundungszwecken dienten. Diese improvisierte Reiterei setzte sich aus beschlagnahmten Pferden und reitkundigen Freiwilligen zusammen. Stiefel, Reithosen und Sättel wurden „organisiert". In straßenlosen Gegenden waren Soldaten zu Pferde beweglicher als zu Fuß, und in dem für Panzer und Lastwagen unpassierbaren Gelände konnten berittene Truppen verhältnismäßig rasche Bewegungen ausführen.

Die übrigen Truppen kamen nur sehr langsam vorwärts. Im Süden von Neapel war das Gelände derart zerklüftet, daß es mehrere Tage dauerte, bis die Briten die Pässe der Sorrentiner Halbinsel überwunden hatten und in die Ebene gelangten, wo sie endlich ihre Panzerkräfte entfalten konnten. Ihre Vorausabteilungen konnten erst am 1. Oktober in Neapel einrücken. Am selben Tage besetzten Teile der 82. US-Luftlandedivision die Stadt. Die Briten stürmten gegen heftigen Feindwiderstand weitere 32 Kilometer vor, bis sie sechs Tage später den Volturno erreichten, wo sie, auf starke feindliche Gegenwehr stoßend, erschöpft haltmachten. Die Deutschen hatten in zweiwöchiger Arbeit eine Verteidigungslinie am Volturno aufgebaut und waren entschlossen, jeden alliierten Übergangsversuch zu vereiteln.

Auch in Neapel hatten die Deutschen zwei Wochen Zeit gehabt, um Sprengungen durchzuführen. Kesselring hatte genaue Anweisungen gegeben: Die Klöster und Kirchen, einschließlich der von Thomas von Aquin während seiner Lehrtätigkeit an der Universität Neapel bewohnten Zelle, sollten geschont werden, desgleichen die Museen, historischen Gebäude und Spitäler. Alles, was von den Alliierten irgendwie militärisch genutzt werden konnte, sollte gesprengt werden. Er befahl v. Vietinghoffs 10. Armee, die Alfa-

Romeo-Werke zu demontieren sowie die Ausrüstung aller Fabriken, die Schreib-, Buchhaltungs- und Werkzeugmaschinen fertigten, abzutransportieren. Die 10. Armee sollte außerdem sämtliche Eisenbahnbetriebsmittel wegführen sowie die Gleisanlagen, Weichen, Kraftwerke und die Rohrleitungen für Wasser sprengen. Lastwagen, Omnibusse und Autos sollten weggebracht oder zerstört werden, desgleichen Konservenfabriken, Lagerhäuser, Lebensmitteldepots, Weinkellereien, Rundfunk- und Wetterstationen. Vor allem sollten die Hafenanlagen unbrauchbar gemacht werden. Die Deutschen gingen dabei mit rücksichtsloser Gründlichkeit vor und versetzten die in der Stadt verbliebenen Einwohner dermaßen in Angst und Schrecken, daß sie sich in ihre Häuser verkrochen und tagelang nicht hinauswagten. Als General Clark am 1. Oktober mit einem Begleitkommando in Neapel einzog, hatte er das gespenstische Gefühl, „daß Hunderte von Augen zwischen den Ritzen der Fensterläden nach uns Ausschau hielten, aus jedem Haus und Gebäude. Als wir nachher Neapel wieder verließen, hatte sich daran nichts geändert. Ich hatte das Empfinden, von Millionen Menschen gesehen worden zu sein, obwohl kaum ein Zivilist unseren Weg kreuzte".

Überall verpesteten stickige Rauchschwaden die Luft. Auf den Innenhöfen der größeren Hotels hatten die Deutschen Möbel und Bettzeug aufgeschichtet und in Brand gesteckt. Ein Sprengtrupp war in einer Villa auf das Stadtarchiv gestoßen und hatte es unter Mißachtung der von Kesselring erteilten Befehle mit Benzin übergossen und in Brand gesteckt. Riesige Kohlenberge, die in der Nähe des Hafenbeckens schwelten, konnten erst nach drei Tagen von US-Heerespionieren gelöscht werden.

Die Straßen waren an mehr als 200 Stellen durch die Trümmerberge der gesprengten Häuser versperrt. Der napoleonische Aquädukt, der Neapel mit Wasser versorgte, war zerstört, und die Abzugskanäle der Stadt waren an über 50 Stellen gesprengt worden. Die Verwaltungsgebäude der Universität standen in Flammen. An ungezählten Stellen hatten die Deutschen getarnte Sprengkörper angebracht, vor allem in jenen Häusern und Hotels, die als Unterkünfte für die alliierten Truppen in Frage kamen. In die Wände öffentlicher Gebäude waren Bomben mit Zeitzünder eingemauert, von denen einige entsprechend der Uhrwerkeinstellung erst nach 42 Tagen detonierten. Sechs Tage nach dem Einzug der Alliierten in Neapel wurde das Hauptpostamt durch eine schwere Explosion zerstört, durch die 70 Menschen zum Teil tödliche Verwundungen erlitten. Vier Tage später detonierte in einer italienischen Heereskaserne eine weitere Zeitbombe, der 18 Mann der 82. US-Luftlandedivision zum Opfer fielen.

Die schlimmsten Schäden wies der Hafen auf. Die heftigen alliierten Bombenangriffe der vorangegangenen Wochen und Monate hatten dort ein derartiges Chaos geschaffen, daß den deutschen Sprengtrupps nicht mehr allzuviel zu tun blieb. Die Hafenbecken waren durch mehr als 130 Schiffswracks blockiert. Ozeandampfer, Tanker, Zerstörer, Schwimmkräne, Schlepper, Fischerboote und Leichter waren hier von den Deutschen Hals über Kopf versenkt worden. Darüber hatten sie Lokomotiven, Lastwagen, Sauerstoffflaschen, Munition und Minen getürmt, und alles war von einer dicken Ölschicht bedeckt. Die 73 elektrischen Kräne der Dockanlagen des Hafens waren alle gesprengt worden, desgleichen die Piers, Kais, Getreidesilos und Bürohäuser.

Die Alliierten hatten zwar nicht mit einem derartigen Schadensausmaß gerechnet, waren aber auf Behebung solcher Schäden eingestellt – hatten die Deutschen doch schon in Tunesien Biserta und auf Sizilien Palermo zerstört. Britische und amerikanische

*Drei italienische Jugendliche – der kleinste ist knapp neun Jahre alt – demonstrieren nach dem Ausbruch von Straßenkämpfen in Neapel ihre Einsatzbereitschaft. Kurz vor der Einnahme der Stadt durch die Alliierten hatten Hunderte von neapolitanischen Jugendlichen zu den Waffen gegriffen und die Deutschen in Atem gehalten. Viele kamen dabei ums Leben; eine Schule verlor 20 Jungen im Alter von 14 bis 20 Jahren.*

Bergungskommandos hatten diese Häfen alsbald wieder in Betrieb gesetzt und gingen nun, kaum daß die Stadt in alliierter Hand war, in Neapel ans Werk. Zwei amerikanische Pionierregimenter räumten die Straßen vom Schutt, setzten die Abzugskanäle und den Aquädukt wieder instand und installierten ein improvisiertes Energieversorgungssystem, durch das eine Straßenbahn-Transformatorenstation von den Generatoren dreier erbeuteter italienischer U-Boote gespeist wurde. Im Hafen setzte ein Bergungskommando unter Leitung von Kommodore William A. Sullivan schwere britische Schwimmkräne und amerikanische Schlepper sowie Taucher, Schweißer, Mechaniker und Sprengmeister derart wirkungsvoll ein, daß bereits nach vier Tagen das erste Liberty-Schiff im Hafen anlegen und seine Ladung löschen konnte. Zur Abschrekkung von Plünderern und Souvenirjägern brachte das Bergungskommando Schilder mit der Aufschrift GIFTGAS! VORSICHT! an und verlieh dieser Warnung Nachdruck, indem es auf jedem Wrack eine Stinkbombe zerplatzen ließ.

Schon zwei Wochen später löschten die Alliierten im Hafen täglich 3200 Tonnen Fracht und nach weiteren 14 Tagen 6400 Tonnen. (Vor dem Krieg hatte die durchschnittliche Menge 7300 Tonnen betragen.) Die kleineren Häfen Salerno, Torre Annunziata, Castellammare di Stabia und Pozzuoli wurden gleichfalls binnen kurzem wieder in Betrieb gesetzt, während weitere Ladungen an den Uferstreifen umgeschlagen wurden.

Abgesehen von den getarnten Explosivkörpern, den Minen und den Bomben mit Verzögerungszündern drohte den alliierten Truppen in Neapel noch eine ganz andere Gefahr. Als sie nach schweren Kämpfen schließlich in die Stadt eindrangen, feierten sie ihren Sieg auf die für alle Soldaten von alters her charakteristische Weise und mußten alsbald feststellen, daß ihnen ein uralter Feind auflauerte: der Tripper. Die alliierten Führungsstäbe zeigten sich besorgt: Ein mit Gonorrhöe ins Lazarett eingelieferter Soldat war genauso wirksam außer Gefecht gesetzt, wie wenn er dem feindlichen Geschützfeuer zum Opfer gefallen wäre.

Die alliierten Sanitätstruppen verfügten über ausreichende Vorräte an Präservativen. (Diese wurden nicht nur als infektionsverhütende Schutzmittel benutzt, sondern als auch Gewehr-Mündungsschoner. Ein amerikanischer Oberst, dessen Soldaten in einem unwirtlichen, durch Maultierkolonnen versorgten Berggelände eingesetzt waren, wo man keine Italienerinnen antraf, forderte 1728 Kondome an und bekam sie auch prompt als kriegsnotwendig zugeteilt.) Doch wenn dergleichen Schutzmittel auch reichlich zur Verfügung standen, so unterließen es viele Soldaten doch, sich ihrer auf die übliche Weise zu bedienen.

Im Jahre 1943 wurden in den alliierten Armeen wie auch in der deutschen Wehrmacht erstmals in großem Umfang Sulfonamide angewandt. Diese antibakteriell wirksamen Chemotherapeutika wurden normalerweise unmittelbar aus der Packung auf offene Wunden gestreut und waren in der Regel das erste Medikament, womit ein Verwundeter versorgt wurde. Aber auch in Tablettenform dienten Sulfonamide zur Bekämpfung zahlreicher Krankheiten, wie auch des Trippers. Möglicherweise hatten sich die Soldaten in Neapel jedoch mit besonders virulenten Tripperbakterien infiziert, die sich als sulfonamidresistent erwiesen. Im Umkreis der Stadt wurden daraufhin Sanierungsstellen eingerichtet – und schließlich wurde der Truppe das Betreten der Bordelle verboten.

Während die 5. Armee durch Neapel und an der Stadt vorbei vorpreschte, eroberte General Montgomerys 8. Armee an der Ostküste den Flugplatz von Fóggia und stieß zum Biferno vor. Die Alliierten hatten nunmehr in Italien festen Fuß gefaßt, so daß der Gegner sie nicht mehr ins Meer zurückzuwerfen vermochte; und von Fóggia aus konnten ihre schweren Bomber Ziele in Süddeutschland, Österreich und auf dem Balkan angreifen – vor allem die für das Deutsche Reich lebenswichtigen Erdölvorkommen und -raffinerien von Ploieşti in Rumänien.

Die Alliierten schienen jetzt gute Aussichten zu haben, den Italienfeldzug siegreich zu beenden. Vier Monate vor der Landung bei Salerno hatten die Kombinierten Stabschefs, die militärischen Chefberater des US-Präsidenten Roosevelt und des britischen Premierministers Churchill, den Invasionstruppen die Aufgabe gestellt, Italiens Kriegsaustritt herbeizuführen und möglichst viele deutsche Truppen zu binden, so daß der Gegner außerstande sein würde, die geplante alliierte Landung in der Normandie zu vereiteln. Beide Aufträge waren ausgeführt worden. Die deutsche Wehrmacht war gezwungen worden, den Briten und Amerikanern in Italien beträchtliche Kräfte entgegenzuwerfen. Um gegen die drohende Gefahr alliierter amphibischer Angriffe vom Stiefelabsatz Italiens her gewappnet zu sein wie auch zur Niederhaltung von Partisanenverbänden, die durch die alliierten Siege in Italien beträchtlichen Auftrieb erhalten hatten, mußten die Deutschen starke Kräfte auf dem Balkan belassen. Überdies hatte der Gegner nach der alliierten Landung bei Salerno Korsika und Sardinien geräumt und benötigte jetzt zur Abwehr eines Angriffs von diesen Inseln aus zusätzliche Truppen in Südfrankreich.

Angesichts dieser günstigen Situation beschloß Eisenhower, den Einsatz auf dem italienischen Kriegsschauplatz zu erhöhen und den Kampf um den verlockenden Preis Rom zu wagen.

Als ebenso gefährlicher Feind wie die Deutschen erwies sich während des ganzen italienischen Feldzuges das Gelände. Der italienische Stiefel ist rund 1100 Kilometer lang bei 130 bis 250 Kilometer Breite. Das in seiner Mitte sich erstreckende Faltengebirge des Apennin bildet einen zwischen 760 und 1800 Meter hohen Sperriegel, der bereits Anfang Oktober mit Schnee bedeckt ist. Von diesem zentralen Rückgrat verläuft nach beiden Seiten – den Gräten eines Fisches vergleichbar – eine Reihe von Höhenrükken zur Küste, zwischen denen tiefe Täler und Flüsse das Land durchziehen. Südlich der breiten Po-Ebene bilden schmale Küstenstreifen, die im Westen etwa 40 Kilometer und im Osten nur 16 Kilometer breit sind, das einzige Flachland. Für die Entfaltung von starken Panzerkräften ist nur wenig Raum vorhanden; dies ist Infanteriegelände. Zwei sich nach Norden durchkämpfende Armeen, wie die britische 8. an der einen und die amerikanische 5. an der anderen Küste, würden durch den Apennin voneinander getrennt sein, und jede würde sich von einem Gebirgszug zum anderen, von einem Fluß zum nächsten quälen müssen. Es gibt in diesem Gebiet nur wenige Autostraßen. Die Wetterbedingungen sind oft sehr schlecht: Regen, Nebel und Eisglätte im morastigen Winter und sengende Hitze im staubigen Sommer.

Die Deutschen waren sich der Vorteile, die Italien einem Verteidiger bot, natürlich völlig bewußt. Sie waren jedoch über die Fähigkeit der Alliierten besorgt, hinter der Front amphibische Operationen durchzuführen. Sie befürchteten, der Gegner werde sie, sobald sie eine gute Verteidigungsstellung bezogen hätten, sogleich von See her umgehen. Deshalb beabsichtigten sie, sich auf die Linie Pisa–Rímini oder sogar bis in die Alpen abzusetzen, wo die Alliierten sie nicht umfassen konnten. Nach den Ereignissen vom September 1943 änderten sie jedoch diesen Plan.

Die Art, wie Kesselring und v. Vietinghoff bei Salerno die Verteidigung geführt hatten, mußte als mustergültig bezeichnet werden und deutete darauf hin, daß es vielleicht nicht ganz so leicht sein würde, fähige Generale durch Umfassungsbewegungen auf die Knie zu zwingen. Durch die Räumung Korsikas und Sardiniens waren die deutschen Truppen auf dem italienischen Festland um annähernd 40 000 Mann verstärkt worden. Darüber hinaus war Mussolini nach seiner Internierung durch die italienischen Behörden von den Deutschen befreit worden *(S. 190–203)*, und Hitler plante seine Wiedereinsetzung. Lag es da nicht nahe, daß man der neuen Regierung Mussolini einen möglichst großen Teil des italienischen Territoriums, vor allem aber Rom, sicherte?

Für eine deutsche Verteidigungslinie in Süditalien sprachen auch psychologische Erwägungen. An der Ostfront mußten sich die

deutschen Truppen von Orel und Charkow auf den Dnjepr, die letzte brauchbare Abwehrstellung in Rußland, zurückziehen. Im Mittelmeerraum hatten sie nach ihrer Niederlage in der Schlacht bei El Alamein seit fast einem Jahr nur noch Absetzbewegungen durchgeführt; zur Stärkung ihrer Kampfmoral – und des Widerstandswillens aller Deutschen – mußte der Feind nunmehr unbedingt zum Stehen gebracht werden.

Ausschlaggebend war jedoch Hitlers Stimmung. Er war jetzt ganz von der Vorstellung besessen, daß er nirgendwo auch nur einen Fußbreit Boden aufgeben dürfe. Die Ratschläge des optimistischen Kesselring, der ständig behauptet hatte, er vermöge die Alliierten südlich von Rom zum Stehen zu bringen, erschienen dem Führer jetzt plötzlich einleuchtend und vernünftig. Am Tage nach der Landung bei Salerno hatte Kesselring auf einer Karte mehrere mögliche Verteidigungsstellungen eingezeichnet, an denen er den Gegner vorübergehend zum Stehen zu bringen gedachte, während sich das Gros der deutschen Truppen planmäßig nach Norden absetzte. War er vielleicht imstande, eine dieser Stellungen nicht nur wochen-, sondern monatelang zu halten?

Am 4. Oktober befahl Hitler Kesselring, den Feind zwischen Neapel und Rom an einer quer durch Italien verlaufenden Linie zum Stehen zu bringen; am 9. Oktober sprach er von der „entscheidenden Bedeutung" dieser Linie und ließ an den in Norditalien befehlenden Rommel die Weisung zur Abgabe von zwei Infanteriedivisionen und etlichen Artillerieeinheiten an Kesselring ergehen. Die deutschen Truppen sollten südlich von Rom eine Abwehrlinie beziehen, Kesselring sollte die Gesamtverantwortung in Italien übernehmen und Rommel, der alle diese Maßnahmen entschieden mißbilligte, in Frankreich die Verteidigungsstellungen gegen eine alliierte Kanalüberquerung aufbauen.

Die alliierten Planer hatten diese neuen deutschen Maßnahmen nicht vorausgesehen. Aufgefangenen Funksprüchen der deutschen obersten Führung hatten sie entnommen, daß der Gegner sich ständig weiter nach Norden absetzen, dabei freilich immer wieder einmal innehalten würde. Ein paar Tage nach Erteilung des Befehls zur Einnahme Roms hatte Eisenhower geäußert, er hoffe, in sechs bis acht Wochen nördlich der italienischen Hauptstadt zu stehen. Nachdem er bereits erwogen hatte, sein Hauptquartier von Algier nach Neapel zu verlegen, meinte er jetzt, er könne noch warten „bis zum Sprung geradewegs nach Rom hinein".

Doch am 7. Oktober teilte Eisenhower, nachdem er erfahren hatte, daß Kesselring aus Norditalien Verstärkungen zugeführt wurden, den Kombinierten Stabschefs mit, daß „uns vor dem Erreichen Roms zweifellos noch harte und erbitterte Kämpfe bevorstehen". Die Kombinierten Stabschefs stellten daraufhin die Frage, ob es dann nicht besser wäre, die Offensive abzusetzen und die 5. und 8. Armee dort zu belassen, wo sie stünden, nämlich im Norden von Neapel und Fóggia. Eisenhower verneinte dies. Er sei jetzt der Meinung, daß man den Druck auf den Feind aufrechterhalten und sich des Raumes nördlich Roms bemächtigen müsse. Außerdem: Wenn es gelänge, die Flugplätze von Rom und Ancona einzunehmen, so würden die Luftstreitkräfte über Basen verfügen, von denen aus Deutschland für die Alliierten noch leichter zu erreichen sei. Eisenhower war auch der Meinung, daß für die bevorstehende Landung in der Normandie – die den Decknamen *Overlord* trug – nichts so hilfreich sein würde wie eine gleichzeitige, von Norditalien aus unternommene Landung in Südfrankreich. Selbst wenn dies Vorhaben nicht zu verwirklichen sei, gelte es, den Feind weiterhin zu fesseln, und das geschehe am besten dadurch, daß man ihn angreife. „Wenn wir ihn bis zu den ersten Frühjahrswochen zwingen können, sich immer weiter abzusetzen, dann wird es für *Overlord* um so besser sein, je mehr Divisionen er für eine Gegenoffensive einsetzt, und dann ist es im Grunde einerlei, was uns passiert."

Auch psychologische Faktoren spielten bei den Alliierten eine Rolle. Nicht nur Churchill betonte immer wieder, „nichts Geringeres als Rom vermag den Erfordernissen des diesjährigen Feldzugs zu entsprechen", und „wer Rom besitzt, hält die Besitzurkunde für Italien in der Hand". Die Einnahme der Ewigen Stadt war sicherlich für alle alliierten Generale ein erstrebenswertes Ziel, wenn auch keiner von ihnen sich offen darüber ausließ. Welcher Soldat seit Hannibal hätte nicht gern die Eroberung Roms unter seine Ruhmestaten gezählt! Selbst der so nüchtern denkende General Alexander, der Oberbefehlshaber der alliierten Landstreitkräfte in Italien, war nicht ganz gegen diesen Wunsch gefeit. „Eine festgefahrene Front im Süden von Rom kann nicht hingenommen werden", äußerte er, „denn die Bedeutung der Hauptstadt übersteigt bei weitem die ihrer strategischen Lage... Da dem so ist, erweist sich die Inbesitznahme einer festen Verteidigungslinie im Norden von Rom als unumgängliche Notwendigkeit."

Während die Deutschen sich anschickten, eine Abwehrfront südlich von Rom aufzubauen, faßten also die Alliierten den Entschluß, nach Norden zu marschieren. Doch das Stabschef-Komitee der US-Streitkräfte war immer noch nicht davon überzeugt, daß die Deutschen in der Lage sein würden oder beabsichtigten, südlich der Linie Pisa–Rímini eine feste Verteidigungslinie zu beziehen. Es wollte daher *Overlord,* die Landung in der Normandie, unter keinen Umständen durch weitere Abstellungen in den Mittelmeerraum schwächen. Die sieben fronterfahrenen Divisionen, die man im November von dort abziehen und nach England verlegen wollte, sollten zum Teil von französischen, marokkani-

*Nach der Detonation einer Bombe dringen dichte Rauchschwaden aus dem Hauptpostamt von Neapel. Die Deutschen hatten die Bombe acht Tage zuvor gelegt, unmittelbar bevor sie die Stadt räumten. Die Bombe explodierte an einem Nachmittag, als sich zahlreiche alliierte Soldaten und italienische Zivilisten in dem Gebäude aufhielten. Siebzig Menschen wurden getötet oder verwundet, darunter auch eine Straßenpassantin, die 130 Meter davon entfernt war.*

schen und algerischen Truppen abgelöst werden, die damals in Nordafrika ausgebildet wurden. Es sollten aber Anfang Dezember nicht mehr als 14 alliierte Divisionen in Italien stehen. Ihnen konnten die Deutschen, die bereits die Vorteile ihrer ausgebauten Verteidigungsstellung genossen, mehr als 20 Divisionen entgegenstellen. Die Fähigkeit der Alliierten, umfassende Landungen durchzuführen, würde durch den Abzug weiterer Schiffe und Landungsfahrzeuge für die Kanalüberquerung noch vermindert. Überdies würden im Winter die schlechten Witterungsbedingungen die Operationen der alliierten Luftstreitkräfte behindern. Anhaltende Regenfälle und knöcheltiefer Morast würden die Überlegenheit an Motorfahrzeugen wertlos machen.

Das waren nicht gerade glänzende Aussichten. Die von der US-Armee herausgegebene Geschichte des Zweiten Weltkrieges sollte die Situation später wie folgt umreißen: „Es erschien zweifelhaft, ob die alliierten Streitkräfte über so viel Truppen, Ausrüstung und Nachschub verfügten, um gegen den wachsenden deutschen Widerstand so rasch, wie es erforderlich schien, nach Norditalien vorzustoßen. Sie wollten es jedoch versuchen."

Das bedeutete, daß als nächstes der Übergang über den Volturno zu bewerkstelligen war. Anfang Oktober packte die 5. Armee diese Aufgabe an; es war der erste von zahlreichen schwierigen und verlustreichen Flußübergängen in Italien, die gegen erbitterten Feindwiderstand erzwungen werden mußten. Das an der rechten Flanke der Armee eingesetzte amerikanische VI. Korps sah sich zu beiden Seiten des Flusses vielen bereits sattsam bekannten Problemen gegenüber: steil aufragenden Bergen und engen, kurvenreichen Straßen mit leicht zerstörbaren Brücken. An der linken Flanke, im Abschnitt des britischen X. Korps, war das Gelände relativ flach. Auf der Südseite des Flusses war es jedoch nicht nur flach, sondern auch offen und bot kaum Deckung.

Die meisten Schwierigkeiten bereitete den Briten und Amerikanern der – nach regenreichen Wochen Hochwasser führende – Volturno selber. Im Abschnitt des X. Korps war er zwischen 75 und 90 Meter breit und sein Pegelstand 30 bis 150 Zentimeter höher als der normale Wert von 1,80 Metern.

Flußaufwärts im amerikanischen Abschnitt war der Volturno leichter zu überqueren; er war dort stellenweise nur 90 cm tief, so daß die Soldaten ihn durchwaten konnten. Im amerikanischen Vormarschgebiet sah sich der deutsche Gegner überdies etlichen Schwierigkeiten gegenüber. Der Volturno war dort an einigen Stellen so tief eingeschnitten, daß er eine Art Graben bildete, der den amerikanischen Truppen beim Übergang als Schutzwall gegen feindlichen Beschuß diente. An anderen Stellen überragte das von den Alliierten besetzte Südufer das Nordufer, so daß sie die deutschen Verteidiger gut beobachten konnten. Doch v. Vietinghoff wußte, daß seine Abwehrstellungen sehr stark waren; außerdem brauchte er die Flußstellung nur bis zum 15. Oktober zu halten: Kesselring hatte sich damit einverstanden erklärt, daß er sich danach auf eine noch stärkere Verteidigungslinie zurückzog.

Der Operationsplan der 5. Armee sah vor, daß der Angriff auf dem äußersten rechten Flügel, in dem der amerikanischen 45. Division zugewiesenen Abschnitt, begann. Sie hatte Befehl bekommen, im Tal des Calore, eines Nebenflusses des Volturno, nach Nordwesten vorzustoßen. Sie sollte mit dieser Bewegung den Hauptübergang des VI. Korps über den Volturno, den die im Westen

*Alliierte Militärfahrzeuge überqueren einen auf Schiffswracks errichteten Pier im Hafen von Neapel. Nach der Zerstörung des Hafens durch die Deutschen ragten 30 große Schiffsrümpfe aus dem Wasser, mehr als 100 Schiffe lagen unter der Wasseroberfläche. Die US-Pioniere benutzten die gesunkenen Schiffe als Fundament für ihre Piers und sorgten dafür, daß bereits drei Tage nach Abzug der Deutschen alliierte Landungsboote im Hafen festmachen konnten.*

stehende 3. und 34. Division durchzuführen hatten, in der Flanke decken. Am 9. Oktober setzte sich die 45. Division das Calore-Tal hinunter entlang eines schmalen Korridors in Marsch. Dieser durchschneidet das Gebirge, führt aber über unwegsame Höhen und durch tiefe Schluchten. Die sich durch das Gelände schlängelnden Straßen waren, wie nicht anders zu erwarten, miserabel.

Der Kommandierende General des VI. Korps, Generalmajor John P. Lucas, war mit der am ersten Tag erbrachten Marschleistung unzufrieden und verlangte ein zügigeres Tempo. Der Divisionskommandeur, Generalmajor Troy H. Middleton, machte ihn darauf aufmerksam, daß seine Männer seit vier Wochen ununterbrochen im Einsatz stünden – sie seien total erschöpft. Lucas bezweifelte das, gestand Middleton aber eine Ruhepause im Anschluß an den Übergang über den Volturno zu. Solchermaßen angespornt, rückte die 45. Division an den nächsten Tagen erheblich schneller vor.

Die 3. und 34. Division griffen in der Nacht vom 12. auf den 13. Oktober gemeinsam an und gingen westlich der Calore-Einmündung über den Volturno. Der rechts stürmenden 34. Division gelang der Übergang anfangs ziemlich mühelos – hauptsächlich weil am Nordufer nur Teile der zu seiner Verteidigung

eingesetzten 3. Panzerdivision standen, die soeben erst eingetroffen waren. Fast wäre der Übergang der 34. Division dennoch wegen Nachschubmangels gescheitert; alle guten Brückenübergänge – darunter auch jene, deren Brücken man gesprengt hatte – wurden nämlich vom Gegner aufmerksam bewacht.

Die Pioniere der 34. Division stießen beim Brückenbau auf erbitterten Widerstand. An einer Übersetzstelle fuhr eine Pionierkolonne, die ihre großen Schlauchboote schon vorher aufgepumpt hatte, um so schneller voranzukommen, mit Lastwagen an den Fluß heran. Sogleich setzten deutsche Granaten drei der Fahrzeuge außer Gefecht und durchlöcherten viele der aufgeblasenen Schlauchboote so stark, daß sie nicht mehr zu reparieren waren. Die Pioniere entluden zwölf Lastwagen und bargen drei Boote. Binnen weniger Sekunden zerstörte eine einzige feindliche Artilleriesalve alle drei und tötete eine große Anzahl der Männer.

Etliche Stunden später gelang es den Pionieren dann, ihr restliches Gerät außer Sichtweite der Deutschen zu schaffen. Sie flickten die noch brauchbaren Schlauchboote wieder zusammen, nebelten die Stelle mit Nebeltöpfen ein und unternahmen einen weiteren Versuch. Das feindliche Artilleriefeuer war jedoch einfach zu schwer und zu treffsicher.

Schließlich entdeckte ein Erkundungstrupp einen anderen Brükkenübergang – den ein hohes Ufer vor feindlichem Beschuß schützte. Die Zufahrtstraßen waren jedoch besonders schlecht und der Fluß hier 20 Meter breiter als an der ersten Stelle.

Um 3.00 Uhr nachts machten sich die Pioniere, die sich inzwischen wieder neues Gerät beschafft hatten, an die Arbeit, und gegen 10.30 Uhr war die Brücke fertig. Nachdem die Zufahrtstraßen hergerichtet und die von den Deutschen verlegten Minen geräumt waren, konnten mit Proviant und Munition beladene Lastwagen die Fahrt über den Fluß antreten. Am 14. Oktober hatte der Brückenkopf eine Tiefe von sechseinhalb Kilometern, und die 34. Division konnte zur Verfolgung des Gegners antreten.

Auf dem linken Flügel kam General Truscott zu dem Schluß, daß das Überraschungsmoment für den Angriff der 3. Division über den Fluß von ausschlaggebender Bedeutung sei. „Wenn wir den Männern einhämmern, daß sie ihr Operationsziel erreichen müssen, dann werden sie nicht stehenbleiben", meinte er.

Um die Angriffsvorbereitungen vor den Deutschen zu verheimlichen, belegte die Artillerie ihre Stellungen von Zeit zu Zeit mit Feuer; desgleichen erschienen die üblichen Erkundungstrupps am Flußufer. Weiter hinter der Front bereiteten die Sturmbataillone das Übersetzgerät vor: Leitseile für die hindurchwatenden Männer und für Sturmboote, mit Kapok gefütterte Schwimmwesten, von denen man in einem nahe gelegenen italienischen Speicher 1000 Stück gefunden hatte, von der Marine geborgte Schlauchboote und aus Baumstämmen zusammengezimmerte Flöße.

Mit der Auswahl und Markierung der Übersetzstellen wurden ein paar besonders mutige Pioniere betraut, die im Finstern in das eiskalte, bis an die Hüfte reichende Wasser gingen und den 60 Meter breiten, Hochwasser führenden Fluß durchwateten, wohl wissend, daß sie jederzeit in ein Loch im Flußbett fallen und darin versinken oder dem Gewehr- und Maschinengewehrfeuer, das an den meisten Übersetzstellen das Wasser hoch aufspritzen ließ, zum Opfer fallen konnten. Es waren dies Männer, die laut einem Bericht des Nachrichtendienstes „hilflos und vor Kälte zitternd an einem schlammigen Ufer liegen und mit ansehen mußten, wie ein mit der Strömung kämpfender Kamerad dem feindlichen Feuer zum Opfer fiel", die aber trotzdem bereit waren, sich selber dieser Gefahr auszusetzen. Sie erkletterten dann das gegenüberliegende, stellenweise viereinhalb Meter hohe, glitschige Steilufer und befestigten dort Leitseile für die Sturmboote.

Um 1.00 Uhr eröffnete die gesamte Divisions- und die verstärkte Korpsartillerie das Feuer auf das Nordufer und die dahinterliegenden Höhen. Später wurde die Übersetzstelle eingenebelt. Die Männer, die den Hauptangriff vortragen sollten, wurden von den am Leben gebliebenen Pionieren ans jenseitige Ufer gebracht, wo sie sogleich in große Schwierigkeiten gerieten: Die an Bäumen befestigten Leitseile fielen in sich zusammen, als die Bäume, deren Wurzeln in dem durch die tagelangen Regenfälle aufgeweichten Boden nicht mehr genügend Halt hatten, umsanken und ins Wasser stürzten; die einfachen Flöße brachen auseinander. Dort, wo der Fluß tief eingeschnitten ist, war man auf dem Wasser einigermaßen sicher. Doch bei Tagesanbruch konnten die Deutschen ihr Artilleriefeuer besser leiten, so daß es präziser und heftiger wurde; das letzte Sturmboot bekam einen Volltreffer.

In den Morgenstunden des 13. Oktober setzten Infanteriekräfte der 3. Division über den Fluß, nahmen ein wichtiges Höhengelände nördlich davon, kämpften etliche Maschinengewehrstellungen nieder und wehrten feindliche Gegenstöße ab. Bald jedoch machte sich die mangelnde Unterstützung durch Panzer und Panzerjäger auf Selbstfahrlafetten bemerkbar, die für das Übersetzen zwar wasserdicht gemacht worden waren, aber das Steilufer hinunter zum Fluß nicht bewältigen konnten. Als man daraufhin Bulldozer nach vorn schickte, die ihnen den Weg zum Fluß ebnen sollten, wurden sie von deutscher Artillerie wieder vertrieben. Dann versetzte ein aufgefangener Funkspruch Truscott in Schrecken: Es schien, daß die Deutschen im Begriff waren, einen Gegenangriff vorzutragen. Truscott befahl den Panzern und Sturmgeschützen, um jeden Preis über den Fluß zu setzen. Da keine Bulldozer verfügbar waren, mußten Pioniere das Ufer mit Spitzhacken und Schaufeln im feindlichen Feuer für sie passierbar machen.

Am 13. Oktober, kurz nach Mittag, langten die Panzerfahrzeuge auf der Nordseite des Flusses an; ein paar Stunden später war der Brückenkopf der 3. Division bereits so tief, daß die Deutschen ihn nicht mehr zu beseitigen vermochten, und über mehrere in fieberhafter Eile errichtete Brücken wurden Nachschubgüter und schweres Material nach vorn geschafft. Artillerie und Panzerjäger brachten den deutschen Gegenstoß zum Erliegen, ehe er irgendwelchen Schaden anzurichten vermochte.

Die schwierigste Aufgabe war den im westlichsten Volturno-Abschnitt eingesetzten Briten zugefallen. Die drei Divisionen des X. Korps – die 46. nahe der Küste, die 7. Panzerdivision im Zentrum und die rechts an die amerikanische 3. Division anschließende 56. – verfügten nur über sehr wenig Brückengerät. Der Fluß war derart angestiegen, daß ein Durchwaten ausgeschlossen war. Sämtliche für Brücken in Frage kommenden Stellen wurden nicht nur vom Gegner eingesehen, sondern lagen sogar im Schußbereich seiner Granatwerfer und Artillerie, ja selbst seiner Infanteriewaffen. Anhaltende Regenfälle hatten, mit Ausnahme der nach Cápua, Grazzanise und Cancello führenden Straßen, fast alle Anmarschwege zum Fluß in unpassierbaren Morast verwandelt.

Es zeigte sich, daß die beste – oder jedenfalls die am wenigsten ungünstige – Stelle für einen britischen Angriff links in Küstennähe bei Cancello lag. Dort waren die Deutschen offenbar nicht so zahlreich, und die Marine konnte von See her unterstützend in den Kampf eingreifen. Der Kommandierende General des X. Korps, General McCreery, entschloß sich, den Hauptübergang mit der 46. Division durchzuführen; sie wurde dabei von Panzern unterstützt, die mit Landungsfahrzeugen um die Flußmündung herum transportiert wurden. Die beiden anderen Divisionen trugen derweil weiter landeinwärts einen Scheinangriff vor, um die Deutschen von dem Hauptangriff abzulenken. Sodann versuchten Teile der 56. Division, den Fluß bei Cápua zu überqueren, wurden jedoch abgewiesen. Bei Grazzanise unternahm die 7. Panzerdivision drei Übersetzversuche; erst beim dritten, verlustreichen Anlauf vermochte sich eine Handvoll Männer am Nordufer einzugraben.

Das Gros der Angriffstruppen sah sich ebenfalls beträchtlichen Schwierigkeiten gegenüber. Ein Bataillon der 46. Division paddelte mit Sturmbooten über den Fluß, landete an einem bedrohlich exponierten Uferstreifen und wurde nach einem den ganzen Tag über dauernden Kampf überrannt. Weiter flußabwärts setzten zwei Bataillone auf die gleiche Weise zum anderen Ufer über, setzten sich fest und warteten auf die Ankunft der Panzer-Landungsboote. Als die Panzerkräfte an Land gebracht wurden, blieben mehrere Kampfwagen sogleich im weichen Sand stecken; andere wurden durch Minen aufgehalten, deren Räumung einen ganzen Tag beanspruchte. Am 14. Oktober vermochten die Briten die in diesem gefährdeten Brückenkopf eingesetzten Truppen zu verstärken und im Schutz ihrer Schiffsgeschütze, die in hohem Maße zu dem Erfolg dieses Unternehmens beitrugen, Artillerie und anderes schweres Material hinüberzuschaffen.

Das X. Korps erlitt schwere Verluste: 200 Gefangene und 400 Tote und Verwundete. In der Annahme, daß die Briten angesichts dieser Einbußen ihren Brückenkopf nur ganz allmählich ausbauen würden, setzten die Deutschen im Bereich des X. Korps ihren Widerstand fort, leiteten im amerikanischen Abschnitt aber am 14. Oktober einen allgemeinen Rückzug ein. An den darauffolgenden Tagen beschleunigten sie ihre von Kesselring geplante Absetzbewegung, so daß die Volturno-Linie am 19. Oktober fest in alliierter Hand war. Danach verteidigte die deutsche 10. Armee dann jeden Meter Boden gegen den Vormarsch der 5. US-Armee auf der schlammigen, kurvenreichen Straße nach Rom.

*Eine sogenannte Bailey-Brücke, die aus mehreren transportablen Stahlträgern besteht, wird über den Volturno geschlagen. Das Zusammensetzen einer 24 Meter langen Hängebrücke von 19 Tonnen Tragfähigkeit erforderte nur ein Minimum an technischem Zubehör und dauerte lediglich zweieinhalb Stunden. Auch konnte man die Brücke verlängern, so daß sie bis zu 70 Meter breite Schluchten überbrückte. General Alexander war des Lobes voll über diese britische Erfindung: „So tapfer die Soldaten auch kämpften – wenn wir zum Überspannen der Flüsse und Schluchten Italiens nicht die Bailey-Brücken gehabt hätten, so wäre der Feldzug zum Scheitern verurteilt gewesen.“*

# ALS FREUNDE IN FEINDESLAND

*Ein Sanitäter der US-Armee nimmt unter den mitfühlenden Blicken einiger Dorfbewohner bei einem auf Sizilien verwundeten Soldaten eine Blutübertragung vor.*

# FREUNDLICHE GESTEN IN EINEM VERWÜSTETEN LAND

*Ein amerikanischer Infanterist stillt seinen Durst mit einem Krug Wasser, den ihm ein Polizist auf einer mit Schutt übersäten sizilianischen Dorfstraße reicht.*

„Diese Menschen waren bis vor kurzem unsere Feinde", schrieb der amerikanische Kriegsberichterstatter Ernie Pyle über die Italiener. „Sie erklärten uns den Krieg. Dann drangen wir in ihr Land ein und kämpften gegen sie, und als wir gesiegt hatten, betrachteten sie uns als ihre Freunde." In der Tat schienen viele Italiener in den Alliierten eher Befreier als Eroberer zu sehen und empfingen sie mit wehenden Sternenbannern, Wein und frischem Obst.

Dieser herzliche Empfang hatte gute Gründe. Als die alliierte Invasion begann, war der Krieg für die Italiener, deren überwiegende Mehrheit sich ohnehin nie für ihn begeistert hatte, unerträglich geworden. Alliierte Bomben hatten ihre Städte in Schutt und Asche gelegt und ihren Widerstandswillen gebrochen. Die kargen Lebensmittelrationen, die wachsenden Verluste unter der Zivilbevölkerung und das Kriegsgewinnlerunwesen hatten ihre Kampfmoral untergraben. Die deutsche Besatzungsmacht hatte rücksichtslos kostbaren italienischen Weizen und Tausende von italienischen Arbeitern in das von seinen Feinden umzingelte Reich geschafft. „Unter diesen Umständen", heißt es in einem Brief, den eine Italienerin in jenen Tagen schrieb, „können wir, die man uns aller lebensnotwendigen Dinge und vor allem unserer Freiheit beraubt hat, nichts weiter tun, als im Bett liegenzubleiben und, wenn die Alliierten nicht mehr rechtzeitig kommen, auf den Tod zu warten."

Der im September 1943 unterzeichnete Waffenstillstand bedeutete das Ende des Krieges zwischen Italien und den Alliierten. Für die vielen Italiener, die sich den Vereinigten Staaten besonders verbunden fühlten – vor dem Krieg waren die USA ein bevorzugtes Ziel italienischer Auswanderer gewesen –, war dies ein hochwillkommenes, freudiges Ereignis.

Auf ihrem Vormarsch nach Norden fanden die alliierten Truppen in den Häusern der Italiener gastliche Aufnahme, sangen mit den Einwohnern Lieder und ließen sich von ihnen Einzelheiten über die deutschen Verteidigungsanlagen mitteilen. Ihre Gegenleistung bestand in Lebensmittel- und Kleiderspenden und vor allem darin, daß sie sich der erbarmungswürdigsten Opfer des Krieges, der Kinder, annahmen. Sie „adoptierten" Hunderte von Obdachlosen und Waisenkindern, zogen ihnen zurechtgeschneiderte Uniformstücke an, gaben ihnen zu essen, wie sie es seit Jahren nicht mehr gewohnt gewesen waren, und sorgten dafür, als sie wieder in den Kampf ziehen mußten, daß sie gut untergebracht wurden.

*Ein GI füttert ein italienisches Kind, das man in den Bergen fand, nachdem seine Schwestern durch eine explodierende Mine ums Leben gekommen waren.*

Ein Militärpolizist der amerikanischen 5. Armee (oben) zeigt einem italienischen Ehepaar, das mit ein paar Habseligkeiten aus der Kampfzone bei Anzio zu entkommen sucht, den sichersten Weg.

Ein amerikanischer Soldat, der zu Weihnachten von seinen Angehörigen ein Paar Socken bekommen hat, schenkt diese einer alten Frau (unten), die sich bei der Flucht die Füße wundgelaufen hat.

Flüchtlinge, die von den Deutschen Befehl bekommen

*haben, sich den Alliierten zu unterstellen, sind aufs Gefechtsfeld geraten, wo sie von zwei Soldaten der amerikanischen 88. Infanteriedivision Anweisungen bekommen.*

*Ein von GIs „adoptierter" und in Uniform gesteckter elternloser Junge lenkt voll Stolz in seiner Eigenschaft als „Militärpolizist ehrenhalber" den Verkehr auf der Hauptstraße der Kleinstadt San Vittore del Lazio.*

*In Ánzio läßt sich ein italienischer Straßenjunge namens Carleto inmitten eines Munitionshaufens mit stoischer Gelassenheit von einem amerikanischen Soldaten eine schmerzhafte Fingerwunde verbinden.*

*Ein der 5. US-Armee zugeteilter Frankokanadier*

*nimmt von einem kleinen Mädchen eine Rose entgegen. An seinem mit einem Tarnnetz versehenen Helm hat er weitere solche Blumengeschenke befestigt.*

Zwei Italienerinnen, die aus der noch von Deutschen besetzten Hauptstadt zu den Alliierten geflohen sind, geben den auf Rom marschierenden amerikanischen Soldaten der 5. Armee Auskünfte über gegnerische Sperrstellungen.

Ein italienischer Bauernjunge hilft amerikanischen Artilleristen, die unweit seines Elternhauses bei Anzio in Stellung gehen, beim Aufstapeln der Granaten.

*Die Frau eines italienischen Schafhirten aus einem hoch über dem Cassino-Tal gelegenen winzigen Bergdorf sieht gelassen zu, wie ein Soldat der Alliierten vorsichtig eine deutsche Schützenmine entschärft. Die Greisin hatte die abziehenden Deutschen beim Legen und Vergraben der Minen beobachtet und konnte deshalb den alliierten Räumtrupps ihre Lage angeben.*

*Zwei junge Italiener tragen einem amerikanischen Soldaten das Gewehr und den Tornister, um ihm den Aufstieg zu einer steilen Anhöhe zu erleichtern.*

*Unweit der ehrwürdigen Ruinen des antiken Paestum waschen Italienerinnen Drillichanzüge für die GIs.*

*Zwei abgekämpfte amerikanische Soldaten lassen sich von ihrer Quartierswirtin heißen Kakao kochen.*

*Soldaten der 5. Armee mühen sich mit zwei Rindern ab, die sie gerade für ihre Feldküche von einem Bauern gekauft haben. Der Italiener hilft ihnen beim Treiben.*

*Drei amerikanische Fronturlauber versuchen, mit einer römischen Andenkenverkäuferin anzubändeln. Das Plakat über dem mit Aschenbechern beladenen Tisch fordert zu einer ausgesprochen unkriegerischen Betätigung auf: einem Wettbewerb im Maschineschreiben.*

*Von einem frohgelaunten Italiener auf dem Akkordeon begleitet, unterhält ein amerikanischer Soldat seine Kameraden mit einem improvisierten Gesangsolo.*

4

# DER KAMPF IN DEN BERGEN

**Gebirge voller todbringender Hindernisse**
**„Springende Bettys" und tückische Schuhminen**
**Respekt vor dem deutschen Gegner**
**Ein Vielvölkerheer**
**Spießrutenlaufen durch die Mignano-Enge**
**Neue Pläne für den Angriff auf Rom**
**Häuserkampf in Ortona**
**Kühner Anstieg zum Monte la Difesa**
**Die Ánzio-Landung kommt ins Rollen**
**Ein verlustreicher Vorstoß über den Garigliano**
**Katastrophe am Rapido**

„Ich hoffe, bis an mein Lebensende nie wieder einen Berg zu sehen", vertraute General Lucas, der Kommandierende General des VI. US-Korps, seinem Tagebuch an, als sich die Alliierten nach dem Übergang über den Volturno mühsam nach Nordwesten quälten. Viele Infanteristen der 5. Armee waren ohne jeden Zweifel von ähnlichen Empfindungen bewegt. Und je weiter sie vorwärtsdrangen, desto verhaßter wurde ihnen das Gelände; denn die Deutschen hatten, um den alliierten Vormarsch südlich von Rom zum Stehen zu bringen, in dem zerklüfteten Terrain die wohl abschreckendsten Verteidigungsstellungen aufgebaut, auf die eine Angriffsarmee im Zweiten Weltkrieg bisher gestoßen war. Die Berge starrten geradezu von todbringenden, sich gegenseitig flankierenden Stützpunkten, die die Alliierten unter blutigen Verlusten würden überwinden oder ausschalten müssen, wenn ihre Offensive nicht ins Stocken geraten sollte.

Die deutschen Verteidigungsstellungen jenseits des Volturno, von den Alliierten gemeinhin „Winter-Linie" genannt, bestanden in Wirklichkeit aus drei verschiedenen Linien *(Karte S. 105)* von zunehmender Stärke, die unter der persönlichen Oberaufsicht von Generalfeldmarschall Kesselring ausgebaut worden waren. „Mit besonderem Nachdruck", schrieb Kesselring später, „betrieb ich die Erkundung der Stellungen und war dem Pionier-General, der diese Arbeiten zu leiten hatte, sicherlich mehr als lästig." Die erste Abwehrstellung, die sogenannte Barbara-Linie, bestand aus einer Anzahl von Stützpunkten, die den Vormarsch der 5. Armee nicht zum Stehen bringen, sondern den Gegner lediglich bis zur Fertigstellung der dahinterliegenden Verteidigungsanlagen aufhalten sollten. Sie erstreckte sich nicht quer durch ganz Italien, sondern verlief vom elf Kilometer nördlich des Volturno gelegenen Monte Massico im Westen über die Dörfer Teano und Presenzano bis zu den Monti del Matese im südlichen Apennin.

Rund 16 Kilometer hinter der Barbara-Linie verfügten die Deutschen über eine sehr viel stärkere Stellung, die von der Mündung des Garigliano im Westen zu den im Landesinnern aufragenden Monti del Matese verlaufende Bernhard-Linie. Sie erstreckte sich nach Osten, allerdings weniger gut ausgebaut, am Sangro entlang – wo die britische 8. Armee stand – bis zur Adria. Im Westen wies die mehrfach gestaffelte Bernhard-Linie Bollwerke in Gestalt der schwer befestigten Berge Monte la Difesa, Monte Camino, Monte Lungo und Monte Sammucro auf, deren Namen bei den Alliierten schon bald Angst und Schrecken hervorrufen sollten.

Und dann kam schließlich die am stärksten befestigte deutsche Stellung, die Kesselring auf keinen Fall preisgeben wollte: die Gustav-Stellung. Im Westen, entlang des Garigliano, waren Bernhard-Linie und Gustav-Stellung miteinander identisch. Doch weiter landeinwärts schlängelte sich die Gustav-Stellung etwa 20 Kilometer nach Norden und lehnte sich dort an eine wuchtige natürliche Festung an, deren Namen die meisten alliierten Soldaten noch nie gehört hatten: Montecassino. Die Gustav-Stellung setzte sich dann quer über den italienischen Stiefel fort und erreichte rund 30 Kilometer nördlich des Sangro die Adriaküste. Sie war so stark, daß Kesselring glaubte, „die britisch-amerikanischen Kräfte würden sich daran die Zähne ausbeißen".

Bei der Planung und dem Ausbau ihrer Verteidigungsstellungen kam den Deutschen der Umstand zugute, daß einer motorisierten Armee für ihren Vormarsch nur sehr wenige geeignete Straßen zur Verfügung standen. Von Neapel nach Rom führten lediglich zwei Fernverkehrsstraßen, und auf diesen beiden Straßen – und auf abschüssigen Gebirgswegen und -pfaden nahebei – mußte die 5. Armee ihren Angriff vortragen.

Die eine war die antike Via Appia, in neuerer Zeit unter der nüchternen Bezeichnung Staatsstraße Nr. 7 bekannt. Sie führt entlang der Küste nach Rom und war unter militärischem Gesichtspunkt wenig geeignet. Die Staatsstraße Nr. 7 ist auf der einen Seite von den Auruncischen Bergen und auf der anderen Seite vom Meer flankiert und verläuft weiter nördlich durch die von Mussolini Anfang der dreißiger Jahre trockengelegten und urbar gemachten Pontinischen Sümpfe. An beiden Stellen konnten die Deutschen sie so gut wie unpassierbar machen.

Der zweite Anmarschweg, die Staatsstraße Nr. 6, windet sich von der Küste rund 55 Kilometer landeinwärts durch das Bergland nach Norden. Vor 2500 Jahren von den Römern gebaut, hat die Staatsstraße Nr. 6 – die alte Via Casilina – schon viele Heereszüge erlebt, darunter die der römischen Legionen, die im 3. vorchristlichen Jahrhundert gegen Hannibal nach Süden gezogen waren, und der französischen und spanischen Armeen, die sich im 16. Jahrhundert die Herrschaft über Italien streitig gemacht hatten. Die letztgenannte Auseinandersetzung war für den hochgebildeten Kommandierenden General des XIV. deutschen Panzerkorps, General der Panzertruppe Frido von Senger und Etterlin, von besonderem Interesse, da ihr Schauplatz unweit von Cassino in dem jetzt ihm unterstehenden Abschnitt der deutschen Abwehrstellungen lag. General v. Senger vermutete, im Winter 1943/44 werde die Reihe an den Alliierten sein, auf dieser Straße einen Durchbruchsversuch zu unternehmen.

Die Staatsstraße Nr. 6 bot für die Alliierten den Vorteil, daß sie hinter Cassino in das breite Tal des Liri, die Einfallspforte nach Rom, führte. Gelang ihnen der Einbruch ins Liri-Tal, so konnten sie ihre Panzer zur Geltung bringen und 130 Kilometer nordwestwärts in Richtung auf die italienische Hauptstadt vorstürmen. Um das Liri-Tal zu erreichen, mußten sie jedoch zuerst die Barbara-Linie überwinden, dann die Mignano-Enge – einen schmalen, von steil aufragenden, befestigten Bergen umgebenen Korridor – passieren, um anschließend die Hauptbefestigungen der Winter-Linie bei Cassino und am Rapido zu durchstoßen, der den Eingang ins Liri-Tal versperrt. Die Deutschen wußten natürlich, daß die Alliierten diesen Weg nehmen würden, und suchten ihn daher mit ihren stärksten Abwehrmitteln zu blockieren.

Die deutschen Befestigungen wurden unter der Leitung des hochbefähigten Pionier-Generals Bessell ausgebaut. Einheiten der Organisation Todt, einer nach ihrem Gründer, dem 1943 tödlich verunglückten Reichsminister für Bewaffnung und Munition, Dr. Fritz Todt, benannten nichtmilitärischen technischen Spezialtruppe, standen ihm dabei zur Seite. Die Arbeiten wurden zum größten Teil von italienischen Zivilisten ausgeführt, die einen angemessenen Lohn und Sonderzuteilungen an Lebensmitteln und Tabak erhielten und sich durchaus einsatzbereit zeigten.

Die Geschützstellungen und Gefechtsstände wurden in die steil aufragenden Felswände gesprengt und die Zugänge durch Stacheldrahtverhaue, Sprengfallen und Minen gesichert. Die Maschinengewehrnester waren so angelegt, daß sie ineinander übergehende Feuerbereiche hatten; sie waren oben und an den Seiten durch Panzerplatten abgedeckt. Ergänzt wurden sie durch transportable Eisenbeton-Unterstände, die die Maschinengewehre und ihre Bedienungen mit einer 12,7 cm dicken Panzerung umgaben und von Traktoren an Ort und Stelle geschleppt werden konnten. Granatwerfer wurden hinter Felsrücken oder in tiefen Schluchten eingegraben, von denen aus sie die Anmarschwege des Feindes unter Feuer nehmen konnten. Infolge des gebirgigen Geländes war die Beweglichkeit der Panzer stark eingeschränkt; um ihre Feuerkraft dennoch zu nutzen und sie gleichzeitig vor feindlichem Beschuß zu schützen, versenkten die Deutschen einige ihrer Panzer bis zu den Türmen in die Erde. Andere verbargen sie in den Häusern der Bergdörfer und deckten mit ihren Geschützen die wenigen möglichen Anmarschwege ab.

Die Minenfelder, die die Deutschen anlegten, zeichneten sich nicht nur durch große Ausdehnung aus – vor der Bernhard-Linie waren an die 75 000 Minen verlegt –, sondern enthielten auch besonders tückische Sprengkörper. Die von den alliierten Soldaten „Bouncing Betty" (Springende Betty) genannte Tretmine flog, wenn man darauf trat, etwa zwei Meter in die Luft, um etwa einen Meter über dem Erdboden zu explodieren und in alle Richtungen Metallteile zu schleudern. Womöglich noch schlimmer als die „Springende Betty" war die kleine Schuhmine; ihr Gehäuse bestand fast vollständig aus Holz und konnte daher mit den nur auf Metall reagierenden elektro-magnetischen Suchgeräten der Alliierten nicht aufgespürt werden. Eine explodierende Schuhmine hatte nur selten eine tödliche Wirkung; sie riß dem Soldaten vielmehr einen Fuß ab, wenn er auf sie trat, oder eine Hand, wenn er sie auf dem Boden kriechend auslöste.

Die meisten der elf Divisionen, aus denen sich die in diesen Verteidigungsstellungen liegende deutsche 10. Armee zusammensetzte, waren erstklassige Kampfverbände; lediglich zwei von ihnen galten als nicht in jeder Beziehung zuverlässig. So war die 94. Infanteriedivision noch fast ohne jede Kampferfahrung, und ihr Eintreffen an der Front löste ungehaltene Kommentare aus: Generaloberst v. Vietinghoff, der Oberbefehlshaber der 10. Armee, protestierte und bemerkte, es sei vollkommen unsinnig, ihm diese Division zu schicken. Kesselrings Generalstabschef, Generalmajor Westphal, aber entgegnete ihm, das sei ganz und gar nicht unsinnig, denn Hitler habe es ausdrücklich befohlen.

In keinem sehr guten Ruf stand auch die zur 10. Armee gehörende 3. Panzergrenadierdivision. Ein britischer General bemerkte, sie habe sich „aus Osteuropäern von nicht durchweg rein deutscher Herkunft zusammengesetzt, die nicht die gleiche Kampfentschlossenheit zeigten, wie sie die reichsdeutschen Divisionen aufwiesen.“ Unter den anderen von der deutschen obersten Führung hier eingesetzten Divisionen waren indes einige der besten des Zweiten Weltkriegs, so die 15. Panzergrenadierdivision, die Division „Hermann Göring“ und die 1. Fallschirmjägerdivision.

General Alexander, der Oberbefehlshaber der alliierten Landstreitkräfte in Italien, besuchte während der Kämpfe ein britisches Lazarett und erkundigte sich im Verlauf der Besichtigung, ob auch deutsche Kriegsgefangene hier lägen. Als er erfuhr, daß in einem separaten Raum etwa 20 schwerverwundete deutsche Soldaten der 1. Fallschirmjägerdivision untergebracht seien, ließ er sich zu ihnen führen. „Als ich in die Stationstür trat“, schrieb er später, „rief der deutsche Feldwebel, der eine sehr schwere Verwundung erlitten hatte: ‚Achtung! Herr General!‘, woraufhin sämtliche Verwundete in ihren Betten im Liegen mit gestreckten Armen stramme Haltung annahmen. Ich mußte dann sagen: ‚Machen Sie weiter‘, hätten sie doch sonst bis auf weiteres regungslos in dieser Stellung verharrt. Ich erwähne diesen Vorfall in allen Einzelheiten, um zu veranschaulichen, mit was für einem Gegner wir es zu tun hatten. Ganz unabhängig von unserer Einstellung zu den Deutschen müssen wir doch zugeben, daß die deutschen Soldaten außerordentlich zähe und tapfere Kämpfer waren.“

Doch auch die Armeen, die die deutschen Abwehrstellungen zu durchbrechen versuchten, wiesen zähe Kämpfer auf – aus vieler Herren Länder. Mit Beginn des Winters 1943/44 bekamen die

alliierten Streitkräfte in Italien in wachsendem Maße ein multinationales Gefüge. Entgegen dem in Amerika vorherrschenden Eindruck waren die Vereinigten Staaten am Italienfeldzug nur mit einer verhältnismäßig kleinen Streitmacht beteiligt; sie stellten im Durchschnitt nicht einmal ein Drittel der Kampftruppen. Von den Divisionen, die die deutschen Linien berannten, kamen etliche aus Kanada, Indien und Neuseeland; ihnen gesellten sich alsbald polnische, südafrikanische, italienische und in der Hauptsache aus Algeriern und Marokkanern bestehende Freie Französische Divisionen hinzu. Später kämpfte in Italien auch eine brasilianische Division Seite an Seite mit den Alliierten.

Dieses multinationale Gefüge verursachte mancherlei Probleme. Abgesehen von den Verständigungsschwierigkeiten, die in einem solchen Vielvölkerheer herrschten, stellten die unterschiedlichen Eßgewohnheiten seiner Angehörigen die zuständigen Stellen vor beträchtliche Nachschubprobleme: Die nordafrikanischen Moslems aßen kein Schweinefleisch und benötigten infolgedessen große Mengen Hammelfleisch, die Brasilianer lehnten die amerikanische Truppenverpflegung völlig ab, und die Franzosen verlangten dringend Wein- und Branntweinzuteilungen.

Auch im Kampf zeigten die Soldaten einer jeden Nation ihre besonderen Eigenschaften und Vorlieben. Die indischen Gurkha und Radschputen waren ungeheuer tapfer, stolz auf ihren Beruf und bereit, die härtesten Entbehrungen auf sich zu nehmen, einzig und allein, weil sie die Gurkha und Radschputen waren und sich als solche einer jahrhundertealten, ruhmreichen Tradition würdig zu erweisen hatten. Unter den Marokkanern und Algeriern ragten die besonders draufgängerischen Goumiers oder Goums hervor. Dies waren Gebirgstruppen, die nicht viel für komplizierte moderne Waffen übrig hatten, dafür aber darauf brannten, sich nachts mit dem Messer auf den Feind zu stürzen.

Ein französischer Offizier bat auf dem italienischen Kriegsschauplatz einmal einen Goumier, der eine nächtliche Erkundung durchzuführen hatte, ihm eine deutsche Armbanduhr mitzubringen, falls sich zufällig eine günstige Gelegenheit biete. Der Goumier kam daraufhin mit einem blutdurchtränkten, in ein Tuch gewickelten Päckchen zurück, in dem sich der abgetrennte Unterarm eines gegnerischen Soldaten mit einer noch daran befindlichen Armbanduhr befand, und legte seine Beute ehrerbietig vor dem Zelteingang des Offiziers nieder.

Nicht ganz so blutrünstig, aber gleichfalls recht rauhe Gesellen waren die Soldaten der 2. neuseeländischen Division. Eigenwillig und draufgängerisch, legten sie wenig Wert auf Äußerlichkeiten. Ein britischer General beklagte sich bei einem Besuch auf ihrem Divisionsgefechtsstand bei dem Kommandeur, Generalleutnant Sir Bernhard Freyberg, daß seine Leute ihrer Grußpflicht nicht nachkämen, worauf ihm der Neuseeländer den Rat gab: „Versuchen Sie es mit Winken! Sie winken immer zurück!“

Doch selbst den schlachterprobten Veteranen bereitete es große Schwierigkeiten, die deutschen Abwehrstellungen der Barbara-Linie zu durchstoßen. Kesselring hatte den dort eingesetzten Einheiten befohlen, die Alliierten zumindest bis zum 1. November vom Herzstück der Winter-Linie fernzuhalten: Zu diesem Zeitpunkt sollte der Ausbau starker Sperrstellungen endlich abgeschlossen sein. Seine Männer leisteten diesem Befehl Folge. Sie kämpften mit letztem Einsatz und setzten sich dann, zumeist äußerst gewandt, ab, wobei sie in bravourös geführten Nachhutgefechten den Alliierten erhebliche Verluste beibrachten. Die 5. Armee benötigte mehr als zwei lange Wochen, um die Barbara-Linie zu durchstoßen und vom Volturno auf einer 65 Kilometer breiten Front etwa 30 Kilometer vorzurücken. Und Anfang November mußten die stark mitgenommenen und ermatteten Alliierten dann feststellen, daß das Ringen gerade erst begonnen hatte: Der deutsche Gegner war größtenteils immer noch kampfkräftig und hatte sich in den Hauptstellungen der Winter-Linie gut verschanzt.

Die 5. Armee schob sich nahezu pausenlos vor. Die Vermutung der deutschen Militärs, daß die Alliierten die Winter-Linie längs der Staatsstraße Nr. 6 durchstoßen wollten, erwies sich als zutreffend. Anfang November versuchten die Briten und Amerikaner erstmals, sich unter dem Heulen und Orgeln ihrer massierten Artillerie durch die Mignano-Enge hindurchzukämpfen.

Diese heißumkämpfte Enge war kein bloßer Einschnitt im Gebirge, sondern wand sich fast zehn Kilometer lang zwischen steil aufragenden Bergen hindurch, die es einen nach dem anderen zu nehmen galt. Etliche von ihnen sind über 900 Meter hoch, mit steinigen Hängen, die in einem Winkel von 30°, 45°, ja 70° abfallen. In den höheren Lagen gab es nur wenig Deckung und keinerlei Erdreich zum Graben von Schützenlöchern, nur Felsgestein. Die Angreifer mußten hier in Felsspalten oder hinter Gesimsen Schutz suchen oder sich aus Steinen mühsam eine kümmerliche Deckung bauen. Die explodierenden Werfergeschosse und Artilleriegranaten schleuderten in alle Richtungen todbringende Felsstücke.

Die natürlichen Zugänge zu den Berggipfeln waren von den Deutschen überall mit Sprengladungen und Minen versperrt worden, so daß die Angreifer sich Wege suchen mußten, auf denen kaum Ziegen vorankamen – in der Tat trieben einige Amerikaner kleine Herden Schafe und Ziegen vor sich her, die die Minen zur Explosion bringen sollten.

Proviant, Trinkwasser und Munition wurden von Maultieren bergauf geschleppt, und wenn diese nicht mehr weiter wollten oder konnten, dann schleppten Soldaten die Lasten auf Traggestellen

*Das Mündungsfeuer einer 15,5-cm-Kanone, „Long Tom“ (Langer Tom) genannt, erhellt die Nacht. An der Enge von Mignano, südlich von Cassino, setzte die 5. US-Armee ihre Artillerie in einem derartigen Ausmaß ein, daß die Deutschen behaupteten, die Amerikaner kämen nie zum Schlafen. 925 Geschütze feuerten einmal im Verlauf von 24 Stunden insgesamt 164 999 Granaten ab.*

oder zogen sie mit Seilen hoch. Da die Stoßtruppen beide Hände zum Klettern brauchten, konnten sie nur ganz wenig tragen, so daß die Hälfte von ihnen zeitweise lediglich als Lastträger für ihre sich oben an die Hänge klammernden Kameraden tätig war. Regen, Schneeregen und Nebel hüllten die Berge ein, und nachts sank die Temperatur unter den Gefrierpunkt. Wenn sich der Nebel vorübergehend hob, kam es gelegentlich zwischen alliierten und deutschen Erkundungstrupps, die sich plötzlich auf eine Entfernung von wenigen Metern gegenüberstanden, zu einem wilden Kampf Mann gegen Mann. Hatten sie ihre Munition verschossen, so suchten sie den Gegner mit Felsstücken außer Gefecht zu setzen.

Die Soldaten, die die deutschen Abwehrstellungen zu durchdringen versuchten, waren zumindest in einer Hinsicht gegenüber den Verteidigern im Vorteil: Sie kämpften unter dem Feuerschutz einer ungleich stärkeren Artillerie. Die Alliierten setzten eine derart große Zahl von Geschützen ein, daß zuweilen die Artilleriemunition knapp wurde und rationiert werden mußte. General Lucas, der Kommandierende General des VI. Korps, war sich der schwierigen Bedingungen, unter denen seine Männer kämpften, voll bewußt und vertrat die Ansicht, daß jeder Munitionsaufwand voll und ganz gerechtfertigt sei. „Ich staune über die Widerstandsfähigkeit unserer Soldaten", notierte er in seinem Tagebuch. „Sie sind die besten der Welt. Ich bete unablässig zum Allmächtigen, er möge mich befähigen, sie mit dem größtmöglichen Erfolg und den geringstmöglichen Verlusten durch diese schwere Prüfung hindurchzuführen. Deshalb verbrauche ich soviel Munition. Wenn amerikanische Jungen auf diese Weise vor dem Tode bewahrt bleiben, dann ist der unbändige Appetit der Geschütze des VI. Korps, ungeachtet der riesigen finanziellen Kosten und des gewaltigen Aufwands an lebenswichtigem Transportraum, nicht vergeblich." General Lucas' Geschütze entwickelten in der Tat einen unbändigen Appetit. So deckte beispielsweise allein die Artillerie der 36. US-Division im November innerhalb von zwei Wochen die deutsche Winter-Linie mit 95 000 Granaten ein.

Der amerikanische Kriegsberichterstatter Ernie Pyle, der dafür bekannt war, daß er in erster Linie über die kämpfenden GIs und weniger über die Generalität berichtete, hielt sich eine Zeitlang bei einer 15,5-cm-Haubitzen-Batterie auf und gab eine Schilderung von den Aufgaben der Artilleristen im Italienfeldzug. Die Geschütze waren 70 Meter voneinander entfernt im Viereck aufgestellt. Jedes stand in einer ein Meter tiefen, schlammigen Grube und war durch eine schulterhohe Brustwehr aus Sandsäcken geschützt. Auf der einen Seite einer jeden Grube lagen in einer unablässig von einem Geschoßwagen wieder aufgefüllten Doppelreihe große rostfarbene Granaten. Auf der gegenüberliegenden Seite lagen in etwa ein Meter langen schwarzen Kisten, von denen je drei zu einem Bündel zusammengepackt waren, die Treibladungen. Jede Kiste enthielt drei weiße Leinensäcke von der Größe eines Ein-Kilo-Zuckersakkes. Je nach der Entfernung des Zieles wurden ein bis drei Säcke benötigt. Zuerst wurde eine Granate in das Verschlußteil des Geschützes geschoben und danach die Säcke der Treibladung. Dann zog ein Kanonier die Abzugsschnur – und WUMM! ging der Schuß los in das feindliche Lager.

Die Kanoniere bekamen das, was sie beschossen, niemals zu Gesicht und ahnten in den meisten Fällen nicht einmal, was ihr Ziel war. Ein Offizier gab vom Bataillonsgefechtsstand aus den Geschützführern telephonisch die Feuerbefehle, die er selbst wiederum vom Regimentsgefechtsstand, der 800 Meter weiter hinten lag, erhielt. Letztlich kamen alle Anweisungen jedoch von vorgeschobenen Beobachtern in den Bergen, die die Aufschlaglage der Geschosse beobachteten und Zielkorrekturen gaben.

Die Bedienungsmannschaft, auf die Pyle traf, genoß einige Bequemlichkeiten, die den Infanteristen der Hauptkampflinie versagt waren. So wurden beispielsweise in den nahen Wäldern gelegentlich fahrbare Duschen aufgestellt, und eine Gruppe von Kanonieren konnte jeweils mit einem Lastwagen dorthin fahren, um sich abzuseifen. Die meisten hatten jedoch seit über zwei Monaten nicht mehr unter einer Brause gestanden. „Baden ist nichts weiter als eine Angewohnheit", meinte ein Kanonier. „Wenn unsere Mütter uns nicht gebadet hätten, als wir Babys waren, hätten wir gar nicht das Bedürfnis."

Pyle zeigte sich von den Kosten der schweren Geschütze und Granaten beeindruckt. „Wir haben einmal berechnet, wieviel die Tötung eines deutschen Soldaten mit unserer Artillerie kostete. Wenn man den hohen Preis der modernen schweren Geschütze bedachte, die Ausbildung der Kanoniere, den Schiffspark für den Transport über See und die großen Artilleriegeschosse zu 50 Dollar pro Stück, so kam jeder Deutsche, der durch unsere Feuerwalze getötet wurde, auf 25 000 Dollar."

„Wäre es da nicht besser", meinte ein Kanonier, „wenn wir den Deutschen für ihre sofortige Kapitulation 25 000 Dollar pro Soldat anböten und uns den ganzen riesigen Aufwand und all das Abschlachten sparten? Ich wette, sie würden darauf eingehen!" Pyle bezweifelte das jedoch.

„In einer meiner letzten Nächte bei der Batterie wurden wir eine Stunde vor Tagesanbruch zwecks Feuervorbereitung eines Infanterieangriffs aus unseren Decken gescheucht. Sämtliche Batterien im Umkreis von mehreren Kilometern feuerten. Sie waren dicht aneinander eingegraben, und wir bekamen die Detonationen und Erschütterungen der anderen Geschütze genauso zu spüren wie die unserer eigenen. Bei jedem Abschuß loderte eine gewaltige

*Als die alliierten Truppen im Januar 1944 die Cassino-Front im Norden von Neapel erreichten, versuchten sie anfänglich, das Zentrum der starken deutschen Abwehrstellungen am Monte Cassino zu umgehen, um in das Liri-Tal einzudringen und sich so rasch wie möglich mit den bei Ánzio an Land gehenden britischen und amerikanischen Streitkräften zu vereinigen. Verbänden des britischen X. Korps gelang es, am jenseitigen Ufer des unteren Garigliano einen kleinen Brückenkopf zu errichten. Der Versuch der britischen 46. Division, weiter oben über den Fluß zu gehen, schlug dagegen fehl. Im Frontabschnitt des amerikanischen II. Korps wurden zwei Regimenter der 36. Division bei ihrem verlustreichen Kampf um den Übergang über den Rapido bei Sant' Angelo vom Gegner zurückgeworfen. Die Kämpfe bei Cassino und Ánzio weiteten sich dann zu einem langandauernden und blutigen Stellungskampf aus.*

Flamme auf, und die dunkle Nacht war von den Mündungsfeuern von Hunderten schwerer Geschütze durchzuckt.

„So etwas Furchterregendes und Schreckliches hatte ich, der ich dort mitten darin stand, bis dahin noch nicht erlebt. Wenn es bereits am Abschußort so zuging, wie vermochte da am Zielort irgend jemand noch sein Gleichgewicht zu bewahren!"

Die Deutschen am „Zielort" vermochten ihr Gleichgewicht indes mühelos zu bewahren, denn ihre sorgfältig ausgebauten Stellungen boten ihnen gute Deckung. Die Infanteristen der 5. US-Armee mußten bei ihrem Vorgehen im Schutz dieser Feuervorhänge feststellen, daß die Verteidiger der Winter-Linie ungeachtet der ungeheuren Wucht des alliierten Artilleriebombardements quicklebendig waren und sich mit äußerster Erbitterung zur Wehr setzten. Links vom Eingang zur Mignano-Enge versuchte die britische 56. Infanteriedivision, die seit Salerno nahezu pausenlos im Einsatz stand, acht Tage lang vergeblich, den Monte Camino zu erstürmen. Nicht weit davon bemühte sich die amerikanische 3. Infanteriedivision zehn Tage lang, die Deutschen von dem sehr treffend Monte la Difesa genannten Berg zu vertreiben; sie wurde indes unter blutigen Verlusten abgewiesen und von den Hängen geworfen, die derart steil und von Schluchten durchzogen sind, daß der Abtransport eines Verwundeten sechs Stunden dauerte.

Dieser erste Versuch zur Überwindung der Mignano-Enge verlief nicht gänzlich erfolglos. Rechts drangen die amerikanische 34. und 45. Infanteriedivision ein paar Kilometer vor und nahmen ein Stück Höhengelände, darunter den rechts vom Eingang zur Enge aufragenden Monte Rotondo. Dies war jedoch zuwenig, um v. Vietinghoff in Unruhe zu versetzen, der über diesen Vorstoß nur schrieb, daß die Geländegewinne des Gegners keine große Gefahr darstellten; jeder weitere Schritt in das Gebirge hinein vergrößere nur dessen Schwierigkeiten. Da die Truppen seiner 5. Armee bereits sichtbare Erschöpfungszustände zeigten, ordnete General Mark Clark am 15. November die Einstellung der Angriffsoperationen und eine zweiwöchige Auffrischungs- und Ruhepause an.

Die alliierten Strategen hatten währenddessen andere, erfolgversprechendere Möglichkeiten zur Einnahme Roms erwogen.

General Eisenhower war schon seit längerem der Ansicht, man solle sich für eine amphibische Flankenoperation entscheiden, um die Deutschen durch einen Angriff in ihrem Rücken zu bedrohen

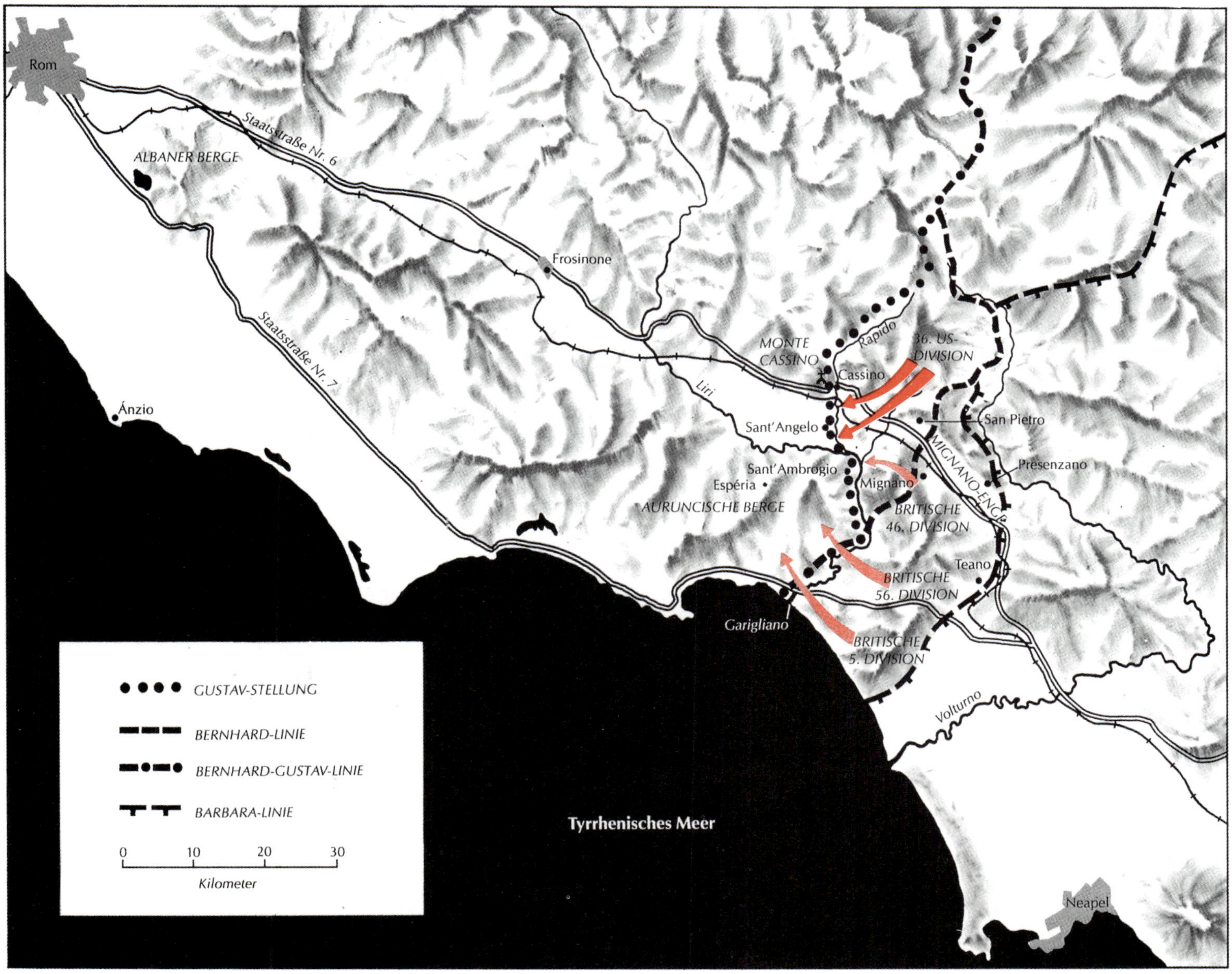

und zur Preisgabe ihrer Abwehrstellungen im Süden von Rom zu zwingen. Da man für eine solche Operation jedoch mindestens eine oder, besser noch, zwei Divisionen benötigte, kam sie anfänglich überhaupt nicht in Frage, fehlte es doch an Transportraum, zumal an Panzer-Landungsschiffen. In der Globalstrategie der Kombinierten Stabschefs spielte der Mittelmeerraum nur eine untergeordnete Rolle, und als der Zeitpunkt für die alliierte Kanalüberquerung näherrückte, verringerte sich seine Bedeutung immer mehr. Die Mehrzahl von Eisenhowers Landungsfahrzeugen sollte Anfang Dezember nach England geschafft werden, so daß für die Planung und Durchführung eines Großangriffs von See her nicht mehr genügend Zeit zur Verfügung stand.

Die Idee einer Landung besaß für die im Mittelmeerraum befehlenden alliierten Militärs jedoch so viel Anziehungskraft, daß sie sie nicht fallenlassen mochten. Sie waren sich der Risiken vollauf bewußt. Die Landung würde in Nähe der Hauptkampffront erfolgen müssen, damit die von See aus herangeführten Kräfte rasch eine Verbindung mit den zu Lande vorrückenden Truppen herstellen könnten. Andernfalls würde der Gegner in der Lage sein, die Landungstruppen in ihrem Brückenkopf einzuschließen und möglicherweise zu vernichten.

Eisenhower und seine Planer kamen zu dem Schluß, daß die Herstellung der Verbindung möglich sei. Er ersuchte daher die Kombinierten Stabschefs um die Genehmigung, 56 britische und 12 amerikanische Panzer-Landungsschiffe bis zum 15. Dezember im Mittelmeerraum zu belassen. Als ihm die Genehmigung erteilt wurde – sie wurde später bis zum 15. Januar verlängert –, befahl er General Alexander, Vorbereitungen zur Einnahme Roms zu treffen. Dies war gleichzeitig auch die Aufforderung zu einem amphibischen Großunternehmen. Alexander ließ daraufhin die Weisungen für die Offensive ergehen.

Nach Alexanders Plan sollte die 8. Armee unter dem Befehl von General Montgomery zuerst an der Ostküste angreifen, die deutschen Stellungen am Sangro durchstoßen und nordwestwärts durch die Winter-Linie nach Pescara vorrücken. Dort sollte sie im Tal des Pescara flußaufwärts marschieren und Rom von Osten her bedrohen. Dieser Auftrag war für die 8. Armee in Anbetracht der Hochwasser führenden Flüsse, der schlechten Straßenverhältnisse und der starken feindlichen Verteidigungsstellungen alles andere als leicht – und dabei handelte es sich nur um einen Ablenkungsangriff, denn den Hauptstoß sollte die 5. Armee führen.

Die 5. Armee bekam den Auftrag, die Mignano-Enge zu durchstoßen, rund 20 Kilometer zum Rapido vorzurücken, ihn zu überqueren, die deutschen Stellungen bei Cassino zu überwinden und das Liri-Tal 48 Kilometer hinauf nach der 80 Kilometer südöstlich von Rom gelegenen Stadt Frosinone zu marschieren. Sobald die Masse der 5. Armee Frosinone erreichte, sollten zwei Divisionen 60 Kilometer südlich von Rom bei Ánzio ein amphibisches Landeunternehmen durchführen. Die beiden Teile der Armee würden dann innerhalb weniger Tage die Verbindung miteinander herstellen können. Die Deutschen würden aus Besorgnis über eine mögliche Abschnürung ihrer Versorgungs- und Rückzugswege zweifellos eine Absetzbewegung in den Raum nördlich von Rom einleiten – falls sie, wie Alexander hoffte, den Alliierten nicht sogar teilweise in die Falle gingen. Es war dies nicht bloß eine große, sondern eine ungeheure Aufgabe. Doch General Mark Clark glaubte, die vielen deutschen Abwehrstellungen in der kurzen Zeit, die den Alliierten noch vor dem Abmarsch ihrer Landungsschiffe nach England verblieb, irgendwie durchstoßen zu können. „Keine Sorge", verkündete er, „ich komme schon durch die Winter-Linie und jage die Deutschen in die Flucht!"

Die Alliierten wollten ihre 5. und 8. Armee bis Anfang Dezember auf die vorgesehene Stärke von 14 Divisionen bringen – und die kurz zuvor erfolgten Verlegungen von Bombern und Jägern von Nordafrika nach Sardinien und auf das italienische Festland verhießen eine stärkere Luftunterstützung für die Bodentruppen. Gleichwohl muß die Einschätzung der Kampfkraft der alliierten Truppen durch die führenden Generale – Eisenhower, Alexander, Clark und Montgomery – als bemerkenswert optimistisch bezeichnet werden, vor allem in Anbetracht der schweren Schlappe, die die Deutschen ihnen soeben an der Mignano-Enge beigebracht hatten. Sie mußten den Druck auf den Gegner jedoch unbedingt aufrechterhalten, damit dieser nicht zur Ruhe kam und keine Zeit für den Bau stärkerer Befestigungen gewann. Wenn man ihm die Möglichkeit gab, sich in unangreifbaren Stellungen zu verschanzen, dann konnte er unbesorgt einige Divisionen von der italienischen Front abziehen und sie nach Rußland oder Nordfrankreich verlegen. Das Hauptoperationsziel des alliierten Italienfeldzugs bestand jetzt darin, eben dies zu verhindern. Wollte man es erreichen, so kam man nicht umhin, sich auf ein Wagnis einzulassen, solange die für den Mittelmeerraum verantwortlichen Befehlshaber noch über die dafür erforderlichen Kampfmittel verfügten, so spärlich diese auch sein mochten.

Die alliierte Offensive begann am 20. November am Adriatischen Meer mit dem Angriff von Montgomerys Armee über den Sangro. Der Sangro führte Hochwasser; er war über die Ufer getreten, und die Anmarschwege waren weich wie Pudding. An einer Übersetzstelle mußten Pioniere der britischen 78. Division sich über 800 Meter morastigen Boden mit Faschinen, Eisenbahnschwellen und Stahlmatten einen Weg zum anderen Ufer bahnen. Sie schlugen eine Bailey-Brücke über den Fluß und schütteten dann auf der

*In Ortona, einer Stadt an der italienischen Ostküste, schieben Soldaten des kanadischen Loyal Edmonton Regiment ein Panzerabwehrgeschütz, mit dem sie die vom deutschen Gegner besetzten Gebäude zusammenschießen, durch eine schuttübersäte Straße. Der Kampf von Haus zu Haus innerhalb des Ortes, in dem es von deutschen Sprengfallen und Scharfschützen wimmelte, wurde eine Woche lang mit äußerster Erbitterung geführt und brachte den Kanadiern im Durchschnitt pro Tag nicht mehr als 180 Meter Geländegewinn. Am 28. Dezember 1943 war die Kleinstadt schließlich in ihrer Hand. Im Kampf um die Stadt waren 650 kanadische und 455 deutsche Soldaten gefallen.*

anderen Seite unzählige Ladungen Steine in den sche nbar grundlosen Morast. Anschließend bauten sie in zwei Tagen unter starkem Feindfeuer eine Straßenbrücke, die schwere Geschütze und Lastwagen trug. Die über den Fluß strömenden Briten rieben die deutsche 65. Infanteriedivision vollständig auf, so daß Kesselrings Generalstabschef, General Westphal, konstatieren mußte, sie „existiere praktisch nicht mehr".

Doch dann schwoll durch unablässige Regengüsse der Sangro noch mehr an und schwemmte sämtliche britischen Brücken fort. Montgomery sah sich gezwungen, so lange zu pausieren, bis bessere Wetterbedingungen es am 27. November zuließen, die 8. indische und die kurz zuvor neu eingetroffene 2. neuseeländische Division überzusetzen. Von mehr als 4000 alliierten Flugzeugen unterstützt, trat er erneut zum Angriff an.

Die Kampfpause gab den Deutschen Zeit, den Einbruch in ihre Stellungen durch Heranführung je einer Division aus dem Raum Mignano und aus Norditalien abzuriegeln. Die Briten kamen nun nur noch im Schneckentempo vorwärts. In vierwöchigen schweren Kämpfen hatte die 8. Armee nicht einmal 25 Kilometer Boden gewonnen und saß nun an der Küste vor der Stadt Ortona fest, wo sich die Deutschen erbittert zur Wehr setzten. Am 21. Dezember drang die 1. kanadische Division in den Ort ein und lieferte den Deutschen sieben Tage lang heftige Straßenkämpfe.

Die Kanadier zeichneten sich in Ortona vor den übrigen alliierten Soldaten durch ihr besonderes Geschick im Häuserkampf aus. Als die Deutschen Gebäude sprengten, um die Straße durch Trümmerhaufen zu sperren, schossen die Kanadier mit Feldgeschützen den oberen Teil der Schuttberge weg und machten sie so für Panzer passierbar. In den massiven Wohnblocks, von wo aus feindliche Scharfschützen und Maschinengewehrschützen jeden abschossen, der sich auf die Straße wagte, kämpften sie sich vorwärts, indem sie „Mauselöcher", wie sie es nannten, gruben. Und zwar stiegen sie jeweils in das oberste Stockwerk des ersten Hauses eines Blocks und brachten an der Mauer, die es vom Nebenhaus trennte, eine Sprengladung mit Verzögerungszünder an. Danach zogen sie sich in die Parterreräume zurück, warteten so lange, bis die Ladung ein Loch in das Mauerwerk gerissen hatte, und stürmten dann durch die noch qualmende Bresche. Auf dieselbe Weise arbeiteten sie sich

vom zweiten ins dritte Haus, vom dritten ins vierte usw. vor, bis sie den gesamten Block in ihren Besitz gebracht hatten.

In der Nacht zum 28. Dezember räumten die durch eine Flankierungsbewegung der Kanadier westlich Ortonas mit Abschnürung bedrohten Deutschen den Ort. Doch die Kanadier und die 8. Armee ganz allgemein zeigten jetzt sichtbare Erschöpfungszustände, so daß Montgomery sie halten ließ. Er hatte dem Gegner schwere Verluste zugefügt und ihn, wie beabsichtigt, gezwungen, etliche seiner Kräfte aus dem Westen abzuziehen, doch war es ihm nicht gelungen, nach Pescara durchzubrechen und die von General Alexander erhoffte Linksschwenkung in Richtung auf Rom zu vollziehen.

Die 5. Armee hatte zehn Tage lang gewartet, in deren Verlauf Montgomerys Angriff gegnerische Truppen zur Adria abgezogen und die deutschen Abwehrstellungen an der Mignano-Enge dezimiert hatte. Am 1. Dezember löste die 5. Armee dann ihren Hauptangriff aus. Sie setzte sich zunächst abermals zum Ziel, die zerklüfteten Berge links des Eingangs zur Mignano-Enge, den Monte Camino und den Monte la Difesa, zu nehmen. Die alliierte Luftwaffe und Artillerie traten vorbereitend in Aktion: Bereits während der ersten beiden Kampftage machten 900 gezielte Bombenangriffe die Feindstellungen sturmreif, und die schweren Geschütze der Alliierten deckten allein den Monte la Difesa im Verlauf von einer einzigen Stunde mit 22 000 Granaten ein.

Die britische 56. Division stürmte abermals den Monte Camino hinauf und nahm diesmal den Berg nach fünftägigen schweren Kämpfen, in deren Verlauf ihre Soldaten zweimal durch deutsche Gegenstöße wieder vom Gipfel vertrieben wurden. Gleichzeitig eroberte eine Elitetruppe, die 1. Special Service Force, welche erst ein paar Tage zuvor an der Front eingetroffen war und noch niemals im Einsatz gestanden hatte, den Monte la Difesa. Sie bestand zu etwa gleichen Teilen aus ausgesuchten Amerikanern und Kanadiern, die im Bergsteigen, Gebirgskampf, als Fallschirmjäger sowie für Sprengkommandos und weitreichende Sabotageaufträge ausgebildet worden waren. Sie war ein furchteinflößender Verband; die Deutschen nannten sie deshalb, nachdem sie mit ihr Bekanntschaft gemacht hatten, „Die Teufelsbrigade".

Anstatt den Monte la Difesa längs den schon erprobten Wegen zu erstürmen, entschied sich die 1. Special Service Force für einen Zugang, den die Deutschen für unbegehbar hielten. Bei Nacht erkletterten 600 Schützen über einen schroff in die Höhe ragenden, stellenweise fast senkrechten Felsen mit Hilfe von Seilen lautlos die letzten 300 Meter des 900 Meter hohen Berges. Dicht unterhalb der Bergspitze sammelten sie sich, wobei sie sich an Gesimsen festklammerten, die so schmal waren, daß die Soldaten sich übereinanderlegen mußten. Sie waren dem Gegner, der eine untertassenförmige Senke auf dem Gipfel, etwa von der Größe eines Fußballplatzes, besetzt hielt, derart nah, daß sie die aus seiner Feldküche aufsteigenden Düfte riechen konnten. Es war immer noch dunkel. Der die Angriffsspitze befehligende Offizier wies seine Leute im Flüsterton an, nicht vor 6.00 Uhr das Feuer zu eröffnen. Falls ein Deutscher zufällig in ihre Stellung stolpere, sollten sie ihn lautlos erstechen.

Mit lautem Krachen herabstürzendes Felsgestein verriet sie plötzlich. Im Nu erhellten blendendweiße Magnesiumfackeln den

*Offiziere der italienischen 1. mot. Brigade, der ersten italienischen Einheit, die an der Seite der Alliierten kämpfte, unterhalten sich unweit des Monte Lungo mit einem amerikanischen Offizier (links). Nach der Kapitulation Italiens rüsteten die Alliierten über 350 000 italienische Soldaten als Kampf- und Versorgungstruppen aus.*

Berggipfel, und die Special Force schwärmte aus, um sich auf die Deutschen zu stürzen. Die unzusammenhängenden, bruchstückhaften Berichte einiger Überlebender vermitteln einen Eindruck von dem wilden Kampf, der nun entbrannte.

„Deyette und ich wollten gerade den Berg hinaufklettern, als er plötzlich rief: ‚Hier unten sind sie!' Dann fiel er hin. Ich stellte einen Einschuß in der Stirn fest. Er atmete schwer und gab schnarrende Töne von sich … Ich sah, wie Bernstein eine Handgranate warf und dann umfiel … Feldwebel Fisher, mein MG-14-Führer, war völlig blind geworden – durch Felsstücke … Der arme Casey, der die Möglichkeit hatte, als Koch hinten zu bleiben, aber unbedingt zu einer Kampfeinheit wollte, fiel durch einen Blindgänger, der ihm den Schädel spaltete …

„Als wir zum ersten Mal oben anlangten und dann nicht weiterkonnten, lief ich ein Stück und legte mich neben einen Kameraden und sprach mit ihm längere Zeit, bis ich plötzlich feststellte, daß er tot war. Ich hatte mich schon gewundert, daß er gar nichts sagte … Ich erinnere mich, daß ich Hauptmann Borders Gewehr ausborgte, wie er gerade kniend den Feind auf dem Berg gegenüber mit einem Feldstecher beobachtete. Als ich eine halbe Stunde später zurückkam, um ihm das Gewehr zurückzubringen, war er tot: Ein Scharfschütze hatte ihm einen Kopfschuß verpaßt."

Ein Hauptmann der Special Force warf mit seinen Untergebenen mehrere Deutsche aus einer befestigten Feuerstellung. Einer von ihnen hielt eine weiße Fahne hoch, doch als der Hauptmann herankam, um ihn gefangenzunehmen, schoß ein anderer Deutscher ihm ins Gesicht. Daraufhin eröffneten die Amerikaner und Kanadier mit allen ihren Waffen das Feuer auf die Deutschen und mähten sie nieder. Die Special Force machte danach keine Gefangenen mehr, außer wenn ein besonderer Befehl vorlag, feindliche Soldaten zwecks Vernehmung einzubringen.

Die Einnahme des Monte la Difesa ging rasch vonstatten, doch mußten die Männer der Special Force noch mehrere Tage lang feindliche Gegenangriffe auf den Berg abwehren. Im Verlauf der ersten Kampfwoche verlor sie 511 Mann von insgesamt 1800.

Das 142. Infanterieregiment der 36. US-Division nahm unterdessen überraschend mühelos den Monte Maggiore, zumindest teilweise dank wirkungsvoller Artillerieunterstützung. Nach der bereits erfolgten Einnahme des rechts aufragenden Monte Rotondo Anfang November hielt die 5. Armee nunmehr beide Seiten des Eingangs zur Mignano-Enge besetzt.

Es war dies aber nur der Eingang. Hier ragte hinter jedem Berg wieder ein anderer auf. Die alliierten Soldaten standen nunmehr vor dem Monte Lungo, der sich in der Mitte des Mignano-Korridors zwischen der Eisenbahnlinie nach Rom und der Staatsstraße Nr. 6 erhebt. Rechts auf der Straße türmt sich der etwa 1200 Meter hohe Monte Sammucro auf, an dessen Abhang das Dorf San Pietro liegt.

Die alliierten Kommandeure hielten die Einnahme des Monte Lungo für nicht besonders schwierig, hatten sie den beherrschenden Monte Maggiore doch bereits in ihren Besitz gebracht. Sie vermuteten überdies, daß die Deutschen sich bereits aus der Mignano-Enge zurückzögen, und bezweifelten, ob San Pietro noch vom Feind besetzt sei. Die italienische 1. motorisierte Brigade, der erste Verband des befreiten Italien, der gemeinsam mit den Alliierten gegen die Deutschen antrat, bekam den Auftrag, den Monte Lungo zu nehmen: Ein müheloser Sieg als Auftakt zu ihrem Einsatz würde sich günstig auf die Kampfmoral der italienischen Soldaten auswirken. Zur gleichen Zeit sollte die 36. Division (General Walker), von Rangers unterstützt, die Gipfel des Monte Sammucro nehmen und über seine Hänge durch San Pietro stürmen. Was die Alliierten nicht wußten, war, daß sich die 29. Panzerdivision in diesen Stellungen verschanzt hatte und daß Hitler Befehl gegeben hatte, sie bis zum letzten Mann zu verteidigen.

Die Italiener, die Gebirgsjägeruniformen mit Federbüschen an der Kopfbedeckung trugen, boten einen prächtigen Anblick, als sie am Morgen des 8. Dezember den Monte Lungo hinaufstrebten. In der Annahme, die Feuervorbereitung der Artillerie habe die Feindstellungen schon nahezu zerschlagen, setzten sie sich, zwei Bataillone nebeneinander, in geschlossener Formation in Marsch, um alsbald im Nebel den Blicken der Reserveeinheiten und Artilleristen zu entschwinden. Kurz darauf zerrissen die Abschüsse deutscher Granatwerfer und das Gebell von Maschinengewehren die Stille, und es dauerte nicht lange, da kamen die Italiener wieder zurück, um in den alliierten Geschützstellungen am Fuß des Monte Lungo Zuflucht zu suchen. Gegen Mittag stellte sich heraus, daß der Angriff völlig fehlgeschlagen war, und die Italiener erhielten die Erlaubnis, sich abzusetzen.

Erfolgreicher verlief der am selben Morgen vorgetragene Angriff der 36. Division auf den Monte Sammucro. Ein Bataillon des 143. Regiments nahm kurz vor 6.00 Uhr den nur schwach verteidigten Gipfel im Handstreich und wehrte anschließend mehrere heftige Gegenangriffe des Feindes ab. Doch die beiden Bataillone des 143. Regiments, die über die Flanke des Monte Sammucro und durch San Pietro stürmen sollten, kamen nur 350 Meter vorwärts: Eine stark ausgebaute deutsche Verteidigungsstellung aus hintereinander gestaffelten Drahtverhauen und Bunkern, aus deren Scharten den Bataillonen Maschinengewehrfeuer entgegenschlug, brachte ihren Angriff zum Erliegen. Die Deutschen hatten sich derart geschickt eingegraben, daß sie ihre Artillerie anweisen konnten, das Feuer fast unmittelbar auf ihre eigenen Stellungen zu richten, wenn die Amerikaner herankamen.

Über eine Woche lang versuchte die 36. Division, die Festung, in die die Deutschen das Dorf verwandelt hatten, zu nehmen, während sie gleichzeitig den Berggipfel gegen feindliche Gegenangriffe verteidigen mußte. Ihre Verluste stiegen sprunghaft an. Ein Regiment büßte bei den Kämpfen vier Fünftel seines Sollbestandes ein, ein anderes rund die Hälfte.

Wie es bei den Divisionen der US-Nationalgarde die Regel war, stammten die Offiziere und Mannschaften der texanischen 36. Division größtenteils aus denselben Städten und hatten einander schon vor dem Krieg gekannt. Dies wirkte sich günstig auf den Geist der Truppe aus, machte Verluste aber um so schmerzlicher – zumindest anfänglich. „Am Ende des Pfades hielten die Tragen mit den Toten und Verwundeten an", erinnerte sich ein Überlebender der Schlacht später. „Die letzteren wurden eiligst zum Verbandsplatz geschafft, während die Gefallenen steif auf ihren Bahren lagen und nur die mit ausgefransten, verdreckten Gamaschen oder Kampfstiefeln bekleideten Füße verloren unter den Wolldecken hervorlugten. Mit der Zeit wurde man unempfindlich gegen solche Szenen. Solange die Namen der Gefallenen noch nicht bekanntgegeben waren und man keine klaffenden Wunden sah, vermochten die Lebenden die Toten fast zu übersehen."

Die 36. Division trug drei verzweifelte und verlustreiche Angriffe gegen die Stadt vor, vermochte den Gegner jedoch nicht aus San Pietro zu vertreiben. Der letzte Angriff begann am 15. Dezember und war von einem erneuten Versuch zur Erstürmung des Monte Lungo begleitet; diesmal durch das 142. Infanterieregiment im Zusammenwirken mit den Italienern.

Die Texaner zeigten ungeachtet der schweren Verluste, die sie in der vorangegangenen Woche erlitten hatten, immer noch einen hervorragenden Kampfgeist. Hauptfeldwebel Joe W. Gill nahm einen deutschen Soldaten gefangen und ließ sich von ihm sämtliche getarnten Stellungen des Gegners zeigen, so daß 15 weitere Gefangene eingebracht werden konnten. Auf dem Gipfel des Monte Lungo wich ein Gefreiter namens Gordon Bondurant anderthalb Stunden lang dem feindlichen Maschinengewehrfeuer aus und setzte dabei nach und nach acht Deutsche mit seinem Gewehr außer Gefecht. Er vermochte auf diese Weise 40 gegnerische Soldaten so lange zu binden, bis der Rest der Kompanie sie umzingeln konnte. Am 16. Dezember gegen 16.00 Uhr war der Monte Lungo in alliierter Hand. Da die Alliierten nunmehr die Berge zu beiden Seiten von San Pietro besetzt hielten, liefen die Verteidiger des Ortes Gefahr, abgeschnitten zu werden. In der darauffolgenden Nacht trugen sie noch einen kurzen, heftigen Gegenangriff vor und räumten dann den Ort.

Obwohl seit dem Beginn der Offensive bereits zwei Wochen verstrichen waren, hatten die Alliierten noch nicht einmal die deutsche Hauptverteidigungslinie bei Cassino erreicht. Die 5. Armee hatte ihre schweren Verluste durch frische Kräfte – die 2. marokkanische und die 3. algerische Division – zum Teil wieder aufgefüllt, doch erkannte General Clark, daß seine Truppen von Ánzio noch viel zu weit entfernt waren, um sich mit dort an Land gehenden amphibischen Verbänden vereinigen zu können. Am 18. Dezember rang er sich daher widerstrebend zu der Empfehlung durch, die Ánzio-Landung vorerst abzusetzen. General Alexander stimmte zu – und damit war die Aussicht auf eine baldige Einnahme Roms dahingeschwunden.

Der alliierte Italienfeldzug war allem Anschein nach zum Erliegen gekommen und der Ánzio-Plan ad acta gelegt. Dabei wäre es möglicherweise geblieben, wäre nicht einer jener seltsamen Zufälle eingetreten, die bisweilen eine herausragende Einzelperson und durch sie ganze Armeen treffen. Winston Churchill erkrankte an Lungenentzündung, und vieles spricht dafür, daß die bald darauf eintretende dramatische Wende im Italienfeldzug durch dieses Ereignis herbeigeführt wurde.

Ende November und Anfang Dezember trafen die alliierten Staatsmänner – Roosevelt und Churchill in Kairo und kurz darauf Roosevelt, Churchill und Stalin in Teheran – zusammen, um ihre Globalstrategie festzulegen. Churchill war mit dem Verlauf dieser Konferenzen nicht zufrieden. Er plädierte für zusätzliche alliierte Operationen im östlichen Mittelmeerraum, mit denen er die Türkei auf die alliierte Seite ziehen wollte, stieß mit seinen Vorschlägen indes auf Ablehnung. Auch seine Forderung nach energischeren Anstrengungen zur Einnahme Roms fand nicht den Beifall seiner Bündnispartner. Der alliierte Hauptstoß sollte 1944 in Nordfrankreich erfolgen und eine Schwächung dieser Operation unter allen Umständen vermieden werden. Deprimiert und müde reiste Churchill am 11. Dezember nach Tunis, wo er in Eisenhowers Villa die Nacht verbringen wollte, um tags darauf in das Hauptquartier Alexanders und Montgomerys nach Italien zu fliegen. Bei der Ankunft in Tunis war er jedoch schwer krank. Sein Leibarzt stellte eine Lungenentzündung fest.

Auf seinem Krankenlager hatte Churchill genügend Muße, über den desolaten Zustand nachzudenken, in dem sich der Kriegsschauplatz Italien – sein Kriegsschauplatz – befand, und auf energische Abhilfe zu sinnen. Er beschloß, ein Telegramm an seine Stabschefs nach England abzuschicken, in dem er darüber Klage führte, daß „das Stagnieren des Feldzuges in ganz Italien ohne jeden Zweifel nachgerade zum Skandal" werde und daß seit drei Monaten, d. h. seit Salerno, überhaupt keine Kriegsschiffe im Mittelmeer für Sturmlandungen verwendet worden seien. Bald darauf rief er die für den Kriegsschauplatz Italien verantwortlichen

Militärs zu Besprechungen zu sich und teilte ihnen kurz und bündig mit, „die große amphibische Operation gegen Rom" müsse „unbedingt stattfinden".

Wenn Churchill sich etwas in den Kopf gesetzt hatte, dann war kaum jemand fähig, seinen Schmeicheleien, raffinierten Überredungskünsten und seiner aggressiven Argumentation etwas entgegenzusetzen. Er wies General Alexander an, erneut Pläne für eine Landung bei Ánzio vorzulegen. „Wenn wir diese Gelegenheit ungenutzt verstreichen lassen", verkündete er, „müssen wir 1944 mit dem Fehlschlag des Feldzuges im Mittelmeerraum rechnen."

Churchill war jetzt in einer etwas stärkeren Position. Aufgrund der in Kairo und Teheran getroffenen Beschlüsse sollte ein Wechsel in der obersten Kommandoführung erfolgen. Eisenhower sollte den Mittelmeerraum verlassen und sich als Oberbefehlshaber der alliierten Truppen in Europa hauptsächlich der Landung in Nordfrankreich widmen. An seinen Platz sollte im Mittelmeerraum ein Engländer, General Sir Henry Maitland Wilson, treten, so daß Churchill und die britischen Stabschefs nunmehr auf alliierter Seite die Hauptverantwortung für den Kriegsschauplatz Italien trugen.

Churchill war sich darüber klar, daß die für das Spätfrühjahr 1944 angesetzte Kanalüberquerung den Italienfeldzug zu relativer Bedeutungslosigkeit verurteilen würde, und war daher entschlossen, in der ihm noch zur Verfügung stehenden Zeit etwas auf seinem bevorzugten Kriegsschauplatz zu unternehmen. Und so verfiel er auf den Gedanken, seine eigene mißliche Lage psychologisch auszunutzen: Er hoffte, daß sein alter Freund Roosevelt ihm jetzt, wo er krank daniederlag, die Bitte, ihm für ein paar Wochen einige Landungsschiffe für Panzer (LST) zur Verfügung zu stellen, nicht abschlagen würde. Er richtete daher unverzüglich an den Präsidenten das Ersuchen, diese Landungsschiffe (LST) – die eigentlich jetzt nach England verlegt werden sollten – bis zum 15. Februar im Mittelmeerraum zu belassen. Roosevelt war einverstanden – ob aus Mitgefühl für den kranken britischen Premierminister oder weil er dessen Ziele bejahte (auch Roosevelt sah voraus, daß die Einnahme Roms die Kampfmoral der Achsenmächte schwächen würde), ist nicht bekannt. Die Schiffe würden also noch für eine Weile im Mittelmeerraum bleiben, und das Landeunternehmen konnte schließlich stattfinden.

Während Churchill in Tunis und später in Marrakesch seine Lungenentzündung auskurierte, nahmen die Pläne für die Ánzio-Landung rasch Gestalt an. General Clark kamen vorübergehend Bedenken: War wirklich genügend Schiffsraum vorhanden, nicht nur um Truppen an Land zu setzen, sondern auch um später die Versorgung des Landekopfes sicherzustellen? Was würde passieren, wenn er seine Frontlinie durch Abstellung der für Ánzio erforderlichen Kräfte schwächte? Würde die Entfernung zwischen Landekopf und Hauptkampflinie – 110 Kilometer – eine gegenseitige Unterstützung nicht unmöglich machen? Clark setzte sich indes alsbald über diese Zweifel hinweg. Die Einnahme Roms lohnte alle Anstrengungen. Am 2. Januar 1944 stellte er fest, er sei „ganz Feuer

*Ein Soldat einer marokkanischen Einheit, mit einem Burnus bekleidet, schärft vor einem Gefecht seinen Dolch. Diese sogenannten Goumiers oder Goums hatten als Kundschafter im nordafrikanischen Atlasgebirge gedient und waren bekannt für ihr Geschick, sich einen Weg durch scheinbar unpassierbares Gebirge zu bahnen, sowie für ihre Gewandtheit im Umgang mit Messern, die sie oft dazu benutzten, um einem gegnerischen Soldaten die Ohren oder den Kopf abzuschneiden.*

und Flamme" für die Idee einer Landung bei Ánzio, deren Absetzung er vierzehn Tage zuvor noch empfohlen hatte. Am 14. Januar flog der inzwischen genesene Churchill höchst befriedigt und zuversichtlich nach England zurück.

Das Datum für die Landung bei Ánzio wurde auf den 22. Januar festgelegt: Den Panzer-Landungsschiffen (LST) sollte vor ihrer für den 15. Februar vorgesehenen Verlegung noch etwas – wenn auch nicht viel – Zeit für einige Versorgungsfahrten zum Landekopf gegeben werden. Vor der Anlandung sollte die 5. Armee im Süden einen Großangriff vortragen, mit dem man dreierlei erreichen wollte: Fesselung des deutschen Gegners, Abziehen deutscher Verstärkungen aus dem Raum um Rom, die dann für einen Gegenangriff bei Ánzio nicht zur Verfügung stehen würden, und Einbruch ins Liri-Tal, um nordwärts zur Vereinigung mit den Landungstruppen vorzupreschen.

In den ersten beiden Januarwochen überwanden amerikanische, britische und französische Kolonialtruppen unter außerordentlichen Anstrengungen und hohen Verlusten die letzten Stützpunkte des Gegners vor seiner Hauptkampflinie bei Cassino. Befestigte Stellungen entlang den Flüssen Garigliano und Rapido sowie auf den beherrschenden Höhen, die zu beiden Seiten – zur Linken bei Sant' Ambrogio und zur Rechten über und hinter der Stadt Cassino – wie Torpfosten aufragen, sicherten dort den elf Kilometer breiten Eingang in das Liri-Tal.

Nach Clarks Schlachtplan sollte das Französische Expeditionskorps – Marokkaner und Algerier – die Höhen im Norden von Cassino und die Briten gleichzeitig die bei Sant' Ambrogio nehmen. Im Anschluß daran sollte die amerikanische 36. Infanteriedivision den Hauptstoß, einen Angriff über den Rapido in der Mitte des Taleingangs, führen. Nach der Errichtung eines Brückenkopfes über den Rapido durch die 36. sollte die amerikanische 1. Panzerdivision über den Fluß setzen und durch die 36. hindurch auf dem verhältnismäßig flachen Gelände nordwärts in Richtung Frosinone und Ánzio vorpreschen. Man hoffte, diese Operationen noch vor dem Landungsunternehmen oder zumindest bald nach dem 22. Januar durchführen zu können.

Am 12. Januar traten die Franzosen auf dem rechten Flügel zum Angriff an und versuchten, die hinter und über Cassino hochragen-

*Generalfeldmarschall Albert Kesselring kommandierte als Oberbefehlshaber Süd zunächst die deutschen Luftstreitkräfte im Mittelmeerraum und Nordafrika. Im November 1943 übertrug Hitler ihm den Oberbefehl über den gesamten italienischen Kriegsschauplatz mit der Dienstbezeichnung „Oberbefehlshaber Südwest". Ursprünglich hatte Kesselring 29 Jahre in der Artillerie gedient, bis er im Oktober 1933 mit 48 Jahren zur Luftwaffe übergetreten war und fliegen gelernt hatte.*

den Berge zu nehmen, mußten jedoch nach viertägigen erbitterten Kämpfen – darunter vielen mit Handgranaten und Bajonetten ausgefochtenen Nahkämpfen – erschöpft innehalten. Diese Eingangspforte ins Tal blieb in deutscher Hand.

Am 17. Januar erzwangen die 5. und 56. Division des britischen X. Korps auf dem äußersten linken Flügel gegen die deutsche 94. Infanteriedivision – jene Division, deren von Hitler empfohlener Einsatz an der Abwehrfront von General v. Vietinghoff als „unsinnig" bezeichnet worden war – den Übergang über den Garigliano. Diese alliierte Operation war in erster Linie als Ablenkungsangriff gedacht gewesen. Der Angriff der Briten verlief indes derart erfolgreich und der von ihnen errichtete Brückenkopf stellte eine solche Bedrohung dar, daß Kesselring später feststellte, das Schicksal des rechten Flügels der deutschen 10. Armee habe „am seidenen Faden gehangen". Da ihm die Schwäche seiner 94. Division bekannt war, „spielte er seine Trumpfkarte aus", wie General v. Senger sich ausdrückte, indem er, um „die Lage wiederherzustellen", dem deutschen XIV. Panzerkorps die beiden südlich von Rom als Heeresgruppenreserve stehenden Panzergrenadierdivisionen zuführte. Clarks 5. Armee hatte somit, ohne daß ihr Oberbefehlshaber dies ahnte, deutsche Truppen aus dem Raum des geplanten amphibischen Angriffs abgezogen und somit eines ihrer Operationsziele erreicht.

Doch dann schlugen die Versuche der Briten fehl, den Brückenkopf über den Garigliano durch Einnahme der Höhen bei Sant' Ambrogio zu erweitern. Der 46. Division gelang es nicht, den Fluß zu überqueren, hauptsächlich deshalb, weil die starke Strömung die Seile der Flöße und Fähren zerriß. General Clark bemerkte, dies sei „recht unangenehm" gewesen. Es bedeutete nämlich, daß die 36. Division ihren Angriff über den Rapido ohne jeden Flankenschutz würde vortragen müssen. Von seinem Entschluß, über den Rapido zu gehen, ließ Clark sich dadurch jedoch nicht abbringen. „Ich bin der Meinung, daß dieser Angriff von wesentlicher Bedeutung ist, bin mir freilich auch darüber klar, daß er uns schwere Verluste kosten wird", notierte er in seinem Tagebuch. Nur durch einen Angriff, meinte er, könne er alle deutschen Truppen an seine Front binden und den Weg nach Ánzio freimachen. „Der Angriff ist beschlossene Sache", erklärte Clark.

General Walker, der Kommandeur der 36. Division, sah dem Unternehmen mit beträchtlichen Befürchtungen entgegen. „Der Fluß bildet das wesentliche Hindernis der deutschen Hauptkampflinie", notierte er in seinem Tagebuch. „Mir ist aus der Kriegsgeschichte kein einziger Fall einer erfolgreichen Überquerung eines in die Hauptkampflinie einbezogenen Flusses bekannt. Ich rechne daher mit einer schweren Niederlage."

Der Rapido ist ein ziemlich unscheinbarer Fluß. Er ist nur zwischen 8 und 15 Meter breit, und seine steil ansteigenden Ufer sind etwa einen Meter hoch. Er hatte jedoch zu dieser Jahreszeit eine reißende Strömung, war dreieinhalb Meter tief, und sein Wasser war eiskalt. Um einem Angreifer jegliche Deckung zu nehmen, hatten die Deutschen zu beiden Seiten des Flusses sämtliche Bäume gefällt. Auf der amerikanischen Seite war das bei Hochwasser überschwemmte Gebiet nicht ganz zwei Kilometer breit; einen großen Teil davon hatten die Deutschen durch Schließung von flußaufwärts gelegenen Stauanlagen überflutet. Die noch festen und die schilfbewachsenen Stellen hatten sie vermint. Da keine von schweren Lastwagen befahrbare Straße über die sumpfige Niederung führte, mußten die Sturmtruppen ihre Boote, Trossen und Brücken drei oder noch mehr Kilometer bis zu den Übersetzstellen tragen. Da bei Tage jede Bewegung einen sofortigen Feuerschlag aus deutschen Artilleriegeschützen und Granatwerfern hervorgerufen hätte, mußte der Angriff überdies im Schutz der Dunkelheit erfolgen. Der 36. Division stand die schwierigste Aufgabe bevor, die der Infanteriekampf kennt: die nächtliche Überquerung eines stark verteidigten Flusses.

Die deutsche Hauptkampflinie am jenseitigen Ufer – ein tiefgestaffeltes Verteidigungssystem aus Unterständen, Betonbunkern und Splittergräben, die durch Drahtverhaue, getarnte Sprengkörper und Tausende von Minen gesichert waren – war im Zickzack angelegt, so daß übergesetzte Sturmtrupps in flankierendes MG-Feuer geraten würden. Etwa zwölf Meter über dem Rapido lag auf dem hier steil abfallenden Flußufer die schon längere Zeit zuvor von alliierten Bomben und Granaten in einen Trümmerhaufen verwandelte Stadt Sant' Angelo. Ihre Ruinen boten den Deutschen, die den Ort zu einem starken Stützpunkt ausgebaut hatten, hervorragende Abwehrstellungen.

Man brauchte nicht die Militärakademie absolviert zu haben, um zu erkennen, welchen unlösbaren Problemen die Angreifer gegenüberstehen würden. „Verflucht noch mal, fast sämtliche Spähtrupps, die wir in den Nächten vor dem Übergang den Fluß runterschickten, kamen nicht wieder", erinnerte sich Billy Kirby, ein Stabsfeldwebel aus Gatesville, Texas, später. „Es war eine ideale Abwehrstellung. Wer nur etwas Erfahrung hatte, wußte, daß man da ganz bestimmt nicht rüberkam."

Die 36. Division wäre mit dieser Aufgabe selbst dann überfordert gewesen, wenn sie sich in gutem Zustand befunden hätte. Sie war jedoch stark angeschlagen. Die Kämpfe bei Salerno hatten sie schwer mitgenommen, und bei San Pietro war sie ausgeblutet. Sie war dann in größter Hast mit frontunerfahrenen Soldaten aufgefüllt worden. Viele ihrer Offiziere waren Neulinge, die ihre Männer noch nicht kannten. Sei es nun, daß sich die Truppen von General

# „WILLIE“ UND „JOE“

Als Karikaturist verfügte Bill Mauldin über genaue Beobachtungsgabe und Sinn für das Wesentliche.

*„Das geht vorüber, Joe. Ich habe auch schon mal vorgehabt, ein Buch über die Armee zu schreiben.“*

Für Tausende von US-Infanteristen in Italien waren die Karikaturen des Heeresfeldwebels Bill Mauldin Abbild ihres Lebens an der Front. Mauldins realistische Darstellungen amerikanischer GIs ließen zynischen Humor, aber auch echtes Mitgefühl erkennen und machten ihren Schöpfer zum Fürsprecher des gemeinen Soldaten und zum beliebtesten amerikanischen Kriegskarikaturisten. Mauldin hatte mit Hilfe eines Fernkurses das Zeichnen gelernt.

Mauldins Hauptfiguren waren Willie und Joe, zwei unrasierte, abgerissene Infanteristen mit vorquellenden Augen, die die meiste Zeit in Italien eingesetzt waren. Sie schwitzten und froren in ihren Erdlöchern und schimpften über die Verpflegung, die Militärpolizei und die „hohen Tiere“ in der Etappe – eine Haltung, die ihren Schöpfer in Konflikt mit seinen nächsten Dienstvorgesetzten brachte.

Mauldin wußte sehr wohl, warum seine Karikaturen bei der kämpfenden Truppe soviel Anklang fanden. „Ich kann den Krieg nicht als lustige Angelegenheit darstellen“, äußerte er. „Ich muß mich auf den Versuch beschränken, die komischen Situationen, die mit dem Elend stets einhergehen, aufzuzeigen.“

## UND IHR SCHÖPFER BILL MAULDIN

„Laß 'n rein. Will mal 'n Wesen sehen, das mir leid tun kann."

„Find' ich den, der die 8,8 erfunden hat, geb' ich Bescheid."

Walkers Pessimismus hatten anstecken lassen oder daß sie aufgrund eigener Beobachtungen zu einer negativen Einschätzung des ihnen bevorstehenden Unternehmens gekommen waren – jedenfalls waren sie alles andere als siegesgewiß. „Wir hatten das Gefühl, wir würden verheizt, und glaubten nicht, daß wir rüberkämen", äußerte Kirby, „aber wir wollten uns trotzdem bis zum Letzten einsetzen." Unterfeldwebel Charles R. Rummel, ein stellvertretender Zugführer aus Waco, Texas, meinte: „Wir gaben die Sache von vornherein verloren, aber wir konnten uns dem erteilten Auftrag natürlich nicht entziehen."

General Walker beabsichtigte, mit zwei Regimentern in Stärke von je rund 3000 Mann anzutreten: Das 141. Infanterieregiment sollte im Norden von Sant' Angelo über den Fluß gehen und das 143. Infanterieregiment südlich davon. Sobald sie Brückenköpfe errichtet hätten, sollten sie sich hinter Sant' Angelo vereinigen und den Ort abschnüren. Den Sturmtruppen waren mehrere Sturmpionier-Bataillone zugeteilt, die in der Nacht vor dem Übergang Minengassen räumen und mit Markierungsbändern kennzeichnen sollten, um dann die Infanterie in ihre Uferabschnitte einzuweisen und ihr beim Aussetzen der vorbereiteten Sturmboote behilflich zu sein. Anschließend sollten die Pioniere Stegbrücken schlagen und, sobald die Ufer nicht mehr unter Feindfeuer lagen, größere Brücken bauen, über die schweres Gerät und anderer, im weiteren Verlauf der Kampfhandlungen dringend benötigter Nachschub hinübergeschafft werden könnte.

Der Angriff begann am 20. Januar um 20.00 Uhr bei dichtem Nebel, der die Sicht auf wenige Meter beschränkte. Die Soldaten gingen mit aufgepflanztem Bajonett vor und schleppten große 24-Mann-Flöße aus Gummi und vier Meter lange 12-Mann-Sturmboote, die 190 Kilogramm wogen und außerordentlich sperrig waren. Kaum hatten sie sich in Marsch gesetzt – sie waren noch anderthalb Kilometer vom Fluß entfernt –, da schlugen die ersten deutschen Granaten ein. Eine Infanteriekompanie verlor durch eine einzige Lage 30 Mann; der Kompaniechef war bereits tot und sein Stellvertreter verwundet, als sie noch nicht einmal die Hälfte des Weges zum Fluß zurückgelegt hatte. Granatsplitter durchlöcherten die Gummiflöße und zersplitterten die schweren Holzboote. Die Markierungsbänder, mit denen die Pioniere die mühsam geräumten Minengassen gekennzeichnet hatten, waren zerrissen oder im Schlamm versunken. Etliche waren auch von den Deutschen entfernt worden, die kurz zuvor den Fluß überquert und neue Minen gelegt hatten. Bei Dunkelheit und dichtem Nebel fanden sich die Einweiser nicht mehr zurecht und gerieten in Minenfelder. Leichen, Verwundete und Trümmer versperrten den Weg, und der Vorstoß kam ins Stocken.

Als die Soldaten des 141. Infanterieregiments endlich zu ihrer Übersetzstelle kamen, hatten sie schon etwa ein Drittel ihrer Sturmboote eingebüßt. Von den vier Stegen, die die Pioniere bauen sollten, war einer durch heftige Minendetonation zerstört worden, ein weiterer erwies sich am Ufer als schadhaft, und die restlichen zwei wurden noch während des mühsamen Aufbaues durch deutsche Granaten zerfetzt.

Als man die restlichen Boote zu Wasser brachte, gingen mehrere sofort unter, weil sie ebenfalls auf dem Anmarschweg durchlöchert worden waren. Etliche wurden von der Strömung weggerissen, und andere kenterten, da die Truppe nicht mit ihnen umzugehen wußte. In dem allgemeinen Durcheinander wuchs sich die Mutlosigkeit zur Panik aus. Einige Soldaten ließen sich mit Absicht ins Wasser fallen und andere weigerten sich, die Boote zu besteigen. Nicht einmal 1000 Mann vermochten den Fluß zu überqueren und sich am jenseitigen Ufer einzugraben, wo sie vor dem Weitermarsch das Eintreffen von Verstärkungen abwarten wollten.

Gegen 4.00 Uhr gelang es den Pionieren, aus sichergestellten Teilen der zerstörten Stege eine Brücke fertigzustellen – sieben Stunden nach Angriffsbeginn. Obwohl sie unter ständigem Beschuß lag und von Wasser und Blut glitschig war, gingen 350 Mann hinüber. Doch bald nach Dunkelwerden verstärkten die Deutschen ihr Feuer und zerschossen die Brücke und die restlichen Boote, so daß die am jenseitigen Ufer kämpfenden Männer plötzlich abgeschnitten waren. Da zudem ihre Fernsprechleitungen durchschnitten und ihre Batteriefunkgeräte verstummt waren, bestand keinerlei Verbindung mehr mit ihnen. Man konnte lediglich ihr Feuer hören, das aber in dem Maße, wie die Deutschen näher kamen, abflaute und immer mehr verstummte.

Das 143. Infanterieregiment war anfänglich erfolgreicher und vermochte im Süden von Sant' Angelo vor Tagesanbruch ein Bataillon in Stärke von rund 1000 Mann über den Fluß zu setzen. Doch als die Dämmerung hereinbrach, erhielt diese Kampfgruppe schweres Artilleriefeuer von den feindlichen Stellungen. Der schmale Brückenkopf wurde von deutschen Panzern und Artillerie auf Selbstfahrlafetten umstellt, die die Amerikaner mit vernichtendem Feuer belegten. Der Bataillonskommandeur, Major David M. Frazior, sah sich unter diesen Umständen gezwungen, um die Genehmigung zum Rückzug nachzusuchen, und gegen 10.00 Uhr waren alle Soldaten, die dazu imstande waren, wieder über den Rapido zurückgegangen.

Am Spätnachmittag jenes Tages nahmen die Amerikaner im Schutz einer dichten, von der Artillerie gelegten Einnebelungswand einen neuen Anlauf. Die Deutschen setzten sich wiederum mit äußerster Erbitterung zur Wehr, und den Angriffstruppen war das Entsetzen über diesen Gegner abermals ins Gesicht geschrieben. Der 22jährige Unterfeldwebel Kirby, damals Führer des MG-Zuges im III. Bataillon – das in der vorangegangenen Nacht nicht imstande gewesen war, auch nur einen einzigen Mann über den Fluß zu setzen –, schilderte den Übergang vom 21. Januar: „Wir lagen unter ständigem Beschuß. Ich sah, wie die Boote ringsum getroffen wurden und einige Kerle herausfielen und schwammen. Ich habe nie erfahren, ob sie das andere Ufer erreicht haben oder untergegangen sind. Ich war in einem Schlauchboot mit drei aufgepumpten Kammern. Eine Kammer bekam einen Treffer, und die Luft ging raus, aber wir gingen trotzdem nicht unter.

„Als wir schließlich unter schwerem Beschuß am anderen Ufer des Rapido ankamen, war es für mich zum ersten Mal in all diesen Kämpfen so, wie man den Krieg im Film gezeigt kriegt. Ich hatte noch niemals so viele Leichen gesehen – unsere eigenen Kameraden. Ich erinnere mich noch, wie ein junger Kerl von einem Maschinengewehr getroffen wurde: Die Geschosse schoben seinen Körper weg, als ob er eine Konservendose wäre.

„Wir hatten in unserer Einheit einen Neuen, einen alten Knaben aus Westtexas. Der war zäh wie Leder und wollte den Krieg ganz allein gewinnen. Er brannte darauf hinüberzukommen: ‚Wenn wir erst drüben sind', sagte er uns, ‚kommt es nur darauf an, daß wir genügend Munition kriegen!'

„Drüben angekommen, sah er eine Leiche, die in Stücke gerissen war. Da fiel er auf der Stelle in Ohnmacht. Wir brachten ihn wieder zu sich, aber er fiel sofort wieder um. Ich will nicht sagen, daß er kein guter Soldat war – man wußte eben selbst nie, wie man wirklich reagieren würde."

Kirbys Kompanie robbte unter dem pausenlosen feindlichen Feuer langsam vorwärts und überwand zwei Drahtverhaue. „Wir kamen so dicht ran, daß wir hören konnten, wie die Deutschen miteinander sprachen", berichtete er. „Ich kann nicht genau sagen, wie nahe, aber nach meinem Empfinden waren sie nicht weiter von uns weg als eine Straßenbreite."

Inzwischen war es dunkel geworden; die am jenseitigen Ufer angekommenen Einheiten hatten jegliche Verbindung miteinander verloren. Kirbys Kompaniechef befahl ihm, nach rechts Anschluß herzustellen, wer immer dort sei. „Ich robbte herum und versuchte irgend jemand zu finden, als ich plötzlich das Gefühl hatte, irgendwer haute mich mit der Faust kräftig auf die Schulter. Dann merkte ich, wie das Blut floß, und wußte, daß ich was abgekriegt hatte. Plötzlich kam einer und brachte mich zum Fluß runter. Er fand unser Schlauchboot mit noch einer schwimmfähigen Kammer und schaffte mich irgendwie zurück. Wie, weiß ich nicht. Ich hatte eine Menge Blut verloren und fühlte mich ziemlich elend." Kirby erfuhr später, sein Kompaniechef sei wenige Minuten nachdem er ihm den Befehl erteilt hatte, durch eine deutsche Granate ums

Leben gekommen. „Wir haben fast alle was abgekriegt", erinnerte Kirby sich. „Von meinen Freunden in der Kompanie ist kein einziger heil davongekommen. Sie sind entweder gefallen oder schwer verwundet worden."

Kirbys Freund, Feldwebel Rummel, wurde sofort durch das flachliegende deutsche Dauerfeuer an beiden Unterschenkeln getroffen. „Ich spürte überhaupt keinen Schmerz", berichtete Rummel. „Ich war bloß zu Tode erschrocken. Es herrschte ein fürchterliches Durcheinander. Zwei von den Jungens wollten mich nach hinten bringen, aber das Feuer war so stark, daß ich ihnen gesagt habe, sie sollten sehen, wie sie am besten rauskämen." Er sammelte dann robbend Sulfonamidtabletten von „Kerlen, die sie nicht mehr brauchten" – seinen gefallenen Kameraden – ein und schluckte etliche hinunter. „Wenn ich mich bewegte, konnte ich jedesmal hören, wie meine Knochen knackten. Mein rechtes Bein war so zerfetzt, daß ich meinen Stiefel nicht mehr ausziehen konnte; deswegen kam ich dann nach hinten." Bald darauf verlor Rummel das Bewußtsein.

In dem furchtbaren Feuerhagel verlor ein Bataillon seine sämtlichen Kompaniechefs. Ein anderes büßte in vier Stunden nacheinander drei Kommandeure ein: Der erste wurde verwundet, und die beiden anderen fielen. Major Milton J. Landry, Bataillonskommandeur im 141. Infanterieregiment, wurde in rascher Folge dreimal verwundet, das letzte Mal auf einer Tragbahre auf der amerikanischen Flußseite, nachdem man ihn gerade unter großen Schwierigkeiten abtransportiert hatte.

Die Schlacht dauerte die ganze Nacht und den folgenden Tag, den 22. Januar, über fort. Die meisten der von den Amerikanern erbauten Brücken wurden im Verlauf des Tages wieder zerstört. Kleine Gruppen von Verwundeten und entkräfteten Soldaten gingen über den Fluß zurück. Viele ertranken in den Fluten. Als es abermals Nacht wurde, verstummten die amerikanischen Waffen am jenseitigen Ufer nach und nach. Gegen 23.00 Uhr breitete sich Stille aus. Sämtliche GIs, die sich auf der deutschen Seite des Rapido befunden hatten, waren nach schweren Kämpfen entweder in Gefangenschaft geraten, verwundet oder tot.

Für einige der alliierten Soldaten war der Alptraum jedoch noch lange nicht zu Ende. Auf der gegnerischen Seite des Flusses schleppte sich Charles Rummel mit seinen zerschossenen Beinen – „ich fiel aus einer Ohnmacht in die andere und hatte jedes Zeitgefühl verloren" – tagelang von Erdloch zu Erdloch, aß, was er an Rationen bei gefallenen Kameraden finden konnte, und suchte sich vor den Deutschen zu verstecken. „Ich konnte sie oft sprechen hören, aber lange Zeit kam keiner der deutschen Soldaten so nahe heran, daß er sehen konnte, daß ich noch nicht tot war. Ich war nach kurzer Zeit völlig durchnäßt und fror entsetzlich. Jedes Loch, in das ich kroch, war voll Wasser."

Einmal geriet er in ein zweistündiges alliiertes Trommelfeuer. „Ich war mittendrin. Unsere Geschütze schossen mit Phosphorgranaten, und ich rechnete jede Minute damit, daß eine in mein Loch fallen würde." Am 25. Januar wurde eine kurze Waffenruhe vereinbart, während derer die Amerikaner den Fluß überqueren konnten, um ihre Toten und Verwundeten zu bergen; der halb bewußtlose Rummel merkte jedoch nicht, was vor sich ging, und wurde deshalb übersehen. Schließlich wurde er von einem Trupp deutscher Soldaten entdeckt, die ihm Kommißbrot anboten, „das ich nicht runter bekam", und ihn in ein Feldlazarett brachten, wo man ihm beide Beine amputieren mußte. Er wurde später gegen deutsche Gefangene ausgetauscht.

Die 36. Division hatte in einem fast 48 Stunden dauernden Kampf über 1000 Mann eingebüßt, ohne den geringsten Einbruch in die deutsche Linie zu erzielen. Anschließend entbrannte sogleich ein hitziger Streit um Sinn und Zweck der Operation, und nach Kriegsende forderte der Kameradschaftsverband ehemaliger Angehöriger der 36. Division den US-Kongreß zu einer Untersuchung des „Fiaskos am Rapido" auf. Er legte es Mark Clark zur Last, den er als „unerfahren und unfähig" bezeichnete. Der Kongreß kam indes nach eingehender Prüfung des Falles zu dem Schluß, daß General Clark keine Schuld treffe. Der Kriegsminister, Robert P. Patterson, erklärte: „Die Aktion, die der 36. Division aufgetragen wurde, war notwendig, und General Clark bewies ein gesundes Urteilsvermögen bei der Planung und Leitung der Operation."

Clark selber blieb fest davon überzeugt, daß der Angriff notwendig war, um den Erfolg der Anzio-Landung zu gewährleisten. „Wenn wir irgendwo Opfer bringen mußten – und wir wußten, daß dies unausweichlich war –, dann war es besser, es nicht an der Landungsfront zu tun, sondern an einer Stelle, wo wir uns schon festgesetzt hatten."

Laut General v. Senger hatten die Übergänge über den Rapido jedoch keinerlei Auswirkungen auf die Dispositionen der Achsenstreitkräfte im Norden: „Die deutsche Führung beschäftigte sich schon deshalb wenig mit dieser Offensive", schreibt er in seinem Buch *Krieg in Europa*, „weil sie ihr keine Sorge machte. Der Angriff zog nicht einmal örtliche Reserven der 15. Pz.Gr.Div. an, geschweige Reserven von anderen Teilen der Front."

Während am 22. Januar der letzte Angriff am Rapido endgültig fehlschlug, landeten die Alliierten bei Anzio. Falls einige der Landungstruppen angespannt nach Südwesten horchten in der Hoffnung, den fernen Geschützdonner ihrer das Liri-Tal hinauf heranrückenden Kameraden zu vernehmen, so erlebten sie eine herbe Enttäuschung. Es herrschte Schweigen.

# BEDROHTE KUNSTSCHÄTZE

*Deutsche Soldaten zeigen einem Sachverständigen Botticellis „Pallas Athene bändigt den Kentauren", bevor das wertvolle Bild nach Österreich geschafft wird.*

# DAS MUSEUM, DAS ZUM SCHLACHTFELD WURDE

*Oberstleutnant DeWald (links) und ein anderer US-Offizier begutachten einige aus den Trümmern der Kirche Monte Oliveto in Neapel gerettete Statuen.*

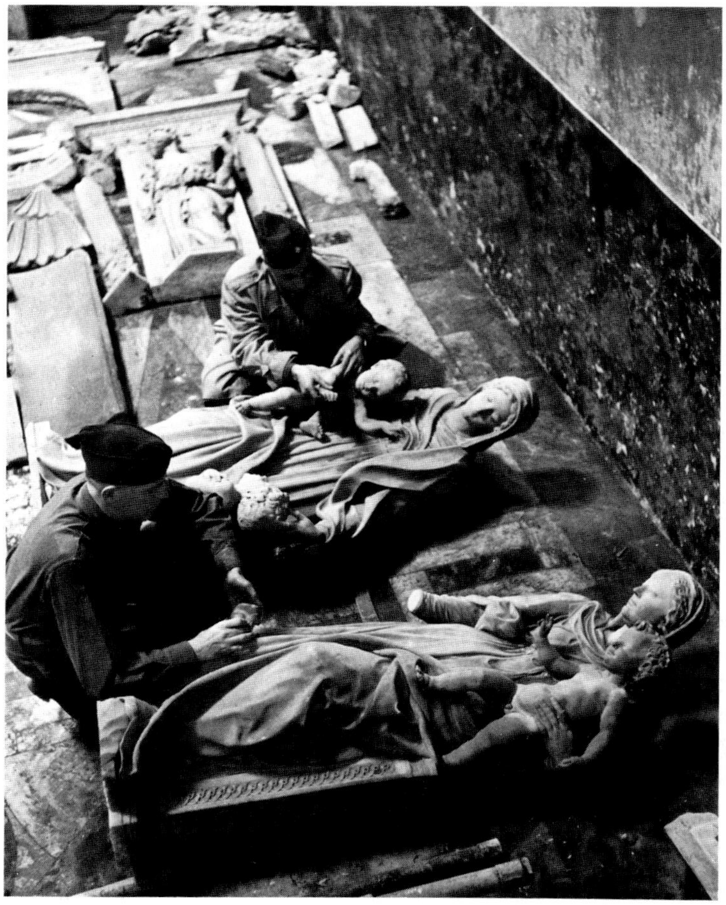

Im Jahre 1944 äußerte Generalfeldmarschall Albert Kesselring, er habe erst in Italien erfahren, was es bedeute, in einem Museum Krieg zu führen. In fast jeder Ortschaft befand sich eine Fülle von Kulturdenkmälern vergangener Zeiten – Fresken, Statuen, Kirchen, mittelalterliche Klöster, römische Brücken und Aquädukte, barocke Brunnen und Renaissancegemälde. Als sich die Alliierten und die Deutschen durch die Korridore dieses vollgestopften Museums hindurchzukämpfen begannen, geriet ein großer Teil des kulturellen Erbes Italiens – und des Abendlandes – in Gefahr.

Die italienischen Behörden und die einander bekriegenden Armeen machten alle möglichen Anstrengungen, um die Kunstschätze des Landes zu schützen. Der Kraftwagenpark der deutschen Wehrmacht stellte den Italienern für die Auslagerung von Meisterwerken kostbaren Treibstoff und Lastwagen zur Verfügung. Die Alliierten riefen ihrerseits die „Subcommission for Monuments, Fine Arts and Archives" (Unterkommission für Denkmäler, schöne Künste und Archive), abgekürzt MFAA, ins Leben, die die Bombenschützen und Infanteriekommandeure darüber informierte, welche Kunstdenkmäler nach Möglichkeit geschont werden sollten. Nach der Einnahme einer Stadt durch die Alliierten fahndeten die Mitarbeiter der MFAA sogleich nach verschollenen Kunstwerken; desgleichen halfen sie den Italienern bei Restaurierungsarbeiten.

Doch alle Kunstschätze zu retten oder zu schonen, erwies sich als unmöglich. Bei den alliierten Luftangriffen auf militärische Ziele in den alten Städten Italiens fielen viele unersätzliche Kunstdenkmäler der Zerstörung anheim. Und die zurückweichenden Deutschen ließen – voller Wut über Italiens Kriegsaustritt – einige der besten Gemälde und Skulpturen mitgehen. Florenz wurde von ihnen zur „offenen Stadt" erklärt, und alle Brücken, mit Ausnahme des Ponte Vecchio, den Hitler besonders schätzte, wurden anschließend gesprengt. Um zu verhindern, daß die Alliierten ihn als Übersetzstelle über den Arno benutzten, sprengten sie die mittelalterlichen Gebäude an beiden Enden der Brücke.

Staunenerregend war jedoch die geringe Anzahl der beschädigten oder zerstörten Kunstdenkmäler. „Bedenkt man das Ausmaß und die Intensität der Kampfhandlungen", äußerte Oberstleutnant Ernest T. DeWald, der Leiter der MFAA, nach Abschluß seiner erfolgreichen Tätigkeit in Italien, „so muß man sich wundern, daß derart viele erhalten geblieben sind."

Dichter Rauch liegt über den Trümmern der Brücke Santa Trinità, der schönsten Renaissancebrücke von Florenz. Die Deutschen sprengten sie bei ihrem Rückzug.

*Zu einer Pyramide aufgetürmte Sandsäcke sollen die 2100 Jahre alte Statue des Sterbenden Galliers in Roms Kapitolinischem Museum schützen.*

*Ein Gerüst und mit Bimsstein gefüllte Säcke sichern den Konstantinsbogen in Rom.*

## DIE RETTUNG RÖMISCHER KUNSTWERKE

Lange bevor Italien zum Kriegsschauplatz wurde, ergriffen die Behörden des Landes Maßnahmen zum Schutz seiner Kunstdenkmäler, wobei ihr besonderes Augenmerk jenen Werken galt, die nicht ausgelagert werden konnten. Hunderte von Kunstdenkmälern wurden mit Sand- oder Bimssteinsäcken umhüllt, antike Säulen in Ziegelstein und Beton eingemauert *(rechts)* und brüchige Bögen mit Stützpfeilern versehen.

Mosaike wurden mit Jute und dann mit Aluminiumfolie bedeckt, durch die sie gegen die bei Bombenwürfen und Bränden entstehende Hitze geschützt wurden. Fresken wurden mit Glaswolle und Folie verhängt. Dabei mußte man sorgfältig darauf achten, daß zwischen Freske und Schutzhülle eine kleine Luftschicht blieb, damit die Malerei nicht beschädigt wurde und sich kein Schimmel bilden konnte.

*Die im Jahre 176 n. Chr. errichtete Mark-Aurel-Säule ist bereits zu einem großen Teil ummauert. Die Umkleidung des Monuments beanspruchte mehrere Monate.*

*Kaiser Mark Aurel – von seinem Pferd auf der Piazza Campidoglio in Rom abgenommen – liegt in einem Museum, bereit zum Abtransport in ein sicheres Gewölbe.*

*Zwei sehr sorgfältig verpackte Bronzestatuen wurden zur Auslagerung an einen sicheren Ort bereitgestellt.*

## SICHERE VERSTECKE FÜR UNSCHÄTZBARE WERTE

Während viele Kunstdenkmäler mit Sandsäcken und Schutzhüllen versehen wurden, lagerte man fast alle transportablen Kunstgegenstände in abgelegene Villen, Bauernhäuser, Schlösser und Klöster aus und mauerte etliche sogar unter den Bögen der römischen Aquädukte ein.

Eines der größten Magazine war das Castello Montegufoni nahe Florenz, in dem sich 246 Ölgemälde befanden. Im Jahre 1944 stießen der britische Schriftsteller Eric Linklater und der BBC-Korrespondent Vaughan Thomas bei einem Rundgang durch das Castello auf diese Schätze. Hinter einem Nebeneingang entdeckten sie drei oder vier an eine Wand gestellte Ölbilder, die sie zwar für hervorragend, aber doch für Kopien hielten. Dann betraten sie einen anderen Raum, in dem sich weitere ausgelagerte Bilder befanden, einige davon in Kisten, andere in Packpapier eingeschlagen und wieder andere ohne jede Umhüllung. Thomas sah sich daraufhin die übrigen Räume an und rief dann aus: „Das ganze Haus ist mit Bildern vollgestopft und die Kisten sind zum Teil beschriftet! Sie stammen aus den Uffizien und dem Palazzo Pitti!"

In einem anderen Raum standen ein Schlachtgemälde und „eine düster wirkende, dunkelgewandete Madonna auf goldenem Grund". Linklater rief: „Giotto!" Und Thomas: „Uccello!" Linklater berichtete, sie seien „vor Entzücken und Erstaunen erstarrt stehengeblieben. Achtlos an die Wand gestellt, glichen Giottos *Madonna* und Uccellos *Schlacht von San Romano* verbannten Königen, die sich mit dem Volk gemein machen müssen. Der Krieg hatte sie von dem ihnen gebührenden Platz vertrieben."

Der Kastellan, Guido Masti, bekam für die Bewachung der damals auf 320 Millionen Dollar geschätzten Gemälde ganze 17 Lire pro Tag. Doch für ihn zählte nicht das Geld, sondern allein die Ehre. „Diese Bilder gehören nicht einem einzelnen Volk", äußerte er stolzerfüllt, „sondern der ganzen Welt."

# KUNSTRAUB IN GROSSEM STIL

Im Verlauf des italienischen Feldzugs wurden Kunsträuber für Italiens Schätze zu einer ebensolchen Gefahr wie die Bomben und Granaten. Sowohl alliierte als auch deutsche Soldaten eigneten sich große und kleine Kunstgegenstände an, doch als der größte Plünderer erwies sich Adolf Hitler. Dieser plante, in Linz die prächtigste Gemäldesammlung der Welt einzurichten. Nach der Errichtung des deutschen Besatzungsregimes in Italien 1943 wurde dieses Land zu seinem bevorzugten Jagdrevier.

Hitlers Hauptbeauftragter war der SS-Standartenführer Dr. Alexander Langsdorff, der Leiter der Deutschen Kunstkommission. Im Juli 1944 beschlagnahmten Langsdorffs Leute in einem Magazin nahe Florenz 297 Gemälde, darunter Bellinis *Pietà,* Botticellis *Pallas Athene bändigt den Kentauren* und Tintorettos *Venus, Amor und Vulkan.* Außerdem eigneten sie sich noch 58 Kisten mit wertvollen Skulpturen an, während sie zugleich an die Alliierten appellierten, die Villa, in die die Kunstwerke ausgelagert gewesen waren, nicht mit Bomben zu belegen.

Der Großteil der geraubten Kunstgegenstände wurde nach Südtirol und in österreichische Salzbergwerke gebracht. Die Deutschen raubten zwar auch in den übrigen der von ihnen besetzten Ländern Tausende von Kunstwerken, doch waren die aus Italien stammenden Gemälde und Skulpturen nach Ansicht eines Mitarbeiters der alliierten MFAA wertvoller als sämtliche übrigen Beutestücke zusammengenommen.

*Niemand weiß, wohin die links abgebildeten Meisterwerke – Domenico Venezianos „Maria mit Kind", G. B. Utilis „Heiliger Sebastian" und die von Michelangelo nach der Überlieferung im Alter von 15 Jahren geschaffene Marmormaske eines Fauns – im Zweiten Weltkrieg geraten sind.*

*Die schlimmste Zerstörung italienischer Kunstdenkmäler während des Weltkrieges fand am 11. März 1944 statt, als eine Bombe in der Eremitani-Kirche in Padua einschlug und die nebenstehend abgebildeten Darstellungen aus dem Leben der Apostel von Andrea Mantegna vernichtete.*

*Das prunkvolle und reich ausgestattete Mittelschiff der um 1300 erbauten und um 1700 barock ausgestalteten Kirche Santa Chiara in Neapel vor der Zerstörung.*

*Im Herbst 1943 brannte die Kirche nach einem Bombenangriff völlig aus.*

# 5

**General Lucas' düstere Vorahnungen**
**Der „Lächelnde Albert" soll das Fürchten lernen**
**Die Rangers in der Falle**
**Eine ideale Verteidigungsstellung**
**Die kostbaren Schätze der Abtei Montecassino**
**Vorstoß der 34. US-Division**
**Ein gestrandeter Wal bei Ánzio**
**Deutsche Gegenoffensive an der Landungsfront**
**Die Entscheidung zum Luftangriff**
**Durchbruch bei Cassino**

# VON ÁNZIO NACH ROM

Kurz vor der Landung der alliierten Streitkräfte bei Ánzio besuchte General Patton seinen alten Freund General Lucas, den Kommandierenden General des in Italien eingesetzten VI. US-Korps. Patton sah sich seit dem Skandal, den er mit seinen Tätlichkeiten gegen Soldaten während der Invasion Siziliens erregt hatte, zum Nichtstun verdammt. Er lebte gleichsam als Verbannter in Palermo und bereiste von dort aus den Mittelmeerraum. Vom Flugzeug aus sah er sich die Wüstenschlachtfelder an, auf denen Rommel und Montgomery miteinander gekämpft hatten, besichtigte in Ägypten die Pyramiden und das Grab des Königs Tutanchamun und fuhr anschließend durch das Heilige Land.

Jetzt war er gerade wieder nach England beordert worden, um den Oberbefehl über eine der Invasionsarmeen zu übernehmen, die in Frankreich landen sollten. Ehe er den Mittelmeerraum verließ, gab er General Lucas noch einen Ratschlag. „John", sagte er, „niemandes Tod in der Armee würde mich mehr treffen als der deine, aber aus der Sache kommst du nicht lebend heraus. Natürlich kannst du dir eine schwere Verwundung holen. Ein verwundeter General wird *niemals* kritisiert."

Patton bestärkte Lucas nur in seiner ohnehin skeptischen Einstellung. „Ich kam mir vor wie ein Lamm, das zur Schlachtbank geführt wird", notierte der General in seinem Tagebuch. Er war der Meinung, daß man seinem VI. Korps und den beteiligten Seestreitkräften nicht genügend Vorbereitungszeit zur Operation gegeben habe, und befürchtete, daß die für die Landung vorgesehenen Kräfte – zwei Divisionen sowie etliche Bataillone Rangers, Kommando- und Fallschirmtruppen – bei weitem nicht stark genug seien. Auf eine Landung in der Türkei anspielend, die im Ersten Weltkrieg für die britischen Streitkräfte und ihre Verbündeten mit einer Katastrophe geendet hatte, äußerte Lucas später: „Die ganze Sache hatte einen starken Beigeschmack von Gallipoli."

Winston Churchill, der sich jahrzehntelang bemüht hatte, seinen Anteil an der Vorbereitung der Landung auf der Halbinsel Gallipoli vergessen zu machen, wäre über Lucas' Worte äußerst erbost gewesen. Der britische Premierminister teilte die pessimistische Einstellung zu seinem derzeitigen Lieblingsprojekt ganz und gar nicht. Er war fest davon überzeugt, daß die Operation *Shingle,* wie der Deckname der Landung bei Ánzio lautete, die Alliierten befähigen würde, die endlosen blutigen Kämpfe in den Gebirgen Mittelitaliens durch einen kühnen Stoß in den Rücken der Deutschen zu beenden und dann die italienische Hauptstadt in ihren Besitz zu bringen.

General Alexander hielt die Landung ebenfalls für einen guten Plan. „Sie wird Kesselring zweifellos einen Schrecken einjagen", meinte er. Die Alliierten sollten einen starken Landekopf errichten und anschließend etwa 40 Kilometer landeinwärts in die Albaner

Berge vordringen und die Staatsstraßen Nr. 6 und 7, die Hauptversorgungs- und Rückzugsstraßen der Deutschen, abschneiden. Alexander hoffte, die Landung werde den Gegner zur hastigen Aufgabe der Winter-Linie und zur Flucht nach Norden veranlassen.

General Clark, der Oberbefehlshaber der 5. Armee, bezweifelte jedoch, daß die Deutschen so schnell aufgeben würden. Er vermutete vielmehr, daß sie kämpfen würden, sobald sie das Ausmaß der alliierten Operation erkannt und gemerkt hätten, daß ihr Gegner seine letzten Reserven eingesetzt hatte und so bald keine weiteren Angriffe an anderen Landungsstellen würde vortragen können. Sie würden alle verfügbaren Kräfte gegen den Landekopf ansetzen und zuerst versuchen, die Alliierten am Erreichen der Albaner Berge zu hindern, um danach einen schweren Gegenangriff zu führen. „Steck deinen Kopf nicht zu früh heraus, Johnny", warnte Clark General Lucas. „Das habe ich bei Salerno getan und bekam die größten Schwierigkeiten." Er riet ihm, einen gut ausgebauten Landekopf zu errichten und auf einen riskanten Vorstoß landeinwärts zu verzichten. Er bezweifelte, ob die Errichtung des Landekopfes die Deutschen veranlassen würde, Truppen von der Cassino-Front abzuziehen. Da man aber ihre Reaktion unmöglich voraussehen könne, solle man bei Ánzio keine unnötigen Risiken eingehen.

Clark faßte seine Befehle an Lucas absichtlich mit Zurückhaltung ab; dieser sollte „unweit von Ánzio einen Landekopf besetzen und sichern" und „auf die Colli Laziali (die Albaner Berge) vorgehen". Noch deutlicher kommt der begrenzte Charakter des Auftrags in einer anderen Passage des Befehls zum Ausdruck: Lucas wurde angewiesen, „in Richtung der Colli Laziali anzugreifen". Clark wollte Lucas nicht zu einem Stoß landeinwärts zwingen, der möglicherweise das VI. Korps überlasten oder sogar zu seinem Verlust führen konnte. Falls günstigere Umstände einen Vorstoß in die Albaner Berge gestatteten, so konnte Lucas ihn unternehmen, doch sollte er in seiner Entscheidung frei sein.

Es war nicht Lucas' Art, wie Patton querfeldein mit seinen Panzern vorzupreschen. Von eher bescheidener Wesensart, äußerte er einmal, er sei „nur eine einfache Arbeitsbiene und bemühe sich nach Kräften", und in seinem Tagebuch notierte er: „Mit meinen Untergebenen kann ich ausnahmslos zufrieden sein. Sie erledigen umsichtig alle Arbeit." Der 54jährige General wirkte bereits ein wenig ältlich – seine Soldaten nannten ihn „Alter Lucas" oder „Listiger Opa" –, und seine hervorstechenden Eigenschaften waren Gründlichkeit und Vorsicht. Mag sein, daß er für die Leitung der Operation *Shingle* ungeeignet war, doch konnten ihm seine Vorgesetzten keinen Vorwurf daraus machen, daß er nicht angriffslustig vorging, denn sie kannten seine bedächtige Art, als sie ihn für diese Aufgabe auswählten.

Die Geschicke der Landungstruppen, die bei Ánzio an Land gegangen waren, sowie des bei Cassino kämpfenden Gros der 5. Armee waren eng miteinander verflochten. Strategisch gesehen kämpften die beiden Verbände in derselben Schlacht. Ein Erfolg an der einen Front konnte auch der anderen zum Erfolg verhelfen, und ein Fehlschlag mußte beide gefährden. Es sollte sich für die Alliierten als sehr nachteilig erweisen, daß die Aufgaben für die beiden Unternehmen nicht klarer umrissen wurden. Lucas legte die ihm erteilten Befehle dahin aus, daß die Operation *Shingle* „ein ‚Ablenkungsangriff' sei, dazu bestimmt, Feindkräfte von der Front der 5. Armee abzuziehen, wo der Hauptstoß erfolgen sollte". Churchill und Alexander faßten die Landungsoperation dagegen offensichtlich als einen großangelegten Umfassungsangriff auf, durch den die deutsche Hauptverteidigungslinie schließlich zum Einsturz gebracht werden sollte.

Einerseits aus Mangel an Schiffsraum, andererseits aus Sorge, die 5. Armee könnte an der Cassino-Front derart geschwächt werden, daß ein deutscher Gegenstoß dort unter Umständen Erfolg hätte, wurde Lucas' Angriffsstreitmacht anfänglich auf 40 000 Mann beschränkt. Sie bestand aus der 3. US-Division sowie Rangers, Fallschirmjägerverbänden und der britischen 1. Division samt einer Brigade Kommandotruppen. Insbesondere verfügte Lucas nicht über die für einen raschen Vormarsch – so, wie er Churchill vorschwebte – erforderlichen motorisierten Verbände. (Clark schickte ihm jedoch später Verstärkungen, darunter die amerikanische 1. Panzerdivision und die 45. Division.)

Die alliierte Invasionsflotte wurde auf der eintägigen Fahrt von Neapel nach Ánzio vom Gegner nicht entdeckt. Die deutsche Luftwaffe hatte nämlich derart schwere Verluste erlitten, daß sie nur noch wenige Aufklärungsflüge durchführen konnte, und als die britischen und amerikanischen Truppen am 22. Januar hinter einem dichten Feuervorhang von Schiffsraketen an Land gingen, stießen sie an den Landungsstränden nur auf geringen Widerstand *(Karte, S. 134)*. Der Hafen Ánzio fiel ihnen nahezu unversehrt in die Hände, desgleichen die in der Nähe gelegene Stadt Nettuno. Lucas frohlockte: „Wir haben eine vollständige Überraschung des Feindes erzielt, wie sie die Geschichte nicht oft verzeichnet." Landeinwärts stieß man lediglich auf zwei stark dezimierte, abgekämpfte deutsche Bataillone, die von der Cassino-Front abgezogen worden waren, damit sie sich ausruhen und neu ausrüsten konnten; sie wurden in kurzer Zeit überrannt. Gegen Mittag waren die Briten gut drei Kilometer und die Amerikaner fünf Kilometer weit vorgestoßen, und am Abend hatten die Alliierten 36 000 Soldaten und 3200 Fahrzeuge sicher an Land gebracht.

Generalfeldmarschall Kesselring verfügte als erfahrener Stratege über Pläne für die Zerschlagung einer in seinem Rücken landenden

Streitmacht, doch waren seine beiden Reservedivisionen vier Tage zuvor zur Bekämpfung der Briten am Garigliano aus dem Abschnitt abgezogen worden. Die nahe Ánzio stationierten deutschen Kräfte waren derart schwach, daß Kesselrings Feindlage-Spezialisten die Ansicht äußerten, die alliierte Landung könne in der Tat den Zusammenbruch der Verteidigungsstellungen im Raum um Cassino herbeiführen. Hitler erklärte sich angesichts dieser Lage sogleich damit einverstanden, Verstärkungen aus Jugoslawien, Deutschland, Frankreich und Norditalien heranzuführen, und Kesselring begann alsbald, von Norden her frische Truppen an die Front zu werfen. Am Abend des 22. waren Teile von drei Divisionen der in Norditalien stehenden 14. Armee im Anmarsch, und bald darauf wurden Teile von vier Divisionen aus der Cassino-Front herausgezogen und an die neue Front gebracht.

Im Verlauf von 24 Stunden hatten die Deutschen somit um den Landekopf herum eine dünne Abwehrfront errichtet. Zu Kesselrings großer Erleichterung führten die Alliierten am zweiten Invasionstag außer einer geringfügigen Erweiterung ihres Brückenkopfes keine Angriffsoperationen durch und legten auch am dritten und vierten Tag, abgesehen von kleineren Vorstößen, durch die sie den Landekopf auf annähernd 16 Kilometer ausdehnten, keinen besonderen Tatendrang an den Tag. Lucas wollte angesichts der „Schnelligkeit, mit der sich der feindliche Aufmarsch vollzog", vor der Auslösung seines Angriffs erst noch das Eintreffen weiterer Truppen und Nachschubgüter abwarten. „Ich muß mit beiden Beinen fest auf der Erde bleiben, meine Streitmacht in der Hand behalten und mich vor törichten Schritten hüten", notierte er. „Dies ist die bedeutsamste Aufgabe, die mir jemals zugefallen ist, und ich will mich auf keinen Fall in Panikstimmung versetzen lassen."

Am vierten Tage nach der alliierten Landung hatte Kesselring aus einem – wie er sich ausdrückte – „kunterbunten militärischen Durcheinander" eine imposante Verteidigungsstreitmacht gebildet und war der festen Überzeugung, daß er die Lage wieder stabilisiert habe. Teile von acht deutschen Divisionen waren jetzt um den alliierten Landekopf versammelt und Einheiten von fünf weiteren im Anmarsch begriffen. Kesselring beorderte Generaloberst Eberhard v. Mackensen, den Oberbefehlshaber der 14. Armee, aus Norditalien herbei, beauftragte ihn mit der Führung der Operation gegen den alliierten Brückenkopf und wies ihn an, so schnell wie möglich Vorbereitungen für einen Gegenangriff zu treffen.

General Lucas begann erst am 30. Januar, also am neunten Tag nach Invasionsbeginn, mit einem Zwei-Zangen-Stoß auf die Albaner Berge. Auf dem linken Flügel vermochte die britische 1. Division den 24 Kilometer von Ánzio und rund 20 Kilometer von den Albaner Bergen entfernten Ort Campoleone zu nehmen, bevor ihr Angriff aufgehalten wurde. Doch auf dem rechten Flügel führte der

*22. Januar 1944: Schwerbepackte alliierte Soldaten gehen in der 56 Kilometer südlich von Rom gelegenen Hafenstadt Ánzio an Land. In der ersten Woche nach der Landung schafften die Alliierten 69 000 Soldaten, 508 Geschütze, 237 Panzer und 24 700 Tonnen Nachschubgüter heran. Die Landung im Morgengrauen kam so überraschend, daß viele deutsche Soldaten noch schliefen.*

amerikanische Stoß, dessen Angriffsspitze von zwei Bataillonen Rangers gebildet wurde, in eine Katastrophe.

Um 1.30 Uhr setzten sich die mit zusätzlichen Munitionsgurten ausgerüsteten Rangers bei eisiger Kälte in Richtung Cisterna in Marsch. Lautlos und – wie sie vermuteten, von den deutschen Posten am Ufer unbemerkt – krochen sie die Sohle eines großen Bewässerungsgrabens entlang. In der Dunkelheit vernahmen sie überall gedämpfte Geräusche, doch es erfolgte kein Anruf, und kein Geschütz nahm sie unter Feuer. Bei Tagesanbruch hatte sich die Kolonne zwei Kilometer weit auseinandergezogen und war tief in die deutschen Abwehrstellungen eingedrungen. Die Rangers glaubten, sie hätten den Feind überrascht – doch als sie aus dem Graben heraus zum Angriff auf Cisterna antraten, wurden sie von allen Seiten unter Feuer genommen. Sie waren in einen Hinterhalt geraten. Mit Gewehren, Maschinengewehren, Granatwerfern und Panzerkanonen nahm sie der Feind unter Beschuß. Sie splitterten sich in kleine Gruppen auf. Ein Zurückgehen war nahezu ausgeschlossen; sie konnten nichts weiter tun, als bis zur letzten Patrone zu kämpfen. Sie waren auf die Division „Hermann Göring" und Teile der soeben aus Frankreich herangeführten 715. Infanteriedivision gestoßen. Von den 767 Rangers, die zum Stoß auf Cisterna angetreten waren, gelangten nur sechs zum Landekopf zurück.

Unweit davon erging es Soldaten der 3. US-Division ähnlich. Nachdem es 30 Stunden lang vom feindlichen Feuer niedergehalten worden war, trat ein Bataillon zum Angriff an, kämpfte sich bis in den Außenbezirk von Cisterna durch und gelangte fast bis an die Staatsstraße Nr. 7. Die Männer waren jedoch zu weit vorgeprescht und wurden alsbald wieder aus dem langen, schmalen Frontvorsprung, den sie gewonnen hatten, herausgedrängt. Von den 800 Soldaten des Bataillons kehrten annähernd 650 nicht zurück.

Nach dreitägigem Kampf, in dem die Alliierten 5500 Mann und die Deutschen etwa die gleiche Anzahl verloren, erhielt Lucas' VI. Korps von den Generalen Alexander und Clark Befehl, den Ausbruchsversuch aus dem Landekopf einzustellen und sich hinter Drahtverhauen und Minen einzugraben. Aus abgehörten Funksprüchen ging hervor, daß die Deutschen Vorbereitungen zu einem massiven Gegenangriff trafen; Lucas hatte die ganze Zeit schon das Gefühl gehabt, daß seine Männer bald um ihr Leben würden kämpfen müssen. Doch wenn die feindliche Truppenkonzentration bei Ánzio dem Gros der 5. Armee den Durchbruch bei Cassino ermöglichte, dann war die Landung ein Erfolg gewesen, auch wenn der Landekopf selber bedroht war. Die Meldungen von der Cassino-Front klangen jedoch alles andere als ermutigend.

Als die überraschende Landung bei Ánzio die Aufmerksamkeit der im Süden kämpfenden Deutschen auf sich gezogen hatte, befahl General Clark dem Gros der 5. Armee, diese Gelegenheit zu einem erneuten Durchbruchsversuch durch die Winter-Linie zu nutzen. Angesichts des katastrophalen Fehlschlags am Rapido vom 20. bis 22. Januar beschloß die alliierte Führung, diesmal einen Flankenangriff zu führen. Anstatt abermals den Versuch zu machen, sich den direkten Eingang ins Liri-Tal zu erzwingen, wollten sie über den nach Süden vorspringenden Gebirgsrücken vordringen, der vom Monte Cassino beherrscht wird *(Karten, S. 144)*.

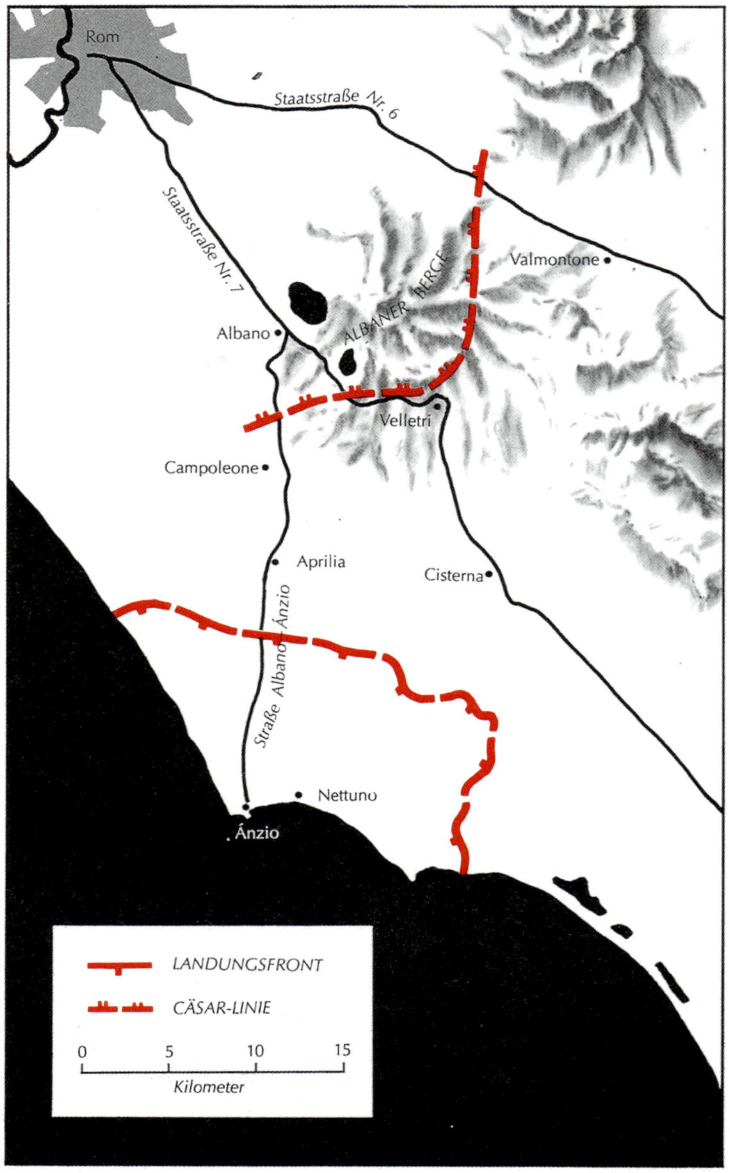


*Sinn und Zweck der blitzartig durchgeführten Landung bei Ánzio war die Entlastung der an der Cassino-Front festsitzenden alliierten Truppen. Doch der alliierte Befehlshaber, Generalmajor John P. Lucas, unterließ es, das Überraschungsmoment zu seinen Gunsten auszunutzen. Anstatt landeinwärts vorzudringen, um die Staatsstraßen Nr. 6 und 7, die Hauptnachschub- und Rückmarschstraßen der im Süden stehenden deutschen Truppen, abzuschneiden, hielt er seine Streitmacht im Landekopf zusammen und bereitete sich auf einen Gegenangriff vor. Als der Gegenstoß dann am 16. Februar 1944 entlang der Straße Albano–Anzio erfolgte, mußten die Alliierten über zwei Kilometer zurückgehen; doch waren sie jetzt stark genug, um die Angreifer abzuweisen.*

Dieser als das Bergmassiv von Monte Cassino bekannte Gebirgsrücken ist eine zerklüftete, vulkanische Einöde, die mit Steinblökken und Geröll übersät ist und von V-förmigen Schluchten zerschnitten wird. Die Hänge sind derart steil, daß sie, von ferne betrachtet, senkrecht aufzusteigen scheinen.

Am südlichen Fuß des Bergmassivs, am Eingang zum Liri-Tal, liegt am Ufer des Rapido die Stadt Cassino, und über ihr erhebt sich auf dem 519 Meter aufragenden Monte Cassino die durch ihre Kunstschätze berühmte Benediktinerabtei. Von der Abtei und ihrer unmittelbaren Umgebung aus blickt man kilometerweit ins Tal des Liri wie auch des Rapido, und wenn derjenige, der diesen Blick tut, zufällig ein mit einem Funkgerät ausgerüsteter Artilleriebeobachter ist, so vermag er alles, was sich unter ihm bewegt, mit einem Hagel von Granaten einzudecken. Seit der Erfindung der Kanone dürfte es noch keinen besseren Beobachtungsstand gegeben haben. Man hat den Monte Cassino mit dem Felsen von Gibraltar verglichen, denn wer diesen Berg beherrscht, kontrolliert auch den schmalen Eingang zum Liri-Tal; auf der italienischen Kriegsschule in Turin hatte er einst als anschauliches Beispiel für eine nahezu unangreifbare natürliche Abwehrstellung gedient.

Wenn es den Alliierten gelang, durch Überquerung des Gebirgsrückens und Umgehung des Monte Cassino in das Liri-Tal vorzustoßen, so konnten sie diese gewaltige Bastion ausschalten, ohne sie berennen zu müssen. Das auf dem äußersten rechten Flügel der 5. Armee kämpfende Französische Expeditionskorps unter General Alphonse Juin, bestehend aus der 3. algerischen Infanteriedivision und der 2. marokkanischen Division, bekam Befehl, unweit des Monte Belvedere, der rund acht Kilometer nördlich von Cassino aufragt, über den Bergrücken vorzustoßen.

Den Hauptstoß sollte die links von ihnen stehende amerikanische 34. Division führen. Sie sollte nördlich der Stadt Cassino über den Rapido gehen, der dort so flach ist, daß man ihn durchwaten kann, und nach der Erstürmung und Überquerung des Cassino-Massivs jenseits des Monte Cassino und der Abtei nach links abschwenken und ins Liri-Tal hinuntersteigen.

Ein Sturmangriff auf die Berge war schon schwierig genug, doch es kamen noch weitere Umstände erschwerend hinzu. Vor dem Erreichen des Rapido mußten die Soldaten der 34. Division drei Kilometer offenes Sumpfgelände durchqueren, das der Gegner durch Ableiten des Flusses überflutet hatte. Am jenseitigen Ufer mußten sie dann einen breiten, aus hintereinander gestaffelten Drahtverhauen, Minen, Stahlbetonbunkern und befestigten Steinhäusern bestehenden Abwehrgürtel überwinden. Danach mußten die Amerikaner zwei Anhöhen sowie eine große italienische Kaserne in ihren Besitz bringen, in der sich deutsche Batteriestellungen befanden. Erst dann konnten sie anfangen, die steilen Hänge des Cassino-Massivs zu erklettern. Und dies alles hatte unter den Augen gut eingegrabener feindlicher Artilleriebeobachter zu geschehen, die ganz nach Bedarf Geschütz- und Granatwerferfeuer auf sie zu lenken vermochten.

Die Schnelligkeit und Präzision des deutschen Artilleriefeuers an der Cassino-Front grenzte ans Unheimliche. Bei Tage löste das Auftauchen eines einzigen Fahrzeugs oder einer Handvoll alliierter Soldaten oftmals ganz genau gezielte Schüsse aus. Die Deutschen verfügten auf den Höhen über Dutzende von ausgezeichneten Beobachtungsstellen, doch wenn die Granaten in ihrer unmittelbarer Nähe detonierten, dann blickten die GIs bald nur noch in eine Richtung: auf das Kloster auf dem Monte Cassino. Sie waren fest davon überzeugt, daß irgend jemand, und zwar ganz bestimmt kein friedlicher Mönch, von dort oben das Feuer auf sie lenkte. In Wirklichkeit hatte der Gegner keinen einzigen Soldaten in der Abtei stationiert. Das war auch gar nicht erforderlich, da die unmittelbare Umgebung sich genausogut eignete. Die Amerikaner – und später die Engländer, Inder, Neuseeländer, Polen und Franzosen – wollten daran jedoch nicht glauben.

Die vom hl. Benedikt im Jahre 529 n. Chr. gegründete Abtei war eines der berühmtesten und ehrwürdigsten Klöster der Christenheit. 581 von den Langobarden, 883 von den Sarazenen und 1349 durch ein Erdbeben zerstört, wurde sie jedesmal von Baumeistern, die sie gegen die Gewalttätigkeit der Menschen und der Natur widerstandsfähig zu machen suchten, in größerem Stil wieder aufgebaut. In ihren Mauern hatten die Mönche lateinische Literatur von unschätzbarem Wert abgeschrieben und archiviert, die sonst wohl verlorengegangen wäre: Dichtungen von Ovid und Vergil, Schriften von Cicero und Seneca und vielen anderen Autoren.

Die aus Stein erbaute Abtei war rund 45 Meter hoch und 200 Meter lang und von drei Meter dicken, mit Zinnen versehenen Mauern umgeben. Sie hatte nur einen Eingang, der durch ein schweres Holztor gesichert war, und ihre Seiten wiesen lange Reihen von kleinen Zellenfenstern auf, die sich aus der Entfernung wie Schießscharten für Geschütze ausnahmen. Winterlich-düster, schweigend und drohend, wurde das festungsartige Gebäude für die darunter in Stellung liegenden Soldaten allmählich fast zu einer Art Zwangsvorstellung.

Im Blickfeld dieses Gebäudekomplexes traten die Soldaten der 34. US-Division am 24. Januar, zwei Tage nach der alliierten Landung bei Ánzio, zum Angriff an. Es gelang ihnen erst nach mehr als einer Woche, einen Brückenkopf auf dem jenseitigen Ufer des Rapido zu errichten und ihn bis in die dahinter liegenden Berge auszuweiten. Dann versuchte ein Regiment der Division, entlang eines verhältnismäßig tief gelegenen Geländestreifens südwärts in die Stadt Cassino vorzudringen, während die anderen beiden

Regimenter in die Berge hinaufstiegen. Hier war das Gelände dermaßen zerklüftet, daß der Vormarsch nur in Trupps erfolgen konnte, die sich stark verkarstete Hänge hinauf, durch Schluchten und über steile, verschneite und vereiste Bergrücken quälen mußten. Schützenlöcher in den felsigen Boden zu graben war völlig unmöglich; die Männer suchten in Spalten, hinter Felsblöcken oder lockerem Gestein Deckung. Viele erkrankten an Lungenentzündung oder Ruhr oder bekamen „Schützengrabenfüße", eine typische Fußkrankheit. Doch verbissen kämpfend kletterten sie im Abwehrfeuer der Deutschen das Massiv hinauf.

Ihre Verluste waren außerordentlich hoch. Die Division büßte 2200 Mann ein; einige Schützenkompanien verloren über die Hälfte ihres Sollbestandes. Viele der im feindlichen Trommelfeuer auf den kahlen, schroffen Berghängen geborgenen Verwundeten erlitten weitere Verletzungen durch umherfliegende Felsstücke.

Drei Wochen lang kämpften die Männer der 34. Division außerordentlich zäh und tapfer. Sie trieben einen drei Kilometer langen Keil in die deutschen Bergstellungen, warfen den Gegner vom Monte Castellone und faßten auf einem Bergrücken Fuß, der wegen seiner Form auf den Generalstabskarten den Namen Schlangenkopf bekam. Sie eroberten die Höhe 445 und kämpften sich bis auf knapp 400 Meter an die Abtei heran.

Rechts von der 34. Division eroberten die Franzosen, die am 25. Januar zum Angriff angetreten waren, den Monte Belvedere, wurden dann jedoch bald durch heftige deutsche Gegenangriffe zum Stehen gebracht. Um den Angriffsschwung aufrecht zu erhalten und fortzusetzen, wurde ein Regiment der amerikanischen 36. Division – das 142. Infanterieregiment, das während der Übergänge über den Rapido in Reserve gelegen hatte und somit noch verhältnismäßig intakt war – zwischen die Franzosen und die 34. US-Division eingeschoben.

General Fridolin v. Senger, der Kommandierende General des deutschen XIV. Korps, das diesen Frontabschnitt verteidigte, entschloß sich in dieser Lage, die feindliche Offensive mit allen ihm zur Verfügung stehenden Kräften zum Stehen zu bringen. Er setzte seine Hauptreserve, die 90. Panzergrenadierdivision, ein und überschüttete die vordringenden Alliierten mit der gesamten Feuerkraft seiner massierten Artillerie.

*Ein alliierter Soldat, der durch Granatsplitter erblindet ist, wird von einem Kameraden beim Gehen gestützt. Der kleine Landekopf bot nur wenig Deckung vor den deutschen Bomben und Granaten; in den ersten vier Wochen ihres Unternehmens fielen 2000 alliierte Soldaten, weitere 8500 Mann der Allierten wurden schwer verwundet.*

Ein junger amerikanischer Leutnant, Harold L. Bond, hat in einem packenden, *Return to Cassino* betitelten Bericht geschildert, was es bedeutete, dem Trommelfeuer der deutschen Geschütze ausgeliefert zu sein. Das Bombardement setzte ein, als sich die Soldaten seines Zuges gerade für die Nacht in flachen, mit ihren Einmann-Zeltbahnen überdeckten Erdlöchern niedergelassen hatten: „Die Luft dröhnte, als hätten uns sämtliche deutschen Geschütze im Tal gleichzeitig unter Feuer genommen. In unserer Angst duckten wir uns so tief, wie wir konnten; ringsherum wurde die Erde von gewaltigen Detonationen erschüttert. Riesige Erdfontänen regneten auf unsere Zeltbahnen herab, Granatsplitter und Dreckklumpen wirbelten durch die Luft, und widerlicher Pulvergeruch lag über allem. Unablässig donnerten die Einschläge. Ich kam nicht dazu, an meine Männer zu denken. Bei einem solchen Trommelfeuer ist jeder ganz auf sich allein gestellt. Unmittelbar vor ihm lauert der Tod. Er weiß nur, daß seine Beine und Arme noch da sind und daß er bisher noch nichts abbekommen hat, doch schon im nächsten Moment kann es auch ihn treffen."

Bond teilte seinen Graben mit einem Meldegänger. „Der junge Bursche stöhnte leise vor sich hin, sagte aber nichts. Ich äußerte mehrere Male, wie nahe der letzte Einschlag gewesen sei, bekam aber keine Antwort. Der arme Mensch, das arme Tier, das es hier erwischt, dachte ich bei mir. Dann wieder: ‚Rums!' Ich biß die Zähne zusammen und versuchte, meine Beine zu bewegen um zu sehen, ob sie noch da waren." Zwei endlose Stunden dauerte das deutsche Trommelfeuer. Am nächsten Morgen stellte Bond fest, daß sein Feldbecher, den er auf dem Boden neben dem Graben hatte liegen lassen, von großen, scharfzackigen Löchern durchsiebt war, die von umherfliegenden Granatsplittern herrührten. Der angstschlotternde Melder machte sich bald darauf aus dem Staube. Bond sah ihn danach nie wieder.

Viele GIs suchten der mörderischen Schlacht unter irgendeinem Vorwand zu entrinnen. Bond war nicht wenig erstaunt, als er an einem nach hinten führenden Pfad auf einen amerikanischen Offizier stieß, der dort mit gezogener Pistole Posten bezogen hatte. „Die Soldaten versuchten massenweise, vom Kamm nach unten zu gelangen", schreibt er. „Er hatte Befehl, sie sämtlich zurückzuschicken." Ein GI zeigte ihm seine stark geschwollene Hand. ‚Sehen Sie doch, Leutnant', sagte er, ‚ich kann damit doch nicht schießen. Ich kann nicht mal den Abzug drücken.'

„Los, zurück, verflucht noch mal! Nimm die Zehen! Ich habe Befehl, nur Schwerverwundete durchzulassen! Los, zurück!' Der Soldat machte darauf kehrt und trottete beklommen wieder bergauf. Nur zwei oder drei Mann, denen man Verwundeten-Begleitscheine an die Kampfblusen gesteckt hatte, ließ der Offizier passieren. Alle anderen mußten umkehren."

Die meisten Amerikaner taten indes ohne Murren ihre Pflicht. Nur noch anderthalb Kilometer trennten sie vom Durchbruch ins Liri-Tal. Sie konnten die Staatsstraße Nr. 6 sehen, und die Deutschen, die ihnen den Weg versperrten, hatten sich oben auf den schroffen Abhängen festgekrallt, die zu der strategisch wichtigen Straße hinunterführten. Doch die heroischen Anstrengungen der Alliierten vermochten gegen den ebenso heroisch kämpfenden Gegner nichts auszurichten. Die Amerikaner zeigten deutliche Erschöpfungserscheinungen. Weiter konnten sie nicht mehr.

Auf dem Geländestreifen neben dem Rapido versuchte ein Regiment der 34. Division, die Stadt Cassino zu nehmen, während die anderen Verbände oben in den Bergen kämpften. Die Steinmauern der alten italienischen Häuser waren so dick, daß zur Sprengung eines ein Meter großen Loches neun Bazookas erforderlich waren; zwischen den Häusern hatten die Deutschen Stahlbetonbunker errichtet, die derart widerstandsfähig waren, daß 10,5-cm-Granaten ihnen nichts anzuhaben vermochten. Ein Labyrinth von Tunneln und Gräben verband ihre Stützpunkte, so daß sie schnell und unbemerkt ihren Standort wechseln konnten. Es gelang den Amerikanern unter großen Anstrengungen, in einem Bezirk der Stadt Fuß zu fassen, doch weiter kamen sie nicht. Der Versuch, die feindlichen Stellungen einzudrücken, war fehlgeschlagen.

Am 12. Februar wurden die erschöpften Amerikaner von der 4. indischen Division, die zusammen mit der 2. neuseeländischen Division von der ruhigen Adriafront der 8. Armee nach Cassino verlegt worden war, abgelöst. Die Inder, unter denen sich auch gebirgskampferfahrene Gurkha-Bataillone befanden, zeigten sich von den Leistungen ihrer Alliierten höchst beeindruckt. „Donnerwetter, wie haben eure Leute das bloß geschafft?" staunte ein britischer Gurkha-Offizier, als er den Keil sah, den die Amerikaner in die deutsche Linie getrieben hatten. Bei der Ablösung stellte sich heraus, daß 50 Soldaten der 34. Division vor Erschöpfung und Kälte wie betäubt waren und keinen Fuß mehr vor den anderen setzen konnten. Sie waren nur noch imstande, den Feind zu erkennen und ihre Gewehre abzufeuern, und mußten schließlich von ihren Kameraden auf Tragbahren fortgeschafft werden.

Nach diesem erfolglosen Angriff hätten die gegen die deutschen Verteidigungsstellungen bei Cassino anrennenden Alliierten vielleicht besser daran getan, einzuhalten, sich eine Ruhepause zu gönnen und ihre Energien auf einen großangelegten Stoß zu konzentrieren, den man nach dem Eintreffen von Verstärkungen und besserem Wetter hätte führen können. Dazu waren sie indes nicht in der Lage, waren sie jetzt doch in einen Zweifrontenkampf verwickelt. Die Operation *Shingle* war unternommen worden, um einen Durchbruch bei Cassino zu ermöglichen. Dieser Durchbruch war mißlungen, und jetzt hatte sich die Situation für die Alliierten umgekehrt: Die bei Cassino eingesetzten Truppen mußten ihren Druck auf den Gegner aufrechterhalten, um den Landekopf bei Ánzio zu entlasten, der in eine äußerst kritische Lage geraten war.

Bei Ánzio bereiteten die Deutschen inzwischen ihren Gegenstoß vor, mit dem sie den Gegner ins Meer zurückwerfen wollten. Für Hitler war der Gedanke an diesen alliierten Landekopf zu einer Art Zwangsvorstellung geworden; er nannte ihn ein „Geschwür", das es um jeden Preis zu beseitigen gelte, und befahl persönlich die Abstellung von Elitetruppen sowie von weiteren Artillerie- und Luftwaffenkräften an die Ánzio-Front.

General v. Mackensen hatte sein Hauptquartier von Verona an die Ánzio-Front verlegt, um die Gegenoffensive zu leiten, und plante, den Landekopf durch einen Stoß entlang der Straße Albano–Ánzio bis zum Meer in zwei Teile aufzuspalten. Zwischen dem 3. und dem 20. Februar trug er mehrere einleitende Angriffe vor, um die seiner Ansicht nach für den Hauptangriff erforderliche Ausgangslinie zu gewinnen. Er zerschlug einen langen, schmalen britischen Frontvorsprung auf dieser Straße und nahm die Stadt Aprília, eine von den alliierten Soldaten die „Fabrik" genannte Neugründung Mussolinis. General v. Mackensens Aufmarsch war inzwischen planmäßig vonstatten gegangen, so daß er nun den 76 000 alliierten Truppen 95 000 Deutsche entgegenstellen konnte.

Während v. Mackensen seine vorbereitenden Angriffe abschloß, machte Churchill seiner Enttäuschung über den Fehlschlag der Ánzio-Landung Luft: „Ich hatte gehofft, eine Wildkatze an Land zu setzen, aber alles, was wir nun hatten, war ein gestrandeter Wal." General Lucas' vorsichtige, methodische Gefechtsführung im Landekopf mit ihrer Anhäufung riesiger Mengen von Nachschubgütern brachte ihn zur Verzweiflung, und er wollte wissen, wie viele Fahrzeuge, außer den Panzern, gelandet worden seien. Als man ihm die Zahl von 18 000 Jeeps und Lastwagen für 70 000 Mann nannte, bekam er einen Wutanfall: „Wie viele unserer Leute sind denn in diesem engen Raum mit dem Lenken und der Wartung dieser 18 000 Fahrzeuge beschäftigt? Unsere Überlegenheit an Fahrern muß sehr beträchtlich sein. Daß der Feind an Infanterie überlegen ist, entsetzt mich."

Mag sein, daß Lucas nicht so viele Fahrzeuge brauchte, doch sollte sich bald zeigen, daß er für die Abwehr des deutschen Gegenstoßes in der Tat große Mengen Munition und anderen Nachschub benötigte. Er hatte seine Artilleriemunition schneller verschossen, als sie ersetzt werden konnte. „Das ist ein öffentlicher Skandal!" schimpfte er. „Seit vier Jahren führen wir Krieg beziehungsweise bereiten uns darauf vor, und jetzt müssen Soldaten sterben, weil für unsere Geschütze keine Munition vorhanden ist."

Am 16. Februar löste v. Mackensen, der den 100 000 alliierten Soldaten jetzt 125 000 Mann entgegenzustellen vermochte, seinen Hauptangriff entlang der Straße Albano–Ánzio aus. Die amerikanische 45. Division hatte hier die Hauptlast zu tragen; sie mußte in Richtung auf das Meer zurückweichen, verhinderte aber einen deutschen Durchbruch.

Lucas forderte Luftunterstützung an, worauf über 700 Einsätze gegen die anstürmenden Deutschen geflogen wurden; mit seinen allmählich zur Neige gehenden Munitionsvorräten ließ er seine von zwei Kreuzern unterstützte Artillerie, Panzer, Panzerjäger und Granatwerfer Trommelfeuer schießen. Ein amerikanischer Artilleriebeobachter, der von einem L-4-Leichtflugzeug aus 2500 heranrückende deutsche Infanteristen und eine Panzerkolonne ausmachte, vermochte in wenigen Minuten die Granaten von mehr als 200 alliierten Geschützen auf sie zu konzentrieren.

Der deutsche Infanterieangriff wurde von Panzern unterstützt, die aber bald auf dasselbe Problem stießen, das den Alliierten zu schaffen gemacht hatte: Morast. Die Panzer konnten nur auf den Hauptstraßen operieren, wo sie dem feindlichen Artilleriefeuer am meisten ausgesetzt waren – und wenn die Panzer ausfielen, dann verloren die deutschen Infanteristen, die sich von ihnen Unterstützung versprochen hatten, den Mut.

Entmutigt fühlten sich die Deutschen auch durch das Versagen eines Eliteregiments, des Infanterie-Lehrregiments, das auf Befehl Hitlers frisch aus Berlin-Spandau eingetroffen war, um v. Mackensens Angriff bei Ánzio anzuführen. Es war dies ein für Ausbildungszwecke geschaffener Verband, der sich aus besonders linientreuen und sportgestählten Soldaten zusammensetzte, aber einen großen Mangel aufwies: Er hatte noch nie im Fronteinsatz gestanden. General v. Mackensen setzte ihn trotzdem wider bessere Überzeugung an die Spitze, da Hitler es nun einmal befohlen hatte. Die Veteranen der amerikanischen 45. Division, kampferfahrene Soldaten, die den wetterharten GIs „Willie" und „Joe" des Karikaturisten Bill Mauldin *(S. 114–115)* ähnelten, machten mit ihm kurzen Prozeß. Das Lehrregiment löste sich auf, ergriff die Flucht und demoralisierte die hinter ihm nachrückenden Truppen.

Die Deutschen waren trotzdem in der Lage, ihre Truppen zu sammeln und einen fünf Tage währenden Gegenangriff zu führen. Sie warfen die Amerikaner gut zwei Kilometer zurück, doch dann gruben sich die schwer bedrängten GIs, die von Lucas Befehl erhalten hatten, um jeden Preis eine letzte Verteidigungslinie um den Landekopf zu halten, ein und wichen nicht mehr von der Stelle. In erbitterten Nahkämpfen, bei schneidender Kälte und ohne Schlaf, verhinderten die schwer mitgenommenen Kompanien der 45. Division, von denen einige völlig eingeschlossen waren, anscheinend einzig und allein durch ihren eisernen Widerstandswillen den Durchbruch des Gegners. Daß die Ánzio-Landung nicht mit einer Katastrophe endete, hatten die Alliierten nur ihrem Mut und ihrer Kampfentschlossenheit zu verdanken.

Die Deutschen sahen schließlich ein, daß sie den feindlichen Landekopf nicht zerschlagen konnten und brachen ihre Offensive am 20. Februar ab, wenn auch ein paar Tage lang noch kleinere Gefechte stattfanden. Sie hatten seit Beginn der Anlandung 19 000 Mann verloren. Die Alliierten hatten etwa ebenso viele Soldaten eingebüßt, so daß die Kampfverbände beider Seiten völlig ausgeblutet waren. Auf Hitlers Drängen unternahmen die Deutschen neun Tage später noch einmal einen schwachen Versuch, den Gegner ins Meer zu werfen, doch auch diesmal ohne Erfolg.

*Nachdem die Deutschen Anweisung zur Räumung des Klosters Montecassino gegeben hatten, packten Mönche eine Anzahl wertvoller Bücher in eine Kiste. Als sich die Alliierten dem Raum um Cassino näherten, schafften die Mönche und deutsche Soldaten Tausende von Pergamenten, handgeschriebenen und gedruckten Büchern fort, darunter Ciceros „De re publica“, verschiedene Predigten des hl. Augustin, Senecas „Dialoge“, Varros Schrift „De lingua latina“, das älteste Werk der lateinischen Grammatik, sowie viele ausgemalte Werke. Die literarischen Kostbarkeiten – viele davon mit Illustrationen und Verzierungen aus dem 11. Jahrhundert – wurden sämtlich in den Vatikan gebracht.*

Am 22. Februar, nach Ende des ersten Gegenangriffs, erschien General Clark im Landekopf, um General Lucas abzuberufen und ihn durch den Kommandeur der 3. US-Division, General Truscott, zu ersetzen. Clark war Lucas durchaus zugetan und der Meinung, er habe sich wacker geschlagen. Er konnte indes General Alexander nicht widersprechen, der „einen Draufgänger wie General Patton“ bei Ánzio haben wollte und das Empfinden hatte, Lucas sei geistig und körperlich verbraucht und „keine mitreißende Persönlichkeit“. Lucas meinte dazu nur bitter: „Und ich dachte, ich sei im Begriff, so etwas wie einen Sieg zu erringen.“

Das Ausbleiben eines spektakulären Erfolges bei Ánzio wurde ihm zur Last gelegt, doch dürfte er wohl unverdient getadelt worden sein. Lucas glaubte, daß ein verfrühter Vorstoß auf die Albaner Berge seine Truppen teuer zu stehen gekommen wäre. „Hätte ich ihn geführt, dann hätte ich mein Korps verloren, und es wäre nichts dabei herausgekommen als nur eine Hebung des Prestiges und der Kampfmoral des Gegners“, schrieb er nach dem Krieg. „Außerdem lag dazu kein Befehl vor.“

Den wahren Grund für den alliierten Mißerfolg bei Ánzio dürfte der deutsche Oberbefehlshaber Südwest genannt haben, als er nach dem Krieg einem amerikanischen Journalisten gegenüber äußerte: „Die Landungsstreitmacht war anfänglich sehr schwach, nur etwa eine Infanteriedivision, dazu ohne Infanteriepanzer. Ihr Hauptfehler war die Halbherzigkeit Ihres Vorgehens.“

Churchill war mit der Ersetzung Lucas' durch Truscott zufrieden, obwohl dieser Kommandowechsel noch keinen sicheren Ausweg aus der trostlosen Sackgasse, in die die Alliierten sich bei Ánzio und Cassino verrannt hatten, erkennen ließ. Er räumte auch stillschweigend ein, daß das riskante Unternehmen, auf das man sich – in erster Linie auf sein energisches Betreiben – bei Ánzio eingelassen hatte, fehlgeschlagen sei, sprach nicht mehr von „gestrandeten Walfischen“ und versuchte, das Beste aus der verfahrenen Situation zu machen. „Eine große Nebenfront in Italien kommt den Alliierten durchaus gelegen“, äußerte er. „Irgendwo müssen wir die Deutschen bekämpfen.“

Die Deutschen unternahmen dann keine größeren Anstrengungen mehr, den Landekopf zu beseitigen, fuhren aber fort, die alliierten Truppen unablässig mit Fliegerbomben und Granatfeuer einzudecken. Der Landekopf war so klein, daß die deutsche Artillerie jeden Quadratzentimeter zu erreichen vermochte, einschließlich der in Stollen verborgenen 28-cm-Eisenbahn-Kanonen „Ánzio-Annie“ und „Ánzio-Expreß“, die eine Schußweite von 32 Kilometern besaßen. „Unsere starke Artillerie und die Luftwaffenkräfte sorgten allein dafür, daß die alliierten Truppen selbst ‚in der Ruhe‘ keine Ruhe fanden“, bemerkte Generalfeldmarschall Kesselring über seinen eingeschlossenen Gegner. „Der Aufenthalt in dem Brückenkopf mußte verflucht unangenehm sein."

Die Alliierten suchten unter der Erde Schutz. Die Gefechtsstände wurden in Weinkeller gelegt, und die Truppe grub sich ein und baute sich mit Sandsäcken, Schrott, leeren Munitionskisten und alten Weinfässern Tausende von kleinen Unterständen. Die Lazarettzelte wurden zur Hälfte in die Erde versenkt und mit Sandsäcken eingefaßt; sie blieben aber trotzdem gefährliche Aufenthaltsorte. Die Deutschen nahmen sie nicht absichtlich unter Feuer, doch waren die Zelte in dem engen Landekopf unvermeidlich von kleineren Nachschublagern und anderen Objekten umgeben; auch verfehlten viele Granaten ihr Ziel. Wenn ein Artillerie- oder Luftbombardement einsetzte, konnten die Ärzte und Schwestern ihre Patienten nicht auf den Operationstischen liegen lassen und sich in Deckung begeben. Das Sanitätspersonal verzeichnete daher hohe Verluste: 92 Tote, 387 Verwundete und 60 Vermißte.

Für die alliierten Truppen wurde das unablässige Feindfeuer allmählich zu einer Alltäglichkeit, mit der man sich abfinden mußte. Entspannung fanden sie – durch Fliegeralarm und Granateinschläge freilich immer wieder unterbrochen – in zwei großen unterirdischen Tonfilmkinos und beim Baseball- und Volleyballspiel. Ein beliebter Zeitvertreib war ferner das Abhören eines von den alliierten Soldaten „Achsen-Sally" genannten deutschen Senders, der amerikanische Schlagerplatten spielte, Propaganda für die Achsenmächte machte und den alliierten Soldaten einzureden versuchte, Ánzio sei „der Welt größtes Kriegsgefangenenlager auf Selbstversorgungsbasis".

Während die Deutschen im Februar ihre Kräfte für den Gegenangriff bei Ánzio massierten, hatte die 5. Armee, durch mitgehörte Feindmeldungen aufgeschreckt, im Raum um den Monte Cassino in höchster Hast einen weiteren großangelegten Versuch zum Durch-

*Generalmajor John Lucas, der Kommandierende General des amerikanischen VI. Korps, wurde am 22. Februar 1944 seines Postens enthoben mit der Begründung, er habe es bei Ánzio an Kampfgeist fehlen lassen. Lucas hatte sein Schicksal bereits vor der Landung vorausgesehen. „Sie werden mich schließlich mit unzulänglichen Kräften an Land setzen, und ich werde dort die größten Schwierigkeiten bekommen", schrieb er in sein Tagebuch. „Und wer wird dann die Verantwortung tragen?"*

bruch durch die dortigen deutschen Sperrstellungen ins Liri-Tal eingeleitet. Da die amerikanische 34. und 36. Division ausgeblutet waren, betraute General Alexander die neueingetroffene 2. neuseeländische und die 4. indische Division, zu denen später außerdem noch die britische 78. Division hinzukam, mit dieser Aufgabe. Das Kommando über diesen „Neuseeländisches Korps" genannten improvisierten Verband wurde dem neuseeländischen Generalleutnant Sir Bernard Freyberg übertragen.

Freyberg, ein hochgewachsener, robuster, altgedienter Soldat, im Ersten Weltkrieg mit dem Viktoria-Kreuz ausgezeichnet, kam nach gründlichem Kartenstudium zu dem Schluß, die Alliierten müßten diesmal versuchen, den Monte Cassino zu nehmen, statt ihn zu umgehen. Die 4. indische Division sollte den Klosterberg erstürmen und dann weiter ins Liri-Tal vordringen, während die 2. neuseeländische Division die Aufgabe hatte, die Stadt Cassino zu berennen und einzunehmen. Er wollte wesentlich stärkere Kräfte als zuvor die Amerikaner einsetzen und außerdem kurz vor Beginn des alliierten Angriffs die Abtei bombardieren lassen.

*An Lucas' Stelle trat Generalmajor Lucian K. Truscott, der kämpferische Kommandeur der 3. US-Division. Truscott war feinfühlig genug, um sich in die Lage seines Freundes hineinversetzen zu können. „Lucas fühlte sich zwar tief in seiner Ehre verletzt", erinnerte er sich später, „hegte aber trotzdem keinerlei Groll gegen mich, und unsere Freundschaft war ungebrochen . . . Dies war eines meiner traurigsten Kriegserlebnisse."*

Der Entschluß zur Zerstörung des Klosters Montecassino wurde gefaßt, nachdem Generalmajor F. I. S. Tuker, der Kommandeur der 4. indischen Division, sich über die Anlage des Gebäudes informiert hatte. Als seiner Division die undankbare Aufgabe zugewiesen wurde, den Klosterberg zu erstürmen, bat Tuker naturgemäß den Feindaufklärungsdienst der 5. Armee, ihm Einzelheiten über die Abtei mitzuteilen. Die Nachforschungen des Feindaufklärungsdienstes verliefen jedoch ergebnislos.

Seit der Landung bei Salerno Anfang September stand fest, daß sich die Alliierten des Monte Cassino auf irgendeine Weise würden bemächtigen müssen, um daran vorbei auf Rom zu stoßen, und die 5. Armee stand nun schon seit Wochen direkt unter dem Bergmassiv mit der riesigen Abtei. Dennoch war die Feindaufklärung der Armee nicht in der Lage, ausführliche Einzelheiten über die Anlage des Klosters mitzuteilen. Generalmajor Tuker verlor schließlich die Geduld und fuhr nach Neapel, wo er beim Durchstöbern der Buchhandlungen endlich fand, was er suchte: eine Monographie aus dem Jahr 1879 mit detaillierten Angaben über die Anlage der Abtei, ihre Abmessungen und die Dicke ihrer Mauern.

Tuker kannte nunmehr sein Operationsziel. Er meldete Freyberg, es widerstrebe ihm, seine Männer gegen eine Stellung anrennen zu lassen, die von einer gewaltigen, unzerstörten Festung gekrönt werde. Es spiele dabei keine Rolle, meinte er zu Freyberg, ob das Kloster schon zu Beginn von Deutschen besetzt sei oder nicht; er sei ganz sicher, daß sie es im Verlauf der Kämpfe in Besitz nehmen würden. Er fügte hinzu, das Gebäude sei derart massiv, daß ihm nur mit Luftminen beizukommen sei. Es müsse verschwinden.

Freyberg stimmte ihm zu und gab das Ersuchen an Alexander weiter. Dieser fragte Generalmajor John Cannon, den Befehlshaber der 12. US-Luftflotte, ob eine Zerstörung des Gebäudes mit Bomben möglich sei. Cannon gab ihm zur Antwort: „Wenn Sie mir die Genehmigung geben, unsere gesamte Bomberstreitmacht gegen Cassino einzusetzen, reißen wir es aus wie einen hohlen Zahn."

Die amerikanischen und britischen Flieger waren überzeugt, daß man auch Schlachten aus der Luft gewinnen könne: Man brauche nur das Ziel zu zerstören, und dann könne die Infanterie einrücken. Die Flieger brannten darauf, das Kloster zu bombardieren, würde doch eine solche Operation ihnen die Möglichkeit geben, das Leistungsvermögen ihrer schweren Bomber zu demonstrieren, die noch nie zur unmittelbaren Unterstützung eines Infanterieangriffs massiert worden waren.

General Clark und andere höhere US-Heerestruppenführer lehnten eine Bombardierung von Montecassino aus verschiedenen Gründen ab. Für sie bedeutete die Zerstörung des Klosters und seiner Schätze vor allem eine Kulturschande. (Den Briten und Amerikanern war nicht bekannt, daß die Deutschen die wertvollsten Bücher, Handschriften und Bilder der Abtei schon nach Rom geschafft und in die Engelsburg ausgelagert hatten.) Außerdem hatte sich auf Sizilien und in Süditalien bereits gezeigt, daß zerstörte Gebäude mit ihren Trümmern Verteidigern hervorragenden Schutz bieten. Schließlich und endlich befand sich eine größere Anzahl von Flüchtlingen in dem Kloster; außerdem wußte man nicht genau, ob sich die Deutschen tatsächlich in den Gebäuden befanden, obwohl 180 Meter davon entfernt feindliche Beobachtungsstellen und Geschützstellungen ausgemacht worden waren.

Doch die alliierten Infanteristen und jüngeren Offiziere, die an der Hauptkampflinie ihr Leben einsetzen mußten, waren davon überzeugt, daß sich Feindtruppen in dem Kloster befanden. Zwei amerikanische Generale, der Oberbefehlshaber der alliierten Luftstreitkräfte im Mittelmeerraum, Ira C. Eaker, und der Stellvertretende Alliierte Oberbefehlshaber im Mittelmeerraum, Jacob Devers, glaubten das ebenfalls. Die beiden überflogen das Gebäude in 60 Meter Höhe mit einem Kleinflugzeug und behaupteten danach steif und fest, sie hätten eine Funkantenne auf dem Kloster gesehen und dort deutsche Soldaten beobachtet.

Der Kommandierende General des bei Cassino eingesetzten deutschen XIV. Panzerkorps, General v. Senger, betonte später mit allem Nachdruck, er habe das Kloster zu keiner Zeit militärisch genutzt. Er befand sich in einer paradoxen Situation. Er war ein verständnisvoller Bewunderer der Kulturschätze Italiens, und ihre Bewahrung lag ihm sehr am Herzen. Als gläubiger Katholik, zudem dem Benediktinerorden aus Familientradition verbunden, mußte er in einem Lande seines Glaubens kämpfen, und im Zentrum seiner Hauptkampflinie lag die altehrwürdige Abtei. Sein Verhalten war untadelig. Er beorderte einen Feldgendarmerieposten an die Klosterpforte, der strenge Weisung hatte, jedem deutschen Soldaten den Einlaß zu verwehren. Als er am Weihnachtstag 1943 an der Messe in der Krypta teilnahm, enthielt er sich sogar jeder Beobachtung von der Abtei aus.

Doch General Alexander, der genau wußte, wie bedrückend die Abtei auf seine Soldaten wirkte, befahl ihre Bombardierung. Er hielt es nicht nur für vernünftig, sondern für seine Pflicht, der angreifenden Truppe alle nur mögliche Unterstützung zu geben. „War die Zerstörung des Klosters eine militärische Notwendigkeit? War die Entscheidung, es zu bombardieren, moralisch falsch?" schrieb Alexander nach dem Krieg. „Die Antwort auf die erste Frage lautet: ‚Ja.' Die Zerstörung der Abtei war weniger aus rein materiellen Gründen erforderlich als vielmehr wegen ihrer Wirkung auf die Moral der Truppe. Die Antwort auf die zweite Frage lautet folgendermaßen: Wenn Soldaten für eine gerechte Sache kämpfen und bereit sind, ihr Leben dafür einzusetzen, dann kann man Ziegelsteinen und Mörtel, wie ehrwürdig sie auch sein mögen, nicht gegenüber Menschenleben den Vorzug geben."

Da den Alliierten bekannt war, daß der Gegner bei Ánzio Vorbereitungen für einen großen Gegenstoß traf, mußten sie möglichst bald mit dem Angriff im Raum um Cassino beginnen. In der Eile übersahen sie einige wichtige Einzelheiten. So gingen sie davon aus, ohne sich freilich über alles vorher gründlich zu vergewissern, daß die im Kloster untergekommenen Flüchtlinge vor dem Luftangriff genügend Zeit hätten, die Abtei zu verlassen. Ferner setzten sie voraus, daß die 4. indische Division im Anschluß an das Luftbombardement einen machtvollen Angriff auf die Ruinen des Gebäudes führen würde.

Den Zeitpunkt des Angriffs sollten die Flieger selbst bestimmen, die zur Voraussetzung machten, daß ihnen der Wetterdienst für 24 Stunden günstiges Flugwetter vorhersagte. Zunächst nahm man an, daß die Bomber am 16. Februar zuschlagen würden. Als sich der Himmel plötzlich aufklärte, wurde der Zeitpunkt um einen Tag vorverlegt, einige alliierte Bodeneinheiten aber davon nicht in Kenntnis gesetzt. Am Nachmittag des 14. Februar wurden Flugblätter über Montecassino abgeworfen mit der Aufforderung an die Zivilisten – den Abt, etwa zehn Mönche und Laienbrüder und über 800 Flüchtlinge –, das Gebäude sofort zu verlassen. Doch bevor sie fliehen konnten, mußten die Mönche, die kaum noch wußten, wo ihnen der Kopf stand, mitten in der Schlacht mit den Deutschen, denen es nicht viel anders erging, verhandeln und die Flüchtlinge, darunter viele Kranke und alte Leute (der Abt stand selber im 81. Lebensjahr), auf das Verlassen des Klosters vorbereiten. Man kam überein, daß alle am 16. Februar um 5.00 Uhr auf einem Maultierpfad durch die deutschen Linien gehen sollten. Als der Luftangriff am 15. Februar um 9.45 Uhr begann, befanden sich die Mönche und Flüchtlinge jedoch noch im Kloster.

Die 4. indische Division, die erst drei Tage zuvor in die Frontlinie gerückt war, war nicht entsprechend ausgerüstet, um im Anschluß an das Luftbombardement ihren Angriff vorzutragen. Das Gelände ließ nur Nahkämpfe zu, so daß Handgranaten und Granatwerfer die wichtigsten Waffen waren. Doch die Inder hatten ihre Handgranaten und Werfergeschosse zum größten Teil bei Kraftfahrzeugunfällen verloren und konnten Munitionsnachschub nur in kleinen Mengen, die bei Nacht mit Maultieren über einen weiten Umweg herangeschafft wurden, bekommen. Die 4. indische Division war daher nicht nur unvorbereitet, sondern entsetzt, als der Luftangriff einen Tag früher als angekündigt erfolgte.

Mittlere und schwere Bomber griffen das Kloster stundenlang in mehreren Wellen an und warfen fast 540 Tonnen Luftminen ab.

Zwischen den einzelnen Wellen nahm die alliierte Artillerie das Gebäude unter konzentriertes Feuer. Hin und wieder verzogen sich die Rauch- und Staubwolken, und dann konnte man feststellen, wie weit das Zerstörungswerk fortgeschritten war. Die amerikanischen Infanteristen, die das Bombardement beobachteten, weinten vor Freude. Wenn die Männer der 34. Division irgendein schmerzliches Bedauern empfanden, so nur darüber, daß man die Abtei nicht schon früher bombardiert hatte. Die Mönche und Flüchtlinge im Innern des Klosters beteten unterdessen und starben. An die 300 Menschen – die genaue Zahl der Opfer wird sich nie feststellen lassen – fanden unter den einstürzenden Gebäuden und Gewölben den Tod oder kamen beim Versuch, dem Inferno zu entfliehen, durch Artilleriefeuer ums Leben. Der Abt und 40 andere Personen überlebten in der Krypta der Abtei.

Als der Luftangriff vorüber war, zeigte es sich, daß Montecassino zwar in einen wüsten Trümmerhaufen verwandelt worden war; der untere Teil des Gebäudes war jedoch stehen geblieben. Der drei Meter dicke Mauersockel blieb unversehrt, und in den Trümmern boten sich, wie es General Clark und andere vorhergesagt hatten, deutschen Granatwerfer- und Maschinengewehrbedienungen nunmehr geradezu ideale Stellungen. Kurz nach Dunkelwerden unternahmen die Männer der 4. indischen Division, obwohl noch immer unvorbereitet und ohne Nachschub, einen tapferen Versuch, zum Kloster vorzudringen, wurden indes von den auf den nahe gelegenen Hängen in Stellung liegenden Deutschen abgeschlagen. Am nächsten Abend und am 17. Februar traten sie erneut an, jedoch beide Male wiederum vergeblich. Unterdessen drangen zwei Kompanien neuseeländische Maori in den Bahnhof der Stadt Cassino ein. Sie wurden jedoch ebenfalls durch deutsche Gegenangriffe wieder hinausgeworfen.

Zwei Tage nach dem Fliegerangriff verließ der greise Abt nach vorheriger Absprache mit den Deutschen die Trümmer seines Klosters. Er trug ein großes hölzernes Kruzifix, und ein Elendszug von Mönchen und Flüchtlingen folgte ihm. Kaum waren sie in Sicherheit, da besetzten kampferfahrene deutsche Fallschirmjäger die Trümmer. „Nun", schrieb General v. Senger später, „konnten wir die Abtei unbedenklich besetzen ... Jetzt hatten die Deutschen einen gewaltigen, beherrschenden Stützpunkt, der sich in allen späteren Kämpfen bezahlt machte."

Nachdem ihr Versuch zur Einnahme des Klosterberges fehlgeschlagen war, hätte es für die Alliierten nahegelegen, während der restlichen Winterwochen keine weiteren Angriffe auf Cassino mehr vorzutragen. Nach dem Scheitern des deutschen Gegenangriffs bei Ánzio bestand für den dortigen Landekopf keinerlei Gefahr mehr; der Gegner begnügte sich jetzt damit, ihn einzudämmen, so daß die Vereinigung der voneinander getrennten Teile der 5. Armee nicht mehr so dringlich schien. Vielleicht war es jetzt für die Alliierten an der Zeit, eine Ruhepause einzulegen, ihre Materialbestände aufzufüllen und abzuwarten, bis der schlammige Boden austrocknete und das Frühlingswetter es ermöglichte, ihre erdrückende Überlegenheit an Panzern, Geschützen, Transportraum und Fliegerkräften voll zur Geltung zu bringen. Doch General Freyberg und sein neuseeländisches Korps wollten unter allen Umständen noch einen Versuch machen, die deutschen Sperrstellungen zu zerschlagen. Möglicherweise hatte der Gegner zur Verstärkung seiner bei Ánzio eingesetzten Verbände die Cassino-Front derart geschwächt, daß man sie jetzt eindrücken konnte.

Freyberg wollte erneut versuchen, ins Liri-Tal einzudringen, und zu diesem Zweck die 2. neuseeländische Division durch die Stadt Cassino und auf die Staatsstraße Nr. 6 am Fuß des Bergmassivs vorschicken, während die 4. indische Division den Klosterberg von unten her angreifen sollte. Ein gewaltiger Luftangriff, noch schwerer als der auf das Kloster, sollte dem Angriff auf die Stadt Cassino vorangehen und den größten Teil der deutschen Verteidiger außer Gefecht setzen. Voraussetzung war jedoch, daß drei Tage vor dem Angriff klares Wetter herrschte, damit der Boden so weit abtrocknete, daß Panzer darüberrollen konnten.

Am 24. Februar waren alle Angriffsvorbereitungen abgeschlossen, doch das ersehnte klare Wetter wollte sich drei Wochen lang

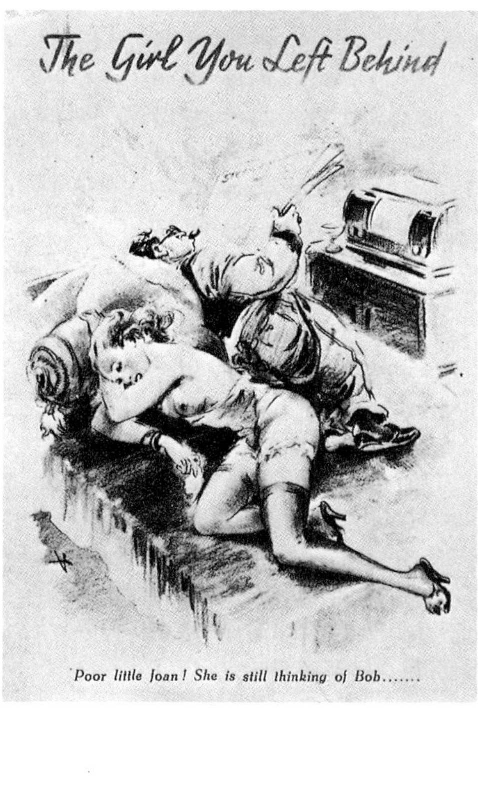

THE WAY OF ALL FLESH

When pretty Joan Hopkins was still standing behind the ribbon counter of a 5 & 10 cts. store on 3rd Avenue in New York City, she never dreamed of ever seeing the interior of a duplex Park Avenue apartment. Neither did young Bob Harrison, the man she loves. Bob was drafted and sent to the battlefields in Europe thousands of miles away from her. Through Lazare's Employment Agency Joan got a job as private secretary with wily Sam Levy. Sam is piling up big money on war contracts. Should the slaughter end very soon, he would suffer an apoplectic stroke.

Now Joan knows what Bob and his pals are fighting for.

Joan always used to look up to Bob as the guiding star of her life, and she was still a good girl when she started working for Sam Levy. But she often got the blues thinking of Bob, whom she hadn't seen for over two years. Her boss had an understanding heart and was always very kind to her, so kind indeed, that he often invited her up to his place. He had always wanted to show her his "etchings". Besides, Sam wasn't stingy and each time Joan came to see him, he gave her the nicest presents. Now, all women like beautiful and expensive things. But Sam wasn't the man you could play for a sucker. He wanted something, wanted it very definitely.....

*Poor little Joan! She is still thinking of Bob, yet she is almost hoping that he'll never return.*

Look for the other pictures of this series

*Flugblätter wie dieses wurden von der deutschen Wehrmacht mit einer Rakete über Ánzio ausgestreut. Die Zeichnung und der Text sollten bei den GIs die Angst erwecken, ihre Frau oder Freundin in der Heimat könnte ihnen untreu werden.*

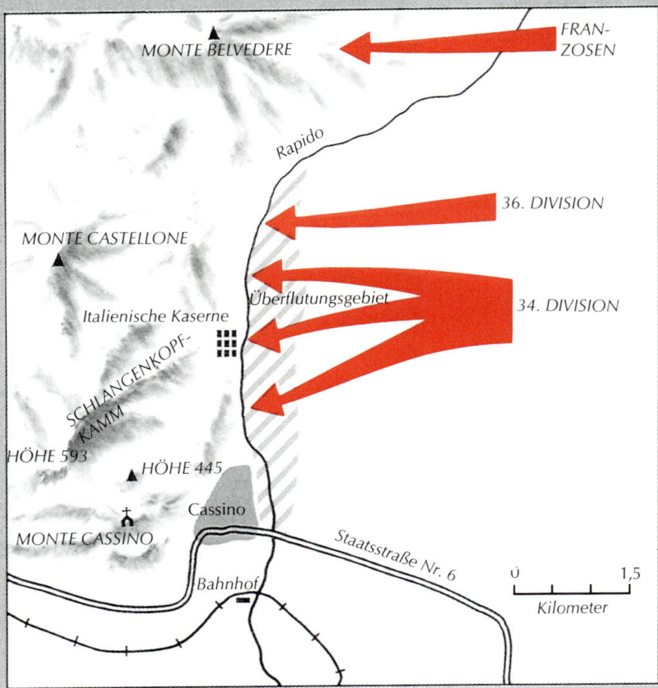


In der ersten Schlacht am Monte Cassino, die nach der Katastrophe am Rapido (Karte, S. 105) erfolgte, griff die 34. US-Division über ein Gebiet an, das von den Deutschen unter Wasser gesetzt worden war. Vom Französischen Expeditionskorps und einem Regiment der 36. US-Division unterstützt, drang die 34. in Richtung auf die Stadt Cassino vor und kämpfte sich bis auf 360 Meter an das Kloster heran.

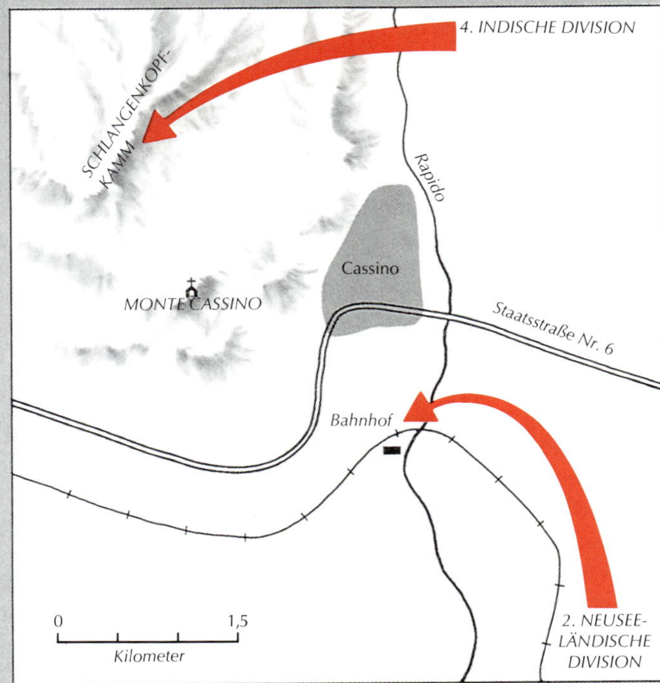


Die Truppen der ersten Angriffs-Phase wurden am 12. Februar von der 2. neuseeländischen und 4. indischen Division abgelöst. Drei Tage später eröffneten die Inder nach dem Luftangriff auf das Kloster die zweite Schlacht, indem sie den Versuch machten, die Abtei von Norden zu nehmen. Ihr Angriff scheiterte jedoch. Unterdessen traten die Neuseeländer von Süden her zum Stoß auf den Bahnhof von Cassino an.

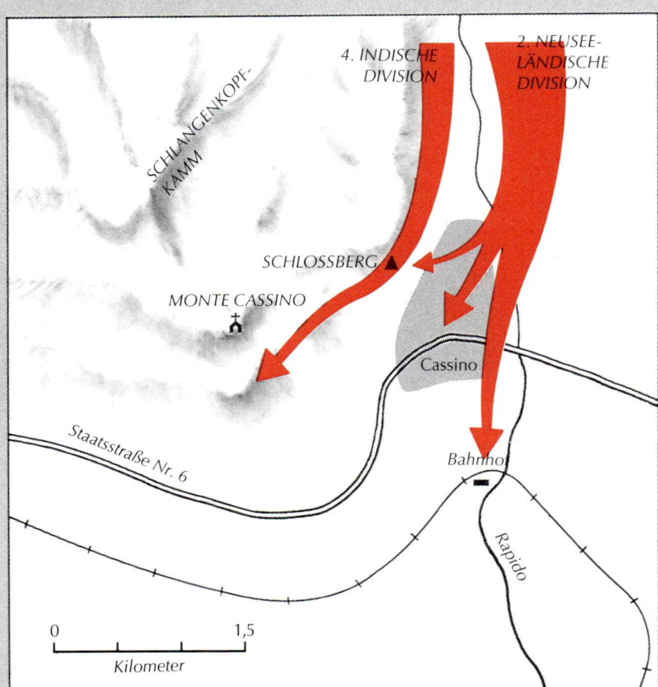


Die dritte Cassino-Schlacht begann am 15. März mit einem Luftangriff auf Cassino. Anschließend stürmte die 2. neuseeländische Division von Norden her gegen die Stadt. Ein Verband erreichte den Bahnhof, ein anderer blieb in der Stadt stecken und ein dritter schwenkte ab, um den Schloßberg zu stürmen. Die 4. indische Division benutzte den Schloßberg als Ausgangspunkt für ihren vergeblichen Angriff auf das Kloster.

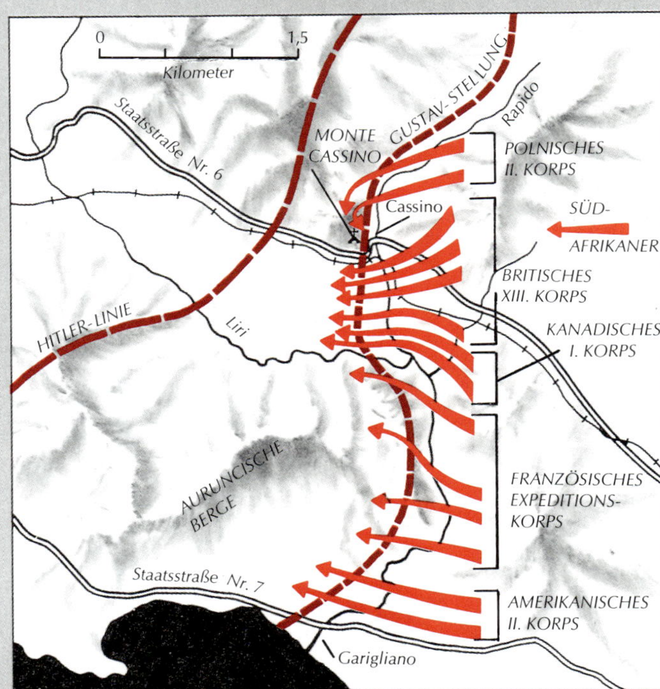


In der Schlußphase der Schlacht um Cassino traten die Alliierten mit 14 Divisionen an. Das amerikanische II. Korps ging an der Mündung des Garigliano über den Fluß. Der entscheidende Durchbruch gelang dem Französischen Expeditionskorps, das gegen einen nur schwach verteidigten Abschnitt antrat. Das kanadische I. Korps und das britische XIII. Korps brachen ins Liri-Tal ein, das polnische II. Korps eroberte die Abtei.

nicht einstellen. Die Infanterie wartete tagtäglich auf das Stichwort „Morgen ist Bradman dran" (Don Bradman war ein bekannter australischer Kricketspieler der 30er Jahre) und hörte nur immer wieder: „Bradman noch nicht dran." Erst am 15. März waren die Wetterbedingungen entsprechend gut.

Als „Bradman" dann schließlich an der Reihe war, warfen 435 Flugzeuge, darunter in England stationierte schwere Bomber, 900 Tonnen Sprengstoff im Raum um Cassino ab. Der britische Kriegsberichterstatter Christopher Buckley berichtete darüber: „Schwarzgraue Rauchpilze kamen einer nach dem anderen aus der Erde und wuchsen wie ein dunkler Wald langsam zum Himmel. Kaum hatte eine Welle den Rückflug angetreten, da kam auch schon die nächste von Osten herangeflogen. Ich kann mich nicht erinnern, jemals eine Schau von derart gigantischer Einseitigkeit erlebt zu haben: oben die prächtigen, stolzen, silbergrauen Ungeheuer, die, wie es scheint, mit tödlicher Gleichgültigkeit ihren Auftrag ausführten, da unten eine stumme Stadt, die dies alles völlig passiv über sich ergehen ließ."

Unterdessen schleuderten an die 750 alliierte Geschütze und Haubitzen weitere 3600 Tonnen Granaten in das Zielgebiet.

Ein deutscher Oberleutnant, der das Bombardement miterlebte und das Inferno von stürzenden Fassaden, zusammenbrechenden Gewölben und durch die Luft fliegenden Bäumen unversehrt überstand, erinnerte sich später: „Wir konnten uns nicht mehr sehen, wir fühlten uns nur noch. Nacht um uns und verbrannte Erde auf der Zunge. Wie durch Nebel mußte ich mich vorarbeiten, kriechend und springend; eine neue Welle war bereits wieder im Anflug. Volltreffer hier, Volltreffer dort. Die Männer lasen es mir von den Augen ab, als ich zurückkam. Wann sind wir dran?"

Doch als die neuseeländische Infanterie die Überreste der Stadt Cassino betrat, mußte sie feststellen, daß schwere Luft- und Artilleriebombardements allein kampfentschlossene Truppen in befestigten Stellungen nicht auf die Knie zu zwingen vermögen. Die meisten Soldaten der deutschen 1. Fallschirmjägerdivision hatten das Inferno in ihren Tunneln, Tiefbunkern und Zwei-Mann-Unterständen, die im Notfall sechs Soldaten Platz boten, überlebt. Überdies waren der Mut und Kampfeswille der Überlebenden nach wie vor stark und ungebrochen.

General v. Senger konnte voll Stolz feststellen: „Jeder hatte damit gerechnet, daß die, die das stundenlange Bombardement und die Verluste überlebten, physisch und moralisch erschüttert sein müßten. Das Gegenteil trat ein."

Die Deutschen krochen aus ihren Bunkern, um sich in den Trümmern zu verschanzen und die Neuseeländer mit Granatwerfern, Maschinengewehren und Karabinern zu empfangen. Als die Alliierten Panzer in die Stadt schickten, vermochten diese inmitten der hochaufgetürmten Trümmerhaufen und der Bombenkrater, von denen einige 15 Meter breit waren, kaum zu manövrieren. Dann setzte heftiger Regen ein und füllte die Krater mit Wasser. Nach einwöchigen Nahkämpfen hielten die Deutschen immer noch einen beträchtlichen Teil der Stadt besetzt. Und oben auf dem Klosterberg, wo Soldaten der 4. indischen Division bis auf etwa 230 Meter an die Abtei herangekommen waren, hatten die deutschen Fallschirmjäger den zerschossenen und zerbombten Bau noch immer nicht geräumt. Der Angriff, den die Flieger als „die stärkste Massierung von Luftstreitkräften in der ganzen Welt" bezeichnet hatten, war gescheitert.

Churchills Anfragen an Alexander wurden jetzt immer spitzer. „Ich hätte gern Ihre Erklärung", schrieb der Premierminister an den Oberbefehlshaber der Landstreitkräfte, „weshalb Sie einzig und allein auf den Engpaß beim Klosterberg Cassino usw., also auf einer Breite von nur drei bis fünf Kilometern, einhämmern müssen. Fünf oder sechs Divisionen haben sich nacheinander in diesem Höllengrund abgekämpft."

Alexander hatte nicht die Absicht, weiterhin einzig und allein auf Cassino einzuhämmern. Er plante vielmehr einen koordinierten Angriff seiner sämtlichen Truppen entlang der Hauptkampflinie, die sich über 40 Kilometer vom Raum um Cassino bis zum Meer erstreckte. Er beschloß daher, an der Adriafront nur noch Sicherheitskräfte zu belassen und die 8. Armee in den Raum um Cassino zu verlegen. Anschließend wollte er seine kampferfahrenen Divisionen umgruppieren, ihnen eine Verschnaufpause gönnen, sie durch aus den Vereinigten Staaten, Afrika und dem Mittleren Orient herangeführte Divisionen verstärken, um dann gleichzeitig vier Hauptstöße zu führen.

Am Meer sollten zwei neu eingetroffene US-Divisionen, die 85. und 88., entlang der Staatsstraße Nr. 7 die Küste hinauf vorrücken. Neben ihnen sollte das Französische Expeditionskorps unter General Juin, das jetzt vier Divisionen – zwei marokkanische, eine algerische und eine französische – zählte, über die am linken Rand aufragenden Berge des Liri-Tales angreifen. Im Zentrum sollten eine indische Division, zwei kanadische Divisionen, eine kanadische Panzerbrigade und drei britische Divisionen den Rapido überqueren und an der Stelle, wo die 36. US-Division abgeschlagen worden war, ins Tal eindringen. Die 6. südafrikanische Panzerdivision lag in diesem Abschnitt in Reserve. Rechts sollte das aus zwei Infanteriedivisionen und einer Panzerbrigade bestehende polnische II. Korps Montecassino über die Berggipfel hinweg angreifen. Wenn alles planmäßig verlief, dann würde der feindliche Widerstand in sich zusammenbrechen und die bei Ánzio eingeschlossenen alliierten Divisionen aus ihrem Landekopf ausbrechen, um die Rückmarsch-

## HILFREICHE ENGEL IM „HÖLLENGRUND“

*Ein US-Feldlazarett im Landekopf bei Ánzio.*

Die Helden von Ánzio waren die in den Lazaretten tätigen Sanitäter und Schwestern der US-Sanitätstruppe. Da der Landekopf nur sehr schmal war, erhielten die vier – nur aus Zelten bestehenden – Feldlazarette häufig Granattreffer. Das Gebiet bekam den Beinamen „Höllengrund“, und es herrschten dort derart fürchterliche Zustände, daß ein Verwundeter General Lucian Truscott bat, ihn an die Front zurückzuschicken, da „wir es dort wesentlich besser haben als hier“.

Die amerikanischen Feldlazarette waren mit Röntgenstationen, den neuesten Medikamenten und Sanitätsmaterialien, Blutkonserven und 3500 Betten ausgerüstet. Von Januar bis Mai 1944 wurden dort 33 128 Verwundete versorgt.

Der Fronteinsatz der fast 200 Krankenschwestern gab den Soldaten ein gutes Vorbild. Sechs Krankenschwestern kamen während ihres Einsatzes bei Ánzio ums Leben; und vier erhielten als erste Frauen die Tapferkeitsmedaille Silberstern verliehen, die die Inschrift trug „For Gallantry in Action“ (Für Tapferkeit im Dienst).

*Soldaten räumen in einem von deutschen Granaten getroffenen Feldlazarett auf.*

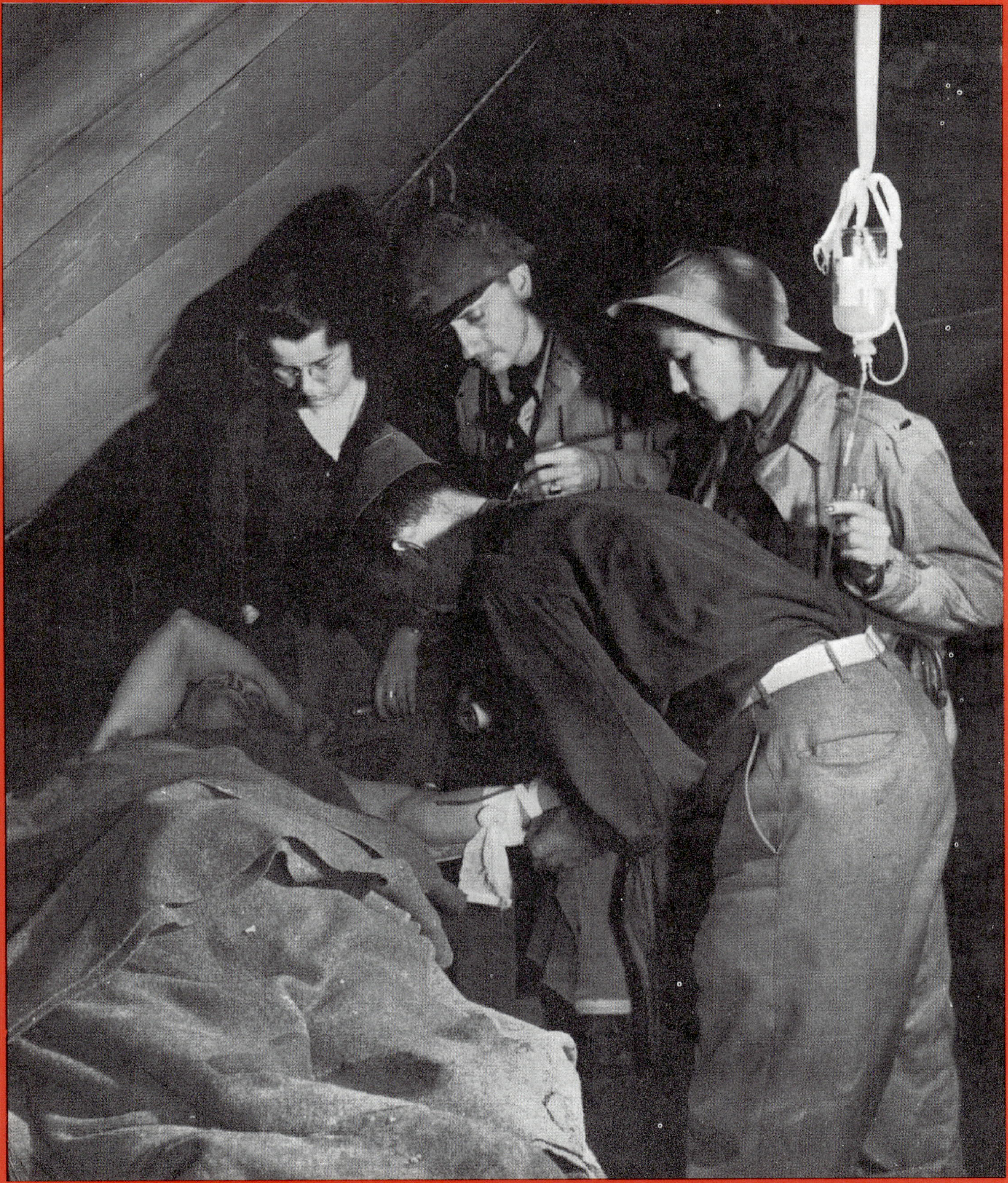

*Ein Schwerverwundeter erhält in einem Zelt bei Ánzio eine Blutübertragung. Die alliierten Militärärzte verbrauchten dort insgesamt 6768 Liter Blutkonserven.*

straßen der sich nach Norden in der Richtung auf Rom absetzenden Deutschen abzuschneiden und den Gegner einzukesseln.

Der deutsche Gegner, dessen Aufklärungsflugzeuge jetzt endgültig vom Himmel vertrieben worden waren, verfügte kaum über Mittel und Wege, die Umgruppierung und Verstärkung der alliierten Truppen auszumachen, die General Alexander nachts bei strenger Funkstille und tagsüber unter meisterhafter Tarnung gegen feindliche Sicht vornahm.

Generalfeldmarschall Kesselring glaubte, ihm stünden an der Hauptfront sechs alliierte Divisionen gegenüber, tatsächlich waren es jedoch mehr als 15. Er wußte nicht genau, wie groß das Französische Expeditionskorps war und wo es sich befand und hatte nicht einmal erfahren, daß auch die Polen gegen ihn angetreten waren. Kesselring ließ sich auch durch Landungsmanöver täuschen, die Alexander unweit Neapel mit beträchtlichem Aufwand inszenierte und über die der deutsche Oberbefehlshaber Südwest von den Agenten seines Geheimdienstes ins Bild gesetzt wurde. Kesselring hatte den Eindruck, daß die Alliierten eine weitere Großlandung an der italienischen Westküste vorbereiteten, vermutlich im Norden von Rom bei Civitavécchia, und beschloß daher, seine beweglichen Reserven dort zu belassen.

Wenn Kesselring sich auch gründlich hinters Licht führen ließ, so blieb er doch während der Zeit, in der Alexander seinen Stoß vorbereitete, nicht untätig. So ließ er 8 bis 16 Kilometer hinter den Sperrstellungen bei Cassino eine weitere Abwehrstellung errichten, die sogenannte Hitler-Linie, und in den Albaner Bergen im Norden des Landekopfes die Caesar-Linie. Beide wiesen Minenfelder, Drahtverhaue und Bunker auf. Sie waren noch nicht fertig und nicht so stark wie die Winter-Linie, doch war Kesselring fest davon überzeugt, daß seine Männer in der Lage sein würden, sie so lange wie erforderlich zu halten.

Alexander benötigte für seine Vorbereitungen mehr als sechs Wochen, doch am 11. Mai waren sie abgeschlossen: Um 11.00 Uhr lösten die Alliierten das gewaltigste Trommelfeuer aus, das der italienische Kriegsschauplatz bisher erlebt hatte. Entlang der etwa 40 Kilometer breiten Front begannen mehr als 1600 Geschütze sämtliche deutschen Stellungen unter Beschuß zu nehmen, rote Feuerbrände auf die Berge zu schleudern und die Täler mit Rauch und kaum abreißenden Donnerschlägen zu erfüllen. Ehe noch ihr Echo verklungen war, rückte die Infanterie vor.

Die Deutschen waren wie betäubt – doch nur für eine Weile. Wie schon so oft, erholten sie sich binnen kurzem von dem Feuerorkan und setzten sich mit großem Geschick zur Wehr. Die entlang der Küste angreifenden Amerikaner wurden nach geringem Bodengewinn zum Stehen gebracht; der Versuch der britischen 8. Armee, den Eingang ins Liri-Tal zu erzwingen, scheiterte und führte lediglich zur Errichtung eines schmalen Brückenkopfes über den Rapido, und der Angriff der Polen auf den Klosterberg wurde unter schweren Verlusten für sie abgewiesen. Lediglich die Franzosen erzielten in den Auruncischen Bergen beträchtlichen Bodengewinn – doch das genügte, wie sich bald zeigte.

In den Auruncischen Bergen waren die deutschen Linien dünner als an den übrigen Frontabschnitten. Kesselring verließ sich hier zur Abwehr feindlicher Durchbruchsversuche auf das außergewöhnlich schwierige Terrain. Er hatte indes nicht mit den im Gebirge aufgewachsenen nordafrikanischen Kolonialtruppen der Franzosen gerechnet, die mit einem derartigen Gelände durchaus vertraut waren. General Juin, einer der fähigsten alliierten Armeeführer auf dem italienischen Kriegsschauplatz, trieb seine Truppen, die zum Transport ihrer Waffen und Ausrüstungsgegenstände Maultiere einsetzten, dort ungestüm vorwärts, und es gelang ihm, die Deutschen in ein paar Tagen zurückzudrängen und einen mehrere Kilometer westlich von Cassino gelegenen Punkt zu erreichen, von dem aus er sich nach rechts wenden, ins Liri-Tal vordringen und den Feind mit Abschnürung bedrohen konnte. Durch den französischen Vormarsch angespornt, begannen die Amerikaner dann, entlang der Küste vorzustoßen, während die 8. Armee unablässig ihren Brückenkopf über den Rapido erweiterte.

Auf den zerschossenen Hängen rings um die Abtei fuhren die Polen unter Generalleutnant Wladyslaw Anders fort, die deutschen Stellungen abzutasten, wobei sie immer wieder schwere Verluste erlitten. Viele von ihnen waren im Herbst 1939 nach dem Überfall Hitlers auf Polen und Stalins Einmarsch in Ostpolen von den Russen gefangengenommen, eingekerkert oder in Arbeitslager gebracht worden. General Anders war monatelang in dem berüchtigten Moskauer Lubjanka-Gefängnis eingesperrt gewesen. Die Polen waren dann schließlich freigelassen worden und hatten die Erlaubnis erhalten, auf sowjetischem Territorium eine Armee aufzustellen. Diese wurde später nach Italien transportiert und von den Engländern zum abermaligen Kampf gegen die Deutschen ausgerüstet. Alle ihre Angehörigen hatten ihre Heimat verloren, viele ihre Familien, und nur wenige blickten voller Hoffnung in die Zukunft. Sie kämpften, so sagten sie, um an den Deutschen Rache für 1939 zu nehmen und um der Ehre willen.

Am 17. Mai waren die Briten nach sechstägigen Kämpfen so weit ins Liri-Tal vorgedrungen, daß sie die Ruinen des Klosters und der Stadt Cassino zu umgehen vermochten. In der Nacht zum 18. räumten die Deutschen beide Plätze. Die 1. Fallschirmjägerdivision weigerte sich anfänglich, dem Absetzbefehl Folge zu leisten, so daß Kesselring ihn ihr persönlich erteilen mußte. Am 18. Mai besetzten die Polen das Kloster und hißten ihre Nationalflagge. Sie verloren bei Cassino 4000 Mann, von denen ein Großteil auf dem nahe gelegenen sogenannten Schlangenkopf unter folgender Inschrift zur letzten Ruhe gebettet wurde:

*Für eure und unsere Freiheit*
*Gaben wir polnischen Soldaten*
*Unsere Seele Gott*
*Unsere Leiber dem Boden Italiens*
*Und unsere Herzen unserem Vaterland.*

Am 23. Mai war die deutsche 10. Armee an der ganzen Front im Rückzug begriffen, und auch für die Truppen im Ánzio-Landekopf – nunmehr insgesamt an die sieben Divisionen – war der Zeitpunkt des Ausbruchs herangekommen. Nach General Alexanders Plan sollten die Ánzio-Truppen nordwärts auf die Stadt Valmontone vorstoßen und den Deutschen durch Sperrung der Staatsstraße Nr. 6 den weiteren Rückzug verlegen.

Clark glaubte nicht, daß man die Deutschen durch Blockierung der Straße einschließen könnte. Seiner Ansicht nach würden sie in

*Cassino, 1944: Generalleutnant Wladyslaw Anders (zweiter von rechts), der Kommandierende General des polnischen II. Korps, bei einer Einsatzbesprechung mit britischen Offizieren. Der britische General Sir Harold Alexander äußerte über Anders und seine Soldaten, denen die Einnahme der von anderen Einheiten vergeblich berannten Abtei Montecassino gelang: „Er verfügte über ein großartiges Korps tapferer polnischer Soldaten, denen kein anderes Korps gleichkam, und er erwies sich als hervorragender Truppenführer."*

der Lage sein, über mehrere weiter landeinwärts gelegene Nebenstraßen zu entkommen. Er befürchtete zudem, im Falle eines Vorstoßes in nördlicher Richtung auf Valmontone würde er seine linke Flanke einem möglichen feindlichen Gegenangriff in den Albaner Bergen aussetzen. Und er vermutete ohnehin, Alexanders Plan ziele darauf ab, der britischen 8. Armee den Vormarsch in den Raum um Rom zu erleichtern, ihr gewissermaßen „ein Seil zuzuwerfen". Nach Clarks Überzeugung gebührte der heißbegehrte Preis Rom aber seiner eigenen Truppe. Möglicherweise würden die Briten, während die Amerikaner bei Valmontone kämpften, an ihnen vorbeigleiten und in Rom einziehen, und die Hauptstadt Italiens beanspruchte Clark, wie gesagt, für die US-Armee und sich selber.

In der Morgenfrühe des 23. Mai, um 5.30 Uhr, eröffneten 500 Geschütze das Feuer auf die deutschen Stellungen. Gleichzeitig griffen 60 leichte Bombenflugzeuge Cisterna an. Anschließend traten vier Divisionen zu einem Großangriff auf die Stadt an.

Währenddessen stieß das amerikanische II. Korps von der zusammengebrochenen Cassino-Front nach Norden vor. Am 25. stellten Pioniere des Landekopfes mit den von Süden anrücken-

*Ánzio, 23. Mai 1944: Bei ihrem Ausbruch aus dem Landekopf gehen Soldaten der amerikanischen 3. Division hinter einem Jeep in Deckung, während auf der Straße nach Cisterna ein Munitionswagen in die Luft fliegt. Cisterna wurde am 25. Mai nach heftiger deutscher Gegenwehr erobert. Zehn Tage später rückten die Alliierten endlich in Rom ein, was den darüber höchst befriedigten Winston Churchill zu der Bemerkung veranlaßte: „Schließlich und endlich begannen wir zu ernten, was wir im Winter bei Ánzio gesät hatten."*

den Truppen erstmals Verbindung her. Am selben Tage fiel Cisterna, und Einheiten des amerikanischen VI. Korps, das jetzt von dem angriffslustigen General Truscott kommandiert wurde, eilten in Richtung Valmontone in der Hoffnung, große Teile der sich absetzenden deutschen Truppen einzuschließen. Doch jetzt schaltete sich Clark ein. Mit dem einen Auge auf Rom blickend, befahl er Truscott eine Richtungsänderung. Clark konnte Alexanders Wunsch nicht gänzlich ignorieren: Er ließ daher knapp ein Drittel der amerikanischen Truppen weiter auf Valmontone vorstoßen, während die anderen nordwestwärts in Richtung Rom schwenken sollten. Churchill, der die Kämpfe, vor Spannung fiebernd, aus der Ferne verfolgte, war nicht minder entsetzt als Truscott und andere amerikanische Kommandeure. Und die meisten britischen Generale stimmten General W. G. F. Jackson zu, der äußerte, Clark habe „um des Ruhmes willen, als erster in Rom einzurücken, über Nacht die günstige Gelegenheit zur Vernichtung des rechten Flügels der Armee v. Vietinghoffs verspielt". Hätte Clark den Sack zugeschnürt, so wären die Deutschen möglicherweise außerstande gewesen, ihm zu entrinnen. Wie dem auch sei – fest steht nur, daß dies nicht gerade eine Sternstunde des britisch-amerikanischen Militärbündnisses war und daß das Gros der deutschen Truppen den Alliierten gewandt auswich und entkam.

Als Clark nach Westen in Richtung Rom abschwenkte, mußte er noch die unfertige deutsche Caesar-Linie auf den Südhängen der Albaner Berge durchstoßen. Diese Stellung war noch nicht vollständig besetzt, und ein Erkundungstrupp der amerikanischen 36. Division entdeckte zufällig ein großes Loch darin. Hinter der Stadt Valmontone lag an der Naht zwischen zwei deutschen Einheiten ein strategisch bedeutsames Höhengelände, der Monte Artemisio. Keiner der beiden Verbände hatte es der Mühe wert gehalten, stärkere Kräfte auf den Berg zu legen; lediglich ein paar verstreute Sicherungen befanden sich dort.

In der Nacht zum 31. Mai 1944 traten zwei amerikanische Regimenter, an die 8000 Mann, zu einem Schweigemarsch durch die deutschen Linien an. „Wir marschierten die ganze Nacht hindurch", erinnerte sich ein Teilnehmer. „Man hatte uns gesagt, wir müßten uns absolut still verhalten, und als wir erfuhren, worum es ging, tat auch wirklich niemand mehr einen Mucks. Die ganze Nacht hörte man keinen Laut, nicht einmal das Scheppern irgendeines Ausrüstungsgegenstandes."

Einzelne Deutsche, auf die sie stießen, wurden lautlos erstochen oder mit einer Drahtschlinge erdrosselt. Es war dies kein angenehmes Geschäft, doch die GIs waren auch nicht gerade heiterer Stimmung, gehörten sie doch zur 36. Division, die bei Salerno und San Pietro außerordentlich hohe Verluste erlitten und die Katastrophe am Rapido nur mit knapper Not überlebt hatte. Jetzt wollten sie dafür Abrechnung mit dem deutschen Gegner halten. „Wir robbten uns an die Wachen heran und sprangen sie von hinten an", erinnerte sich ein amerikanischer Soldat. „Mit Daumen und Zeigefinger hielt man dem Deutschen die Nase zu und mit den drei anderen Fingern der linken Hand den Mund, wobei der Kopf zugleich nach hinten gedrückt wurde, um die Schlagader freizulegen. Dann stieß man blitzschnell zwischen Ader und Halswirbel das Messer rein, das unterhalb des Kinns wieder 'rauskam. Der Posten verblutete, ohne einen Laut von sich zu geben; man hörte bloß, wie das Blut rausströmte."

Bei Hellwerden waren die beiden Regimenter im Besitz des Höhengeländes hinter der Caesar-Linie; die Kämpfe dauerten dann noch ein paar Tage lang an, aber die deutsche Abwehrfront war zusammengebrochen. Die Deutschen erklärten Rom zur „offenen Stadt" und setzten sich nach Norden ab. Im Umkreis von Rom beließen sie noch einige Kräfte, die die anrückenden Alliierten aufhalten sollten. Am Nachmittag des 4. Juni suchte die 1. Special Service Force in einem Außenbezirk der Stadt einige lästige deutsche Geschütze auf Selbstfahrlafetten außer Gefecht zu setzen, als, wie der Kriegsberichterstatter Eric Sevareid berichtete, Generalmajor Geoffrey Keyes in einem Jeep heranfuhr und den Kommandeur, Brigadegeneral Robert Frederick, fragte: „General Frederick, was hält Sie hier auf?"

„Die Deutschen, Sir", antwortete Frederick.

„Wie lange brauchen Sie, bis Sie in die Stadt kommen?" fragte Keyes den Brigadegeneral.

„Den Rest des Tages. Da drüben liegen noch ein paar Geschütze auf Selbstfahrlafetten."

„Das geht nicht", befahl Keyes. „General Clark muß um vier Uhr in der Stadt sein."

„Warum?"

„Weil er photographiert werden muß", sagte Keyes. Frederick starrte Keyes erstaunt an und antwortete: „Sagen Sie dem General, er soll mir eine Stunde Zeit geben."

Fredericks Soldaten brachten die Geschütze zum Schweigen, und der photographischen Aufnahme des Generals in Rom stand nun nichts mehr im Wege.

General Alexanders Großoffensive war zwar erfolgreich verlaufen, hatte die Alliierten aber hohe Verluste gekostet. Der Stoß auf Rom hatte 40 000 Tote, Verwundete und Vermißte gefordert, während sich die deutschen Verluste auf 38 000 Mann bezifferten. Die alliierten Truppen konnten nun in die italienische Hauptstadt einziehen und dort einen flüchtigen Augenblick lang ihren Triumph auskosten, ehe die Aufmerksamkeit der Weltöffentlichkeit durch ein anderes Ereignis nach Norden abgelenkt wurde: die alliierte Landung in der Normandie.

# DIE SCHLACHT UM MONTECASSINO

*15. Februar 1944: Alliierte Kampfflugzeuge belegen die auf einem 519 Meter hohen Berg über der Stadt Cassino gelegene Benediktinerabtei mit Bomben.*

# EINE FAST UNEINNEHMBARE BERGFESTUNG

Die Abtei Montecassino umfaßte vor ihrer Zerstörung eine Hauptkirche, ein Seminar, ein Observatorium, eine Knabenschule und zwei Bibliotheken.

Nachdem sich die alliierten Truppen durch das Gebirge im Norden von Neapel gekämpft hatten und Anfang 1944 in das Tal des Rapido gelangt waren, sahen sie sich plötzlich einer der gewaltigsten Verteidigungsstellungen der Welt gegenüber. Vor ihnen lag der Hochwasser führende Rapido; seine Ufer waren überall durch Minen versperrt, und die Minenfelder starrten von Stolperdrähten, die bei der geringsten Berührung todbringende Explosionen auslösten. Hinter dem Fluß lag eine Kette stark verteidigter Berge und die Stadt Cassino, in deren Gebäuden feindliche Panzer, Geschützstellungen und Maschinengewehrnester versteckt waren.

Über dem Tal ragte der 519 Meter hohe Monte Cassino auf, die Geburtsstätte des im sechsten Jahrhundert gegründeten Benediktinerordens. Der Monte Cassino bot eine ideale Beobachtungsstelle, von der man nahezu alles, was sich unten bewegte, einzusehen vermochte. Die Hänge dieses Berges und der umliegenden Höhen waren mit Minen und Drahthindernissen übersät, und inmitten dieses Dschungels standen Geschütze, deren Bedienungen sich sorgfältig auf das Tal eingeschossen hatten.

Fast jede nur erdenkliche Mühsal mußten die Truppen beider Seiten auf sich nehmen, als die Alliierten von Januar bis Ende März Sperre auf Sperre berannten. Italien erlebte damals den härtesten Winter seit Jahrzehnten, und die Soldaten erduldeten wolkenbruchartige Regenfälle, knietiefen Morast, schneidende Winde, Schneetreiben und eisige Kälte. Wer seine Füße nicht trocken zu halten vermochte, bekam „Schützengrabenfüße"; andere zogen sich Erfrierungen zu. Viele wurden von Flöhen und Läusen geplagt oder erkrankten an Grippe oder Lungenentzündung. An den eisenharten Berghängen abprallende Granaten schleuderten Felssplitter in die Köpfe und Augen der Männer. Es gab kaum ein Entrinnen vor den Feuerschlägen; selbst Verwundete, die auf ihren Abtransport warteten – der in dem unwegsamen Gelände zuweilen acht Stunden dauern konnte – kamen ums Leben. Die Toten blieben dort, wo sie gefallen waren, wochenlang liegen; vom Aas lebende streunende Hunde machten sich über sie her.

Von den Truppen wurden derart übermenschliche Anstrengungen verlangt, daß Kesselrings soeben glücklich der Ostfront entronnene österreichische Gebirgsjäger „lieber freiwillig auf allen vieren wieder nach Rußland zurückkriechen" als noch einmal eine Cassino-Schlacht mitmachen wollten.

*Der Schloßberg (Mitte), ein 90 Meter hoher Stützpunkt, der den Alliierten den direkten Zugang zur Abtei versperrte, wird von amerikanischer Artillerie unter Feuer genommen.*

## HOHE VERLUSTE UND KAUM BODENGEWINN

Vor dem Beginn der ersten Schlacht um Cassino waren die alliierten Befehlshaber voller Optimismus, rechneten sie doch fest damit, daß sich ihre dort kämpfenden Truppen binnen weniger Tage mit den im Landekopf von Ánzio eingesetzten Kräften vereinigen würden, um anschließend auf Rom zu stoßen. In einer Feindlagebeurteilung der 5. US-Armee hieß es, die deutschen Truppen seien derart erschöpft, daß „es zweifelhaft erscheint, ob der Feind seine Sperrstellung im Raum um Cassino gegen einen massierten Angriff der Armee zu halten vermag".

Nicht alle teilten diesen Optimismus. So notierte Generalmajor Fred L. Walker, der Kommandeur der amerikanischen 36. Division, die den Auftrag bekommen hatte, über den Rapido zu gehen, in seinem Tagebuch: „Vielleicht schaffen wir's, aber wie – das weiß ich nicht."

Walkers Pessimismus erwies sich schließlich als berechtigt. Die 36. Division wurde über den Fluß zurückgeworfen und büßte im Verlauf von 48 Stunden 1681 Mann ein. Dem britischen X. Korps gelang zwar die Errichtung eines kleinen Brückenkopfes am jenseitigen Ufer des Garigliano, doch verlor es dabei 4000 Mann, und die amerikanische 34. Division vermochte auf den Berghöhen nahe dem Monte Cassino Fuß zu fassen, doch bezifferten sich ihre Verluste auf 22 000 Soldaten.

*Ein Offizier der 34. US-Infanteriedivision beobachtet Bewegungen des deutschen Gegners bei Cassino.*

*Oberhalb von Cassino ist ein Panzer der 5. US-Armee im Morast steckengeblieben. Die Deutschen hatten die Ebene durch Ableitung des Rapido unter Wasser gesetzt.*

*Amerikanische Pioniere bereiten durch Einnebelung den Vorstoß der 36. US-Division auf den Rapido vor.*

*Britische Pioniere, die soeben in dem neuerrichteten Brückenkopf am Nordufer des Garigliano ein Minenfeld geräumt haben, verladen ihre Ausrüstung.*

*Nach dem Bombardement ist das Kloster Montecassino fast völlig zerstört. Unter den unversehrten Teilen befanden sich auch die Zelle und das Grab des hl. Benedi*

Angriffsbereite neuseeländische Infanteristen beobachten am Rapido das Bombardement der Alliierten.

Soldaten einer amerikanischen Nebelwerferabteilung gehen auf einem Hang nahe Cassino in Stellung.

## DIE NUTZLOSE ZERSTÖRUNG EINES KLOSTERS

Die zweite Cassino-Schlacht begann damit, daß alliierte Bombenflugzeuge 540 Tonnen Bomben auf das Kloster warfen. Ein britischer Kriegsberichterstatter, der den Angriff beobachtete, berichtete, daß „an sechs Punkten . . . eine helle Flamme emporschoß. Dann stieg eine 150 Meter hohe Rauchsäule in den Himmel auf". Als sich der Rauch verzog, „war die Außenmauer des Westtrakts völlig eingestürzt". Im Innern des Klosters wurden zu jenem Zeitpunkt gerade im kleinen Zimmer des Abtes die Stundengebete Sext und Non gebetet. Als die Bomben krachten, erteilte der 80jährige Abt den sechs anwesenden Mönchen die Absolution.

Aber die Mönche überlebten den Luftangriff, und auch die Deutschen hatten keine Menschenleben zu beklagen. Nach der Zerstörung der Abtei erfuhren die Alliierten, daß die Deutschen sie nicht militärisch genutzt hatten.

Die Zerstörung des Klosters wirkte sich zum Nachteil der Alliierten aus, denn als ihre Infanteristen zum Sturm auf die Abtei antraten, wurden sie von deutschen Truppen zurückgeworfen, denen die Trümmer jetzt einen Schutz boten.

*Deutsche Soldaten beobachten aus einer Schlachterei einen alliierten Feuerschlag. Ein Soldat (links) liest einen Brief aus der Heimat, sein Kamerad (rechts) hält eine Illustrierte*

# EIN HEROISCHER ABWEHRKAMPF

In der Kampfpause zwischen der zweiten und dritten Cassino-Schlacht wurde die deutsche 1. Fallschirmjägerdivision, eine besonders ausgebildete Eliteeinheit, mit der Verteidigung von Stadt und Berg Cassino betraut. Drei Wochen nachdem sie diese Schlüsselstellung bezogen hatte, griffen alliierte Flieger- und Artilleriekräfte die Stadt von neuem an, und zwar derart heftig, daß ein deutscher Soldat nach Hause berichtete: „Der Boden schwankt hier wie bei einem schweren Erdbeben."

Im Verlauf des siebenstündigen Angriffs wurden viele Fallschirmjäger unter Bergen von Schutt begraben. Die Division büßte ihre sämtlichen panzerbrechenden Waffen und den Großteil ihrer Munition ein, hatte nichts mehr zu trinken und kaum noch etwas zu essen. Doch sie setzte sich immer noch erbittert zur Wehr.

*Ein mit Handgranaten und einem Maschinengewehr bewaffneter deutscher Soldat beobachtet den Feind.*

*Ein deutscher Offizier und seine Männer warten in den Trümmern von Cassino auf den nächsten Angriff.*

März 1944: Alliierte Bombenflugzeuge haben die Stadt Cassino nach einem Angriff in Schutt und Asche gelegt.

Indische Soldaten rücken in die zerstörte Stadt ein, um dort Ausgangsstellungen für ihren Angriff zu beziehen.

*Ein neuseeländischer Infanterist beobachtet, wie ein Sherman-Panzer in den Trümmern nahe dem Schloßberg verschanzte deutsche Scharfschützen unter Feuer nimmt.*

*Durch Steinblöcke gedeckt, schleudern im Mai 1944 zwei polnische Infanteristen Handgranaten in deutsche Stellungen auf dem Monte Cassino.*

*Katholische Priester besichtigen Monate nach den Kämpfen die Trümmer der Abtei Montecassino. Die Wiederaufbauarbeiten begannen noch vor Kriegsende unter Einsatz von italienischen Soldaten und deutschen Kriegsgefangenen.*

## DIE GRIMMIGE RACHE DER POLEN

Die vierte Schlacht um Cassino endete mit der Besetzung der Klosterruinen durch die 46 000 Soldaten des polnischen II. Korps unter General Wladyslaw Anders. General Mark Clark äußerte über ihren Anteil am Sieg später: „Das polnische Korps kämpfte mit großer Tapferkeit, trotz hoher Verluste." Es hatte eine hohe Kampfmoral. Die polnischen Truppen hatten miterlebt, wie sich die Deutschen viereinhalb Jahre zuvor die Hälfte ihres Vaterlandes einverleibt hatten. Sie brannten jetzt auf Rache.

Die Polen stürmten Welle auf Welle vor und erlitten jedesmal blutige Verluste. Wenn sie ihre Munition verschossen hatten, warfen sie mit Steinen nach den Deutschen. Ihr Kampfgeist blieb bei alledem ungebrochen. So sagte beispielsweise ein sterbender Soldat zu seinen Kameraden: „Ihr wißt ja nicht, wie fürchterlich der Tod sein kann. Nun kann ich den Ausgang der Schlacht nicht mehr erleben!" Nach achttägigem Ringen vermochten Anders' Soldaten am 18. Mai die polnische Flagge über den Trümmern der Abtei Montecassino aufzupflanzen. Die Kämpfe um Cassino waren zu Ende.

# DIE FRANZOSEN IN ITALIEN

*Ein französischer Soldat steht im Mai 1944 inmitten der Trümmer von Fahrzeugen, die bei Espéria einem deutschen Feuerüberfall zum Opfer gefallen sind.*

# KÜHNER ANGRIFF AUF EIN FEINDLICHES BOLLWERK

Unter den in Italien eingesetzten alliierten Verbänden zeichnete sich das Freie Französische Expeditionskorps (FEC) durch besondere Kühnheit aus. Es bestand aus regulären französischen Truppen sowie Tunesiern, Algeriern und Marokkanern. Seine unter dem Befehl von General Alphonse Juin, einem der hervorragendsten Truppenführer des italienischen Feldzuges, kämpfenden 90 000 Mann waren entschlossen, Frankreichs Ehre nach der verheerenden Niederlage, die die Deutschen ihrem Land im Jahre 1940 beigebracht hatten, wiederherzustellen.

Das Französische Expeditionskorps kam erstmals im Januar 1944 in dem zerklüfteten Bergland im Norden des Monte Cassino zum Einsatz. Nach dreiwöchigem Kampf gelang es den Franzosen, einige deutsche Verteidigungsstellungen zu durchstoßen und mehr als zehn Kilometer vorzudringen; eine deutsche Stellung überrannten die Franzosen völlig, in eine andere brachen sie ein und machten insgesamt 1200 Gefangene.

Vier Monate später, in der Schlußphase des heroischen Ringens an der Cassino-Front, erkletterte die 2. marokkanische Infanteriedivision ein straßenloses, kahles Stück der Auruncischen Berge. Die Geländeschwierigkeiten waren so groß, daß die Deutschen das Areal für unpassierbar hielten, doch die behenden, mit Messern bewaffneten Marokkaner erstürmten den schroff in die Höhe ragenden Gipfel des Monte Majo (925 Meter) und erzielten damit den entscheidenden Einbruch in die Feindstellungen im Süden von Cassino, unterbrachen die Verbindungslinien des Gegners und zwangen ihn, auf der ganzen Linie den Rückzug anzutreten. Nach diesem entscheidenden Schlag stieß das FEC fächerförmig in das Bergland vor und nahm die Verfolgung der Deutschen auf.

Der 3. algerischen Infanteriedivision fiel die Aufgabe zu, die Stadt Espéria *(rechts)* zu nehmen, die ein strategisch bedeutsames Verbindungsglied zwischen zwei deutschen Korps und ein bedeutsamer Stützpunkt im Vorfeld der Hitler-Linie genannten Verteidigungsstellung war. Unter der Führung von General Aimé de Goislard de Monsabert – einem adligen Offizier, der die Angewohnheit hatte, in einem fort an seinem weißen Schnurrbart zu zwirbeln – preschten die Algerier durch die Dörfer Castelforte und Ausonia gegen Espéria vor. Während sie sich ihrem Ziel näherten, gesellte sich der LIFE-Photograph George Silk zu ihnen, um ihren beschwerlichen Vormarsch in seltenen Farbphotos festzuhalten.

*General de Gaulle (rechts), der nach Italien geflogen ist, bespricht mit den französischen Generalen Juin (mit Schutzbrille) und de Monsabert einen Einsatz.*

*Der operativ wichtige Gebirgsort Espéria wurde vor dem Angriff des französischen Expeditionskorps von alliierten Bombern und Artillerie in Trümmer gelegt.*

*Nordafrikanische Soldaten treiben auf der Straße nach Espéria Tragtiere an ausgebrannten Häusern vorbei.*

## HINDERNISSE AUF DEM WEG ZUM SIEG

Bei ihrem Stoß auf Espéria wurden die Algerier von marokkanischen Einheiten (Goums) und Panzern der amerikanischen 1. Panzerdivision unterstützt. Die Goums, die sich aus erfahrenen Bergkriegern zusammensetzten, erkletterten vor Anbruch der Dämmerung lautlos den 1150 Meter hohen Monte Fammera im Süden von Espéria. Deutsche Gefechtsvorposten wurden von ihnen erdolcht, andere gegnerische Soldaten mit Halstüchern geknebelt und mehr als 100 völlig überraschte Verteidiger auf dem Gipfel gefangengenommen.

Während die Goums ihre Südflanke abdeckten, stießen die Algerier entlang der Straße nach Espéria vor, wo sie jedoch plötzlich eine Hiobsbotschaft erhielten: Ein alliierter Artilleriebeobachter, der mit einem Leichtflugzeug vom Typ Piper U-59 (L-4) unterwegs war, meldete, eine Kolonne deutscher Panzergrenadiere nähere sich vom anderen Ende der Stadt her in Richtung auf ihre Angriffsziele.

Daraufhin trat Feldartillerie des FEC in Aktion und überschüttete die Straße mit einem Granathagel, der die gegnerische Kolonne noch vor dem Erreichen des Ortes vernichtete.

Von mittelschweren amerikanischen Panzern unterstützt, drangen die Algerier weiter vor und trafen auf Teile der 90. Panzergrenadierdivision. Glücklicherweise handelte es sich bloß um eine Nachhut, die keinen großen Kampfeseifer an den Tag legte. Die Algerier waren indes derart rasch auf die Stadt vorgestoßen, daß es für die noch dort befindlichen deutschen Soldaten kein Entrinnen mehr gab.

*Zur Unterstützung des FEC eingesetzte amerikanische Panzerbesatzungen gönnen sich im Süden von Espéria auf einer Wiese eine kurze Verschnaufpause.*

*Algerische Infanteristen geraten im Norden von Espéria in heftiges deutsches Granatwerferfeuer. Die entlang einer Felswand verlaufende, teilweise blockierte Straße bot*

## EIN ÜBERFALL AUS DEM HINTERHALT

Nach der Einnahme von Espéria begingen die Algerier einen verhängnisvollen Fehler. Um möglichst rasch weiter vorzustoßen, nahmen sie sich nicht die Zeit, den Monte d'Oro, einen 820 Meter hohen Berggipfel im Nordwesten der Stadt, zu kontrollieren. Infolge dieses Versäumnisses gerieten sie in eine tödliche Falle.

Als sie in ihren Panzern, Jeeps und zu Fuß aus Espéria herausströmten, mußten sie feststellen, daß die Straßen am anderen Ende der Stadt teilweise durch am Vortage zusammengeschossene deutsche Fahrzeuge blockiert waren. Als das französische Führungsfahrzeug sich durch die Trümmer einen Weg zu bahnen versuchte, nahmen auf dem Monte d'Oro in Stellung liegende deutsche Granatwerfer, die sich sorgfältig auf diese Straßenenge eingeschossen hatten, es eine Viertelstunde lang unter Feuer.

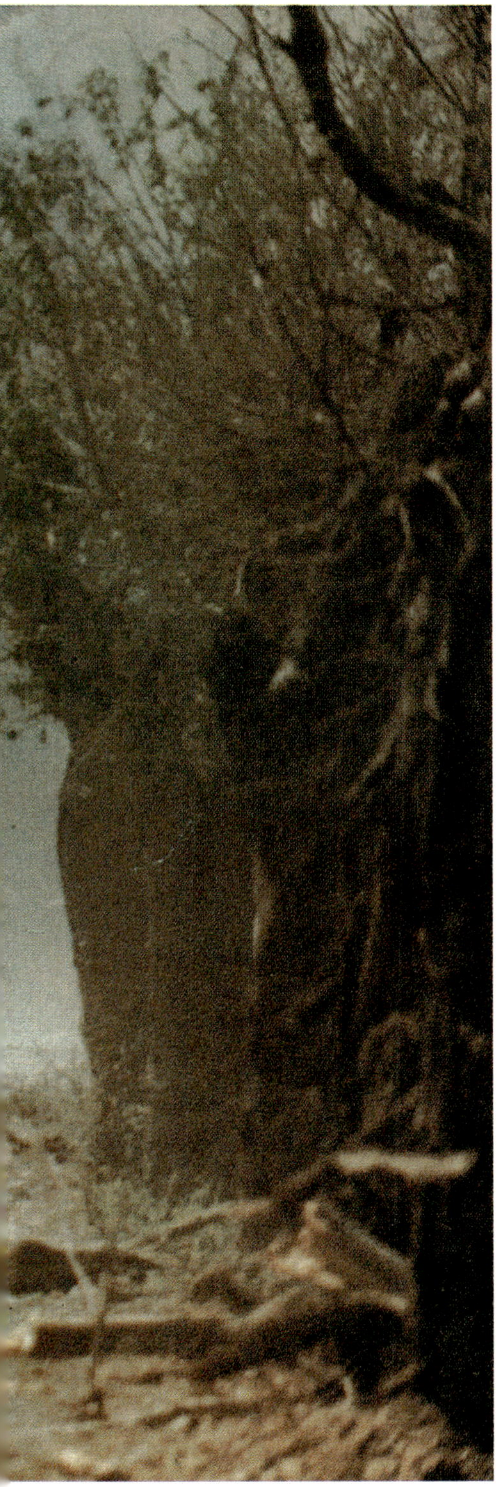

den Fahrzeugen keinen Raum zum Ausweichen.

*Artilleriebeobachter des FEC lenken das Feuer ihrer Truppe auf ein wichtiges feindliches Angriffsziel.*

*Neben einem brennenden Kraftfahrzeug liegt ein verlassenes Geschütz auf Selbstfahrlafette im Straßengraben.*

Der Kriegsberichterstatter Will Lang, der die Kampfhandlungen zusammen mit George Silk beobachtete, berichtete über das Inferno: ,,Schreie drangen durch die Rauchwolken, während die Deutschen die deckungslosen Soldaten und Fahrzeuge unablässig mit einem Geschoßhagel eindeckten. Der Panzer explodierte mit heftigem Knall und spie, als die darin befindliche Munition in Brand geriet, Feuer und Rauch. Andere Fahrzeuge standen plötzlich ebenfalls in Flammen; ihre Insassen stürzten, von panischem Entsetzen erfaßt, heraus und rannten die Straße hinauf, um hinter den dicken Mauern der alten Häuser Schutz zu suchen.''

Die Verluste waren beträchtlich, und auf der Straße spielte sich eine ergreifende Szene ab: Pater Baudouin, ein französischer Kaplan, zog seine blutenden Kameraden aus ihren Jeeps, verband ihre Wunden und legte sie unter die Fahrzeuge in Deckung.

Französische Infanteristen erkletterten nun mühsam den Monte d'Oro und brachten die deutschen Granatwerfer zum Schweigen. ,,Jetzt fangen wir endlich an'', bemerkte General de Monsabert, als das FEC seinen unterbrochenen Vormarsch fortsetzen konnte, ,,es ihnen für 1940 heimzuzahlen.''

*Ein verwundeter Nordafrikaner wird von Sanitätern einen steinigen Hang hinaufgetragen, von wo aus sein Abtransport zu einem unweit von Espéria eingerichteten Hauptverbandsplatz erfolgt.*

*Ein von einer Werfergranate getroffener Algerier und sein Maulesel – das Futter des Tieres ist um den Kopf verstreut – liegen tot auf der von den zurückweichenden Deutschen bestrichenen Straße.*

*Abgekämpfte deutsche Soldaten – die Nordafrikaner nahmen bei Espéria einige Hundert gefangen – blicken niedergeschlagen durch den Stacheldraht eines alliierten Gefangenen-Sammellagers.*

*Siegreiche Soldaten des FEC haben sich nach dem Ende der schweren Kämpfe an der Straße nach Espéria niedergelassen, um sich in Ruhe ihre Rationen und eine Flasche Wein einzuverleiben.*

# 6

**Atempause in Rom**
**Die Deutschen wollen Zeit gewinnen**
**Das Scheitern von Churchills Balkanplänen**
**Kampf um die Goten-Stellung**
**Erfolge, aber kein endgültiger Sieg**
**Der zweite Winter in Italien**
**Erstaunliche Leistungen der Gebirgstruppen**
**Ständige Bedrohung durch Partisanen**
**General Alexanders Zwei-Stufen-Offensive**
**Alliierte Vorausabteilungen im Po-Tal**
**Heroische Japanoamerikaner**
**Wilde Flucht nach Norden**

# VORSTOSS IN DIE ALPEN

Am 4. Juni 1944 gegen 21.00 Uhr beobachtete eine junge Römerin namens Vera Signorelli Cacciatore, wie die letzten Deutschen ihre Vaterstadt verließen. Ein Wehrmachtslastwagen kam über die verdunkelte, stille Piazza di Spagna gerast; als er an ihrem Haus vorbeifuhr, feuerte einer der Insassen mit einer Maschinenpistole eine Geschoßgarbe in die Fenster des Nachbarhauses, ohne daß Signora Cacciatore wußte, weshalb.

„Der Vollmond leuchtete über der Piazza", erinnerte sie sich später, „und ich fühlte mich an ein Gemälde von de Chirico erinnert. Als der Lastwagen verschwunden war, sah ich erneut aus dem Fenster und erblickte zwei Zivilisten, von denen der eine tot und der andere verwundet war.

„Eine halbe Stunde lang herrschte gespenstische Stille. Plötzlich schrie jemand weit hinten in der Via dei Due Macelli, die Amerikaner kämen. Kurz darauf rollten mehrere Panzer über die Piazza, und dann kamen die US-Soldaten im Mondlicht anmarschiert. Sie wirkten sehr müde, sagten kein Wort und marschierten fast wie Roboter. Die Leute kamen aus ihren Wohnungen, um sie willkommen zu heißen, doch sie lächelten nur, winkten und zogen weiter. Eine Kompanie marschierte vorüber, dann noch eine, doch schließlich erscholl ein Kommando, auf das Hunderte von Soldaten plötzlich haltmachten. Die Zivilisten umdrängten sie, klopften ihnen freundschaftlich auf die Schultern und küßten sie. Die Soldaten baten um etwas Wasser oder Wein, und als sie ihren Durst gelöscht hatten, fielen sie mit bleischweren Gliedern auf die Steine und versanken in tiefen Schlaf.

„Sie schliefen auf dem Fahrdamm, auf den Gehwegen, auf der Spanischen Treppe. Einige von ihnen schliefen in dem von Berninis Vater erbauten Brunnen La Barcaccia, der seit der Bombardierung der Aquädukte kein Wasser enthielt. Die Steine waren noch warm von der Sonne, und die Piazza glich einem riesigen Bett. Am nächsten Morgen herrschte in Rom eine andere Atmosphäre. Zuvor hatte die Stadt immer nach Essen, Wein, getrocknetem Fisch und Knoblauch gerochen. Jetzt durchzog sie plötzlich ein intensiver Geruch nach Chesterfield-Zigaretten."

Am Nachmittag jenes Tages traten zwei amerikanische Soldaten an Signora Cacciatore heran und teilten ihr mit, sie seien zur Bewachung ihres Hauses abkommandiert. Die Besatzungsbehörden hatten es nämlich wegen seiner literaturhistorischen Bedeutung unter ihren Schutz gestellt: Der englische Dichter John Keats war im Jahre 1821 dort gestorben, und das kleine steinerne Gebäude war seit langem eine Gedenkstätte für ihn sowie seine Landsleute und Zeitgenossen Shelley, Leigh Hunt und Lord Byron. Das Haus beherbergte Erinnerungsstücke und Handschriften der drei Dichter und eine 10000 Bände umfassende, ihrem Werk gewidmete Bibliothek. Verwalterin war Signora Cacciatore. Während der deutschen Besatzung hatte sie die Gedenkstätte geschlossen, das Haus aber nicht verlassen und die wenigen Deutschen, die hinein wollten, abgewehrt. Nun öffnete sie die Gedenkstätte wieder.

Signora Cacciatore erinnerte sich, daß der eine der beiden zum Wachdienst an der Keats-Shelley-Gedenkstätte abkommandierten Soldaten Italoamerikaner war. „Ich bezweifle, ob er jemals von Keats oder Shelley gehört hatte. Der andere schien studiert zu haben. Er hieß Leonard Rosenberg. Er fragte mich, ob er wohl eintreten und eine Minute in Keats' Sterbezimmer verweilen dürfe. Ich sagte zu ihm, wir hätten derzeit kein elektrisches Licht, aber ich würde ihn mit einer Kerze hinaufführen. Er übergab daraufhin sein Gewehr seinem Kameraden und ging mit mir hinauf. Rosenberg verharrte eine ganze Weile in dem Zimmer und ich sah in dem gedämpften Licht, wie ihm unter den dicken Brillengläsern Tränen in die Augen traten. Dann gingen wir wieder nach draußen. Rosenberg nahm wieder sein Gewehr, und die beiden Soldaten postierten sich unweit der Tür. Ein paar Stunden später kamen zwei andere Soldaten, um sie abzulösen. Rosenberg verschwand auf Nimmerwiedersehen. Hoffentlich ist er nicht gefallen."

Auf solche Weise erlebte Signora Cacciatore der Fall Roms. Den fußwunden und erschöpften alliierten Soldaten brachte die Einnahme der Ewigen Stadt nur eine ganz kurze Verschnaufpause. Sie nahmen den ihnen dargebotenen Wein, die Früchte und die Blumen, ruhten sich ein wenig aus und setzten dann den nach Norden zurückweichenden Deutschen nach.

Um den alliierten Vormarsch zu erschweren, führten die deutschen Truppen umfangreiche Zerstörungen an Straßen und Brücken durch und lieferten ihren Verfolgern kurze, heftige Nachhutgefechte, durch die sie Zeit zur Umgruppierung ihrer schwer mitgenommenen Verbände gewannen.

Generalfeldmarschall Kesselrings Strategie zielte darauf ab, die alliierten Verfolger an einer weiteren Reihe temporärer Sperrstellungen zum Stehen zu bringen. Er war sich bewußt, daß keine von ihnen den Gegner für lange Zeit aufhalten würde, aber er mußte unbedingt Zeit gewinnen. Auf den eisigen Höhen des nördlichen Apennin, 250 Kilometer nördlich von Rom, arbeiteten deutsche Pioniere fieberhaft am Ausbau der deutschen Hauptverteidigungslinie, der Goten-Stellung *(Karte, S. 21)*. Kesselring wollte die Alliierten so lange hinhalten, bis die Befestigungen der Goten-Stellung fertig waren, und sich dann in das Gebirge absetzen, wo er den Gegner den Winter über abzuwehren hoffte.

Zwei Wochen nach der Aufgabe Roms waren die abgekämpften deutschen Truppen neu gruppiert, und Kesselring errichtete rund 135 Kilometer nördlich von Rom quer über die Halbinsel die Trasimeno-Linie, deren Mittelpunkt der Trasimenische See bildete. Es war dies alles andere als eine machtvolle Stellung, doch vermochte der deutsche Oberbefehlshaber die amerikanische 5. und die britische 8. Armee damit zehn Tage lang in Schach zu halten. Anschließend zogen sich die deutschen Truppen in voller Ordnung langsam rund 50 Kilometer auf eine weitere Verteidigungslinie, die Arezzo-Linie, zurück. Dort setzten sie sich weitere zehn Tage gegen die anrückenden Alliierten zur Wehr, um anschließend ihren schrittweisen Rückzug wiederaufzunehmen.

Im Verlauf ihrer Absetzbewegung räumten die deutschen Truppen die wichtigen Häfen Ancona an der Adriaküste und Livorno am Ligurischen Meer – nicht ohne zuvor, wie in Neapel, die Hafenanlagen zu zerstören. Darüber hinaus brachten sie todbringende kleine Sprengfallen an. Als Soldaten der 34. US-Division in Livorno einrückten, stießen sie neben dem von ihnen erwarteten Durcheinander von versenkten Schiffen, zerstörten Krananlagen und Minen im Hafen auf verschiedene ausgefallene Dinge: „Wir hatten schon Erfahrungen mit verborgenen Sprengkörpern aller Art gemacht, doch was sich dann an Überraschungen in Livorno ergab, überstieg alles bisher Dagewesene", berichtet General Clark. „Eine Tafel Schokolade, ein Stück Seife, ein Verbandspäckchen, eine Brieftasche, ein Bleistift und noch viele andere Gegenstände bildeten Verstecke für raffiniert verborgene Sprengkörper. Sowie man sie berührte, erfolgte eine Explosion, durch welche die in der Nähe befindlichen Personen entweder getötet oder verwundet wurden. Auch an Fenstern, Türen, Aborten, Möbeln und sogar an gefallenen deutschen Soldaten hatte der Gegner derartige Sprengfallen angebracht. Wir fanden in Livorno mehr als 25000 dieser fürchterlichen Gegenstände, und viele unserer Leute kamen durch sie ums Leben oder erlitten Verwundungen."

Am 4. August, zwei Monate nach dem Fall Roms, zog Kesselring sich widerstrebend in eine neue Stellung, die am Arno entlang von Pisa über Florenz und dann über den Apennin zur Adria verlaufende Arno-Linie, zurück. Er gab Befehl, Kämpfe um Florenz zu vermeiden; lediglich die Brücken der Stadt wurden, mit Ausnahme des Ponte Vecchio, von deutschen Pionieren gesprengt. Die historische „Alte Brücke" wäre wohl kaum für Militärtransporte in Frage gekommen, doch die Deutschen wollten keinerlei Risiko eingehen und sperrten daher die Zugänge durch Sprengung der Häuser an ihren beiden Enden und Verminung der Trümmer.

Kesselring konnte kaum hoffen, die Arno-Linie zu halten, doch brauchte er darüber nicht sonderlich besorgt zu sein, denn nur etwa 30 Kilometer nördlich lag seine Gebirgsbastion, die Goten-Stellung: Dort wollte er den Alliierten Trotz bieten. Diese quer durch Italien verlaufende und sich durch den nördlichen Apennin schlängelnde Abwehrstellung war ein breiter Befestigungsgürtel, der aus Panzerminenfeldern, Stacheldrahtverhauen und sorgfältig ausgebauten, in den Fels gesprengten oder aus Beton errichteten

Artillerie- und Maschinengewehrstellungen bestand. Kesselring war jedoch bestrebt, die Absetzbewegung in die Goten-Stellung noch hinauszuzögern. Jeder Zeitgewinn war ein Erfolg, denn die sonnigen Sommertage, die für die hochmechanisierten Verbände der Alliierten von unschätzbarem Wert waren, verstrichen schnell. Noch die kleinste Verzögerung am Arno mußte sich vorteilhaft für ihn auswirken, denn schon bald würden ihm der Septemberregen und der Novemberschnee zu Hilfe kommen, und dann blieben die Alliierten möglicherweise den ganzen Winter über im Gebirge hängen, genauso wie ihr Vormarsch ein Jahr zuvor bei Cassino zum Erliegen gekommen war.

Obwohl Kesselring nicht das mindeste davon ahnte, war Hilfe für ihn unterwegs – und zwar von seiten der Alliierten. Der Fall Roms hatte eine alte strategische Kontroverse zwischen Briten und Amerikanern neu aufleben lassen. Churchill hatte zu keiner Zeit die Hoffnung auf einen Sprung auf den Balkan aufgegeben und wollte jetzt angesichts des unaufhaltsamen Vormarsches der Roten Armee nach Mitteleuropa ihr möglichst weit östlich die Hand reichen – oder sogar sich ihr entgegenstellen. Mag sein, daß er auf den Ausdruck „Eiserner Vorhang" noch nicht gekommen war, doch sah er die weltpolitische Struktur der Nachkriegszeit bereits klar voraus. Nach seiner Meinung sollten die alliierten Armeen in Italien die Deutschen schlagen und dann schnellstens durch die Laibacher Senke, quer durch Jugoslawien und weiter nach Wien, möglicherweise auch nach Budapest und Prag, vorstoßen, um die Russen möglichst weit von Mittel- und Südosteuropa fernzuhalten.

General Alexander teilte Churchills Auffassung in dieser Hinsicht, desgleichen General Clark, der den französischen Autor André Garteiser zu zitieren pflegte, laut dem ein militärischer Führer sich „vor allem zum Ziel setzen muß, den Krieg dergestalt zu beenden, daß die militärische Lage am Ende der Feindseligkeiten so beschaffen ist, wie sein Land es aus politischen Gründen für wünschenswert erachtet".

Roosevelt und der Generalstabschef der US-Armee, General Marshall, waren nach wie vor entschieden gegen ein Vorrücken nach Südost- und Mitteleuropa. Ihr Streben ging unentwegt dahin, Deutschland so rasch wie möglich niederzuwerfen, um anschließend die gesamte Macht der Vereinigten Staaten gegen Japan einzusetzen. Im vorangegangenen Jahr waren die alliierten Führer übereingekommen, daß sie nach der Ausschaltung Italiens ihre Streitkräfte im Mittelmeerraum nach Westen werfen und möglichst gleichzeitig mit der Invasion der Normandie in Südfrankreich an Land gehen wollten. Nach Roosevelts und Marshalls Ansicht war der Zeitpunkt für die Ausführung dieses Plans nunmehr gekommen. Hinzu kam, daß General Eisenhowers Armeen dringend Häfen zur Anlandung von Nachschubgütern brauchten und die Einnahme von Marseille eine gewaltige Hilfe darstellen würde.

Nach monatelangem Hin und Her bedeutete Roosevelt dem britischen Premierminister im Juni 1944, falls er sich weiter gegen eine Landung in Südfrankreich sperre, solle Stalin diese Streitfrage entscheiden. Daraufhin gab Churchill, der natürlich genau wußte, daß Stalin Roosevelts Vorschlägen zustimmen würde, nach, und der alliierte Oberkommandierende Mittelmeer, General Wilson, begann mit den Vorbereitungen für die Invasion Südfrankreichs.

Für die alliierte Landung, die am 15. August an der Riviera erfolgen sollte – Churchill wollte sie von Bord eines britischen Kriegsschiffes aus beobachten –, wurden sieben erstklassige Divisionen aus Italien abgezogen: die amerikanische 3., 36. und 45. sowie sämtliche vier Divisionen des Französischen Expeditionskorps. Ihre Verlegung wurde von General Alexander lebhaft bedauert; ohne diese Schwächung seiner Armeen, äußerte er später, wäre ihm der Durchbruch durch die Goten-Stellung gelungen, ehe die Deutschen Zeit gehabt hätten, sie vollständig zu besetzen, und gleich danach hätte man nach Jugoslawien hinein in Richtung Wien vordringen können.

Der Abzug der sieben alliierten Divisionen wendete in Italien gleichwohl das Blatt nicht völlig zugunsten der Deutschen, wenn es auch ganz den Anschein hatte. Die Alliierten konnten nun den 22 deutschen Divisionen nur noch 20 eigene entgegenstellen, und die Deutschen besaßen zudem alle Vorteile des Verteidigers: Nach der vorherrschenden Militärdoktrin benötigte der Angreifer für den Durchbruch durch eine starke Verteidigungslinie zumindest an der Einbruchstelle eine Überlegenheit von drei zu eins.

Die Alliierten besaßen allerdings eine erdrückende Luftüberlegenheit und hatten zudem insofern Glück, als mehrere der deutschen Verbände noch nicht wieder aufgefüllt und andere nicht sehr kampfkräftig waren. Einige setzten sich aus älteren Soldaten oder Genesenden zusammen, die lediglich für den Dienst in der Garnison oder für den Küstenschutz geeignet waren. Zwei Verbände waren aus Flaksoldaten und anderem Bodenpersonal bestehende Luftwaffen-Felddivisionen und einer ein merkwürdiger Haufen namens 162. Turkmenische Infanteriedivision. In ihr kämpften unter dem Befehl deutscher Offiziere und Unteroffiziere ehemalige sowjetische Kriegsgefangene aus Turkestan und Aserbaidschan. Diese bekannten sich zwar als Antikommunisten, doch mußte man bezweifeln, ob sie sich für die Sache Adolf Hitlers wirklich bis zum letzten einsetzen würden. Kurz gesagt, die Alliierten waren zwar beträchtlich geschwächt worden, aber immer noch etwa ebenso stark wie ihr Gegner.

Anfang August lagen sich die Deutschen und die Alliierten an der Arno-Linie gegenüber. Die Alliierten vermuteten, daß der Gegner am Arno lediglich hinhaltenden Widerstand leisten würde, um sich dann etwa 30 Kilometer nordwärts in die im nördlichen Apennin ausgebaute Goten-Stellung zurückzuziehen. Jenseits dieser kalten Bergeshöhen erstreckte sich das breite Tal des Po, die Ebene der Lombardei, das beste Panzerrollgelände in ganz Italien. Dort würden die Alliierten größere Bewegungen ausführen und ihre Überlegenheit an vollmotorisierten Einheiten voll nutzen können. Sie waren davon überzeugt, daß sie den Feldzug in kürzester Zeit beenden könnten, falls es ihnen gelang, mit ihren Panzern in die weite Po-Ebene durchzubrechen.

Vorher mußten die Alliierten jedoch erst noch die Arno-Linie durchstoßen und die Goten-Stellung bezwingen. Die ersten drei Augustwochen verbrachten sie mit der Umgruppierung ihrer Truppen für diese Operation. General Alexander hatte ursprünglich geplant, die Goten-Stellung in dem Hochgebirgsabschnitt nördlich von Florenz zu durchstoßen, wo sie anscheinend nicht sonderlich stark war, und die marokkanischen und algerischen Divisionen, die sich beim Eindrücken der Cassino-Front so hervorragend bewährt hatten, als Angriffsspitze einzusetzen. Letztere waren inzwischen jedoch für die Landung in Südfrankreich abgezogen worden, so daß Alexander jetzt einen neuen Plan entwerfen mußte. Dieser sah die Verlegung des Gros der 8. Armee von der Mitte der italienischen Halbinsel an die Adriaküste vor, wo das Gebirge weniger hoch und schroff war. Die 8. Armee, die seit Montgomerys Abberufung zur Vorbereitung der Invasion in die Normandie von Generalleutnant Sir Oliver Leese befehligt wurde, sollte eine Offensive in Richtung der Küstenstadt Rimini auslösen und die Deutschen zwingen, Reserven an diese Front zu werfen; anschließend an diese Aktion sollte die 5. Armee versuchen, durch den Appennin hindurch auf Bologna vorzustoßen.

Am 25. August trat die 8. Armee, die nur noch für wenige Wochen mit günstigen Wetterbedingungen rechnen konnte, zu ihrem Angriff in Richtung Rimini an. Wie die Alliierten vermutet hatten, zogen die Deutschen daraufhin zur Abwehr des gegnerischen Ansturms Truppen aus der Mitte der Front heraus. Die britische Armee, deren Angriffsspitze von zwei polnischen Elitedivisionen gebildet wurde, kam zunächst zügig voran. Sie überschritt die Arno-Linie, durchstieß die Goten-Stellung und nahm an die 4000 Mann gefangen. Doch bald setzten die herbstlichen Regenfälle ein und geboten der 8. Armee mehrere Kilometer vor Rimini Halt. Die von den Deutschen vorgenommene Umgruppierung hatte jedoch das Zentrum ihrer Verteidigungslinie geschwächt, so daß die 5. Armee nahezu kampflos über den Arno gehen konnte. Am 2. September rückten die Amerikaner in Pisa ein, und kurz darauf zogen sie durch die 24 Kilometer jenseits des Flusses gelegene unverteidigte Stadt Pistoia.

Am 13. September traf die 5. Armee 24 Kilometer nördlich von Florenz auf die gut ausgebauten Abwehrstellungen der Goten-Linie, wo ihr heftigster Feindwiderstand entgegenschlug. Es gab nur zwei Gebirgspässe, über die Clarks Truppen ihren Vormarsch auf Bologna fortsetzen konnten: den Futa-Paß auf der nach Norden führenden Hauptstraße und den Paß Il Giogo auf einer Nebenstraße. In der Annahme, daß die Abwehr am Futa-Paß stärker sein würde, trug Clark einen Scheinangriff in dieser Richtung vor, führte aber dann den Hauptstoß gegen den Paß Il Giogo.

Die über diesen Paß führende Straße war nicht breiter als eine gewöhnliche Landstraße und wies viele scharfe Kurven auf, die von deutschen Kanonieren, die auf den Höhen zu beiden Seiten in Stellung lagen, unmittelbar eingesehen werden konnten. Linker Hand ragte das Monticelli-Massiv (900 Meter) auf und rechts der ebenso hohe Monte Altuzzo. Beide Blöcke waren von zahlreichen Schluchten durchschnitten und starrten von Drahtverhauen; die Anmarschwege waren vermint und lagen im Schußfeld von Maschinengewehren, die in Betonbunkern in Stellung gebracht worden waren. Das Gelände und die Feindstellungen machten den Amerikanern die Entfaltung großer Truppenmassen unmöglich. Die Speerspitze der 5. Armee, die damals über 262 000 Mann zählte, bestand daher nur aus kleinen Infanterietrupps – oft nur aus einem Zug und in manchen Fällen sogar nur einem Mann. Die Amerikaner trugen ihren Angriff auf die den Paß Il Giogo schützenden Höhen mit der denkbar kleinsten Sturmtruppe vor.

Der Angriff auf das zur Linken des Passes Il Giogo aufragende Monticelli-Massiv wurde von 200 Männern der 2. Kompanie des 363. Regiments der amerikanischen 91. Infanteriedivision vorgetragen. Zwei Tage lang arbeiteten sie sich bergan. Als sie den Gipfel mit dem blanken Bajonett erstürmt hatten, zählten sie nur noch 70 Mann. Wiederholten deutschen Gegenangriffen fielen weitere 20 zum Opfer, doch der Rest hielt stand. Ihre Lage wurde immer schwieriger: Die linke Flanke wurde schließlich nur noch von

*Alliierte Beamte besichtigen die Ardeatinischen Höhlen nahe Rom, in denen am 24. März 1944 335 italienische Zivilisten von der Gestapo erschossen wurden. Das Massaker war die Vergeltung für einen Bombenanschlag italienischer Partisanen, dem 33 Angehörige einer deutschen Polizeitruppe zum Opfer gefallen waren. Nach Beendigung des Blutbades schlossen die Deutschen die Höhlen, indem sie den Eingang mit einer Ladung Dynamit sprengten. Der deutsche Oberbefehlshaber Südwest, Generalfeldmarschall Albert Kesselring, wurde 1947 wegen der ihm zur Last gelegten Exekution von einem britischen Kriegsgericht zum Tode verurteilt, später aber begnadigt und 1952 freigelassen.*

einem einzigen, von seinen Kameraden abgeschnittenen Verteidiger, dem Gefreiten Oscar G. Johnson, gehalten.

Dutzende von Deutschen, die Welle auf Welle angestürmt kamen, wurden von Johnson abgewehrt. Sobald der Kampf einmal für kurze Zeit abflaute, sammelte er die Waffen und die Munition der Gefallenen und Verwundeten ein und legte sich die Gewehre ringsum zurecht, so daß er ohne Pause auf den Gegner feuern konnte. Er kämpfte vom Spätnachmittag an die ganze Nacht hindurch, bis ihn seine Kameraden am folgenden Morgen schließlich entsetzten. Vor seiner Stellung lagen die Leichen von mindestens 40 Deutschen, und Johnson wartete verbissen auf den nächsten Ansturm. Für seinen heldenhaften Einsatz wurde ihm die Ehrenmedaille verliehen.

Der zähe Widerstand des Gefreiten Johnson und der 2. Kompanie auf dem Abhang des Monticelli-Massivs ermöglichte es neu in den Kampf geworfenen Truppen, die deutschen Verteidigungsstellungen zu durchbrechen und schließlich den Gipfel zu erstürmen. Gleichzeitig arbeiteten sich einzelne Infanteristen in wütenden Nahkämpfen Schritt um Schritt den Monte Altuzzo zur Rechten des Passes hinauf. Um den Preis von 2731 Toten und Verwundeten brachten die Amerikaner die beiden Höhen, die den Paß Il Giogo schützten, in ihren Besitz, und alsbald marschierten Truppen der 5. Armee in Richtung Bologna über den Paß. Die Deutschen erkannten, daß ihre Stellung auf dem Futa-Paß durch die Wegnahme des Passes Il Giogi in der Flanke umgangen war, und setzten sich unverzüglich nach Norden ab, um dort im Gebirge eine neue Verteidigungslinie aufzubauen.

Die Goten-Stellung war in der Mitte eingedrückt, und es schien, daß den Alliierten der Sieg noch vor Winterbeginn sicher sei. Anfang Oktober war die 5. Armee so weit vorgerückt, daß Clark „zum ersten Mal die Po-Ebene und die dahinter liegenden schneebedeckten Gipfel der Alpen erblicken" konnte. „Es schien mir damals", schreibt er, „als ob wir unserem Ziel schon ganz nahe wären."

Das war in der Tat der Fall, doch blieb das Ziel nach wie vor unerreichbar. Wenn die Deutschen sich jetzt auch nicht mehr an viele Bergmassive anlehnen konnten, so waren sie doch entschlossen, um die ihnen verbliebenen Bergstellungen mit äußerster Erbitterung zu kämpfen. Hitler wollte dem Feind keinen Fußbreit italienischen Boden mehr überlassen und befahl Kesselring, ihm im nördlichen Apennin bis zum letzten Mann Widerstand zu leisten. Clarks Truppen waren am Ende ihrer Kraft, und dem General standen nur wenig Reserven zum Auffüllen seiner Verbände zur Verfügung. Fast täglich überschwemmten wolkenbruchartige Regenfälle das Kampfgebiet, und Artillerie- und Fliegerunterstützung wurden durch Nebel und tief hängende Wolken behindert. Am 22. Oktober unternahm die 5. Armee nur rund 16 Kilometer vor der Po-Ebene einen letzten Versuch, die improvisierte, aber stark verteidigte deutsche Sperrstellung zu durchbrechen – und erlitt eine Abfuhr. Kurz danach bezogen Clarks Männer Verteidigungsstellungen und saßen nun, genau wie Kesselring gehofft hatte, für einen weiteren Winter in den eisigkalten Bergen des sonnigen Italien fest.

Die 5. Armee blieb hängen, doch die 8. hatte ihre ins Stocken geratene Offensive wieder aufgenommen und ihren Vormarsch entlang der Adriaküste fortgesetzt. Churchill hatte sein Vorhaben, Wien zu erreichen, nicht begraben und hoffte, den Russen durch einen Vorstoß entlang der Adriaküste und durch die Laibacher Senke hindurch zuvorzukommen. Hinter Rimini kam die 8. Armee in die Ebene der Romagna, eine sumpfige Niederung. Obwohl es von ihr geheißen hatte, sie sei ideales Panzerrollgelände, wurde sie für die Panzerdivision zum Alptraum.

Zwischen der Adria zur Rechten und dem Apennin zur Linken eingeklemmt, mußte die 8. Armee geradewegs durch die Romagna marschieren. Sie wird von nicht weniger als 13 Flüssen durchschnitten, die in den Bergen entspringen und quer durch die Niederungen nordostwärts ins Meer fließen. Die durch die herbstlichen Regenfälle angeschwollenen Flüsse wurden von hohen Deichen begrenzt, von denen einige die weichen, feuchten Wiesen, die sie umgaben, um zwölf Meter überragten – und zwischen den Flüssen erstreckte sich ein kompliziertes Netz von tiefen Abzugsgräben. Über drei Monate lang quälte sich die 8. Armee in der „Schlacht um die Flüsse" mühsam vorwärts und überschritt dabei deren sieben.

Gegen Ende Dezember sahen sich die Briten dann schließlich doch gezwungen haltzumachen. Bis April wollten die Alliierten nun keine weiteren Offensivoperationen mehr einleiten. Churchill, der wehmütig mitansehen mußte, wie die verbündeten Armeen Winterquartiere bezogen, gab die Hoffnung, als erster in Wien einzumarschieren, auf und ließ diesen Plan endgültig fallen.

Die Kampfmoral der alliierten Armeen näherte sich angesichts eines weiteren rauhen Winters in Italien ihrem Tiefpunkt. Viele Soldaten schienen nicht mehr recht zu wissen, wofür sie eigentlich kämpften. Sie hatten kein bestimmtes Ziel – wie zum Beispiel Rom – mehr vor Augen, sondern ihnen standen lediglich noch mehr Berge, Flüsse, Schnee, Dreck und Sperrstellungen bevor. Und wenn der einfache Soldat auch wenig von Strategie verstand, so merkte er doch, daß Italien ein Nebenkriegsschauplatz bleiben und die Entscheidungsschlachten von Eisenhowers Armeen in Nordwesteuropa und von den Russen im Osten geschlagen würden. Wozu sich jetzt noch einsetzen, da man, verhielt man sich vorsichtig, vielleicht zu den Überlebenden des Krieges zählen konnte?

In den alliierten Divisionen häuften sich die Desertionen. In der britischen Armee wurden Deserteure nicht mehr wie früher mit dem

Tode, sondern nur noch mit Gefängnis bestraft, und viele Fahnenflüchtige lebten in dem Glauben, man würde sie nach dem Kriege alsbald amnestieren. Die US-Armee hatte die Todesstrafe zwar beibehalten, doch wurde sie faktisch nicht mehr verhängt. Während des ganzen Zweiten Weltkriegs hat es auf alliierter Seite nur eine einzige Hinrichtung eines Deserteurs gegeben, 1944 in Frankreich. Die Zahl der unerlaubten Entfernungen von der Truppe, ein nicht ganz so schweres, aber immer noch ernst zu nehmendes Vergehen gegen das Militärgesetz, stieg unterdessen weiter an.

Einige US-Soldaten, so zum Beispiel in der tapferen 34. Division, waren einfach kampfesmüde. Sie klagten über verschiedene Beschwerden, die vielfach als die aus dem Ersten Weltkrieg bekannte Kriegsneurose diagnostiziert wurden. Die 34. hatte die Kämpfe in Nordafrika, bei Cassino und den Stoß auf Rom mitgemacht, und ihre Veteranen erklärten rundheraus, sie hätten genug und wollten nach Hause. General Clark bezeichnete die Division in seinem Kriegstagebuch als „krank". General Keyes, der Kommandierende General des II. Korps, kam nach einer gründlichen Untersuchung zu dem Schluß, die 34. Division sei nach zweieinhalb Jahren Einsatz in Übersee derart ausgebrannt, daß er empfehle, einzelne ihrer Angehörigen in die Heimat zurückzuschicken. Sein Vorschlag wurde vom Kriegsministerium mit der Begründung abgelehnt, er sei undurchführbar und würde einen unmöglichen Präzedenzfall schaffen.

Die Deutschen dagegen waren für den Kampf hochgradig motiviert. Wenn sie auch im Mittelmeerraum seit fast zwei Jahren – seit der Schlacht bei El Alamein – nur noch Absetzbewegungen durchführten, näherten sie sich doch immer mehr ihrer Heimat, und man brauchte ihnen kaum zu erklären, wofür sie kämpften, taten sie es doch mit dem Rücken zur Wand.

Während der Feldzug in Norditalien stagnierte, wurden zwei US-Divisionen in die Front geschoben. Die eine erwies sich als kampfkräftig, die andere dagegen nicht. Die – aus den Verhältnissen jener Zeit erklärlichen – Mängel der letzteren wurden offenbar, als die Achsentruppen zu ihrer letzten Gegenoffensive in Italien, einem kurzen scharfen Stoß gegen einen einzelnen US-Verband, die 92. Infanteriedivision, antraten. Diese setzte sich aus schwarzen Wehrpflichtigen zusammen, die zumeist von weißen Offizieren geführt wurden. (Die lang andauernde Gepflogenheit der US-Armee, schwarze Wehrpflichtige zu besonderen Verbänden zusammenzufassen, begann im Sezessionskrieg und endete erst nach dem Zweiten Weltkrieg.)

Die 92. Division war im Laufe des Sommers und Herbstes 1944 nach und nach auf den italienischen Kriegsschauplatz verlegt worden und bildete den äußersten linken Flügel der 5. Armee, der vom Ligurischen Meer rund zehn Kilometer landeinwärts bis zum Serchio-Tal reichte. Dieses war zwar ein ruhiger, aber potentiell gefährdeter Frontabschnitt: Wenn es den deutschen Kräften gelingen sollte, rasch das Serchio-Tal hinunterzustoßen, so konnten sie den Hafen von Livorno erreichen und damit die Versorgungslinie der 5. Armee abschneiden.

Als dann Mitte Dezember einige Anzeichen auf einen bevorstehenden deutschen Angriff im Serchio-Abschnitt deuteten, führte die 5. Armee zur Abstützung der beinah noch gänzlich unerprobten 92. die fronterfahrene 8. indische Division heran. Als die Deutschen am 26. Dezember losschlugen, wichen die Truppen der 92. sofort acht Kilometer zurück und suchten in kopfloser Flucht hinter den Indern Schutz. Die Inder brachten den Gegner zum Stehen und gewannen den verlorenen Boden alsbald zurück.

Als die 92. vier Wochen später nach zusätzlicher Ausbildung Befehl bekam, zur Verbesserung ihrer Stellung einen begrenzten Angriff vorzutragen, versagte sie abermals. Es entstand alsbald ein allgemeines Durcheinander: Die Männer gerieten in Panik und suchten in Gräben, Scheunen und ähnlichen Verstecken Zuflucht. „Wir haben keinerlei Reserven mehr, außer unserem Gefechtsstand", meldete ein ratloser Regimentskommandeur. „Alle Häuser und andere Gebäude nach Versprengten durchsuchen ... erstatten

*Als das im 15. Jahrhundert erbaute Refektorium des Klosters Santa Maria delle Grazie am 14. August 1943 bei einem alliierten Luftangriff auf Mailand größtenteils zerstört wurde, blieb Leonardo da Vincis durch ein Dach geschütztes und mit Sandsäcken verkleidetes „Abendmahl" (Mitte) unversehrt. Die Bomben verfehlten das weltberühmte Wandgemälde nur um wenige Meter.*

Sie stündlich Meldung, und berichten Sie über die Zahl der eingebrachten Männer!"

Das Verhalten der 92. Division hatte seine Ursache in den rassisch begründeten Spannungen, die schon zur Zeit ihrer Ausbildung in den Vereinigten Staaten in dem Verband geherrscht hatten. Viele ihrer weißen Offiziere versahen ihren Dienst in dieser Division nur höchst widerwillig, und die Wehrpflichtigen hatten das Gefühl, ihre Vorgesetzten sähen in ihnen minderwertige Soldaten. Tiefes gegenseitiges Mißtrauen griff alsbald Platz. Auf dem Schlachtfeld zeitigten diese Spannungen dann fatale Auswirkungen. Die Männer fühlten sich als Bürger zweiter Klasse behandelt und legten infolgedessen nur wenig Kampfgeist an den Tag. Warum und wofür sollten sie denn ihr Leben einsetzen? Tatsächlich verfestigte sich in einigen der im Serchio-Tal eingesetzten schwarzen GIs die fixe Idee, sie würden absichtlich auf Himmelfahrtskommandos geschickt.

„Vielleicht war es der Anreiz, der dem schwarzen Soldaten am meisten fehlte", schrieb Clark nach dem Krieg, „das Gefühl, daß er für sein Heim und für sein Land kämpfte und daß er als Gleichberechtigter kämpfte." Das Versagen der 92. Division, betonte der General, sei nicht auf mangelnde Einsatzbereitschaft der Farbigentruppen zurückzuführen gewesen, sondern müsse der Gesellschaft zur Last gelegt werden, die ihnen die Gleichberechtigung versagt habe. Auch in den bittersten Stunden der Division setzten sich einzelne ihrer Angehörigen heroisch zur Wehr; als hervorragendes Beispiel solchen Widerstandswillens mag ein vorgeschobener Artilleriebeobachter gelten, der nach dem Abmarsch der Infanterie Feuer auf seine eigene, vom deutschen Gegner überrannte Stellung anforderte. „Ich habe schwarze Offiziere und Soldaten der 92. Division für tapferes Verhalten vor dem Feinde auszeichnen dürfen", schreibt Clark, „und viele andere kennengelernt, die bei kühnen Unternehmungen den Tod auf dem Schlachtfeld fanden."

Was eine frontunerfahrene, aber motivierte Truppe zu leisten vermag, veranschaulicht demgegenüber die Geschichte einer anderen neuen Division, der 10. Gebirgsdivision. Dieser Verband setzte sich zu über 50 Prozent aus Studenten und Hochschulabsolventen zusammen. Viele seiner Angehörigen waren über eine zivile Organisation namens „National Ski Patrol", die vom US-Kriegsministerium den Auftrag erhalten hatte, Freiwillige anzuwerben, zur Armee gestoßen. Den Kern der Division bildete nach dem Zeugnis eines Kriegsberichterstatters „ein riesiger Ski-Klub" von Abfahrts- und Langläufern, Springern und Skilehrern. Außerdem wies sie eine beträchtliche Anzahl von Holzfällern, Viehzüchtern, Landwirten und Bergsteigern aus dem Kaskadengebirge, den Rocky Mountains und der Sierra Nevada auf.

Ein von den Amerikanern abgefangener Bericht des deutschen militärischen Geheimdienstes bezeichnete sie als junge Leute aus wohlhabenden oder politisch einflußreichen Familien. Das traf nur teilweise zu, doch trug die 10. Gebirgsdivision in der Tat ein etwas aristokratisches Gepräge, das manche Soldaten anderer US-Divisionen nicht sonderlich schätzten. So pflegten die kampfgestählten Überlebenden von Cassino und Ánzio in den Bars der Soldatenheime von Florenz den Neuankömmlingen zuzurufen: „Wollen mal sehen, wie blau euer Blut ist!", um anschließend eine wüste Prügelei mit ihnen vom Zaune zu brechen.

Die Männer der 10. Gebirgsdivision sollten sich als hervorragende Kämpfer erweisen. Mitte Februar erteilte die 5. Armee, um die „Akademiker" einmal auf die Probe zu stellen, der Division den Auftrag, mehrere Berggipfel im Süden von Bologna, welche für die im April geplante Großoffensive gebraucht wurden, zu nehmen. In einem Nachteinsatz, in dessen Verlauf ein 800 Mann starkes Bataillon mit Seilen und Kletterhaken die vereiste, schroff abfallende Flanke des 900 Meter hohen Riva-Rückens erklomm, fiel die 10. Gebirgsdivision, oben angekommen, die überraschten deutschen Verteidiger an und überrannte sie. Anschließend nahmen die

*Ein zur Tarnung mit weißen Anoraks bekleideter Ski-Spähtrupp der 10. Gebirgsdivision, der einzigen Gebirgstruppe der US-Armee, erklettert im Apennin einen Abhang. Die 10. Gebirgsdivision setzte sich aus ausgesuchten Soldaten zusammen, die in den Rocky Mountains eine harte Ausbildung absolviert hatten und den deutschen Gegner als geschickte Kletterer und Skifahrer, aber auch als unerschrockene Kämpfer, das Fürchten lehrten.*

Gebirgstruppen die über dem Po-Tal aufragenden Berge Monte della Torraccia und Monte Belvedere. General Clark meinte, die 10. habe hervorragende Leistungen vollbracht, während ein deutscher Offizier später kleinlaut bemerkte: „Wir wußten nicht, daß es in den Vereinigten Staaten richtige Hochgebirge gibt, und wir glaubten deshalb nicht, daß Ihre Truppen solche schwierigen Kletterpartien würden bewältigen können."

Nachdem die amerikanische 10. Gebirgsdivision ihre Angriffsziele erreicht hatte, trat an der italienischen Front eine achtwöchige Ruhepause ein, während derer beide Seiten für eine Entscheidungsschlacht im Frühjahr rüsteten. Die Deutschen befanden sich jetzt in einer derart kritischen Lage, daß SS-Obergruppenführer Karl Wolff, der „Höchste SS- und Polizeiführer in Italien", im Februar mit dem in der Schweiz residierenden Chef der europäischen Zentrale des amerikanischen Geheimdienstes, Allen Dulles, Kontakt aufnahm und in Geheimverhandlungen über die Kapitulation der Armeen Kesselrings eintrat. Diese Verhandlungen wurden indes von den lebhaft protestierenden Russen, die einen Separatfrieden der Amerikaner und Briten mit dem gemeinsamen Gegner befürchteten, im Keim erstickt. Die Frühjahrsoffensive in Italien sollte daher, wie geplant, beginnen.

Die Deutschen unternahmen große Anstrengungen, ihre Stellungen zu verstärken. In der Romagna-Ebene, wo der 8. Armee noch einige weitere Flußübergänge bevorstanden, errichteten sie drei hintereinander liegende Abwehrstellungen – die Irmgard-, Laura- und Paula-Stellung – und an der Front der amerikanischen 5. Armee stückelten sie zur Abdeckung von Bologna eine nach Dschingis-Khan benannte Linie zusammen. Im Fall eines Feindeinbruchs in diese Stellungen konnten sich die Deutschen auf den Po zurückziehen, doch war der Po zu lang, als daß sie ihn länger als ein paar Tage hätten halten können. Besonders besorgt waren die Alliierten zu diesem Zeitpunkt über die letzte deutsche Abwehrstellung in Italien, die von den Alpen unweit des Gardasees entlang der Etsch zum Golf von Venedig verlaufende Venedig-Linie. Diese Stellung war kurz und hervorragend befestigt, und wenn es dem deutschen Gegner gelang, sich darauf zurückzuziehen, so würde er sie voraussichtlich noch eine beträchtliche Zeitlang halten können.

Zu Frühjahrsanfang griffen amerikanische und britische Flugzeuge in der Po-Ebene und auf den Alpenübergängen mit Bomben und Bordwaffen an, ohne auf Widerstand zu stoßen. Die Deutschen versuchten ihre Nachschubwege dadurch zu sichern, daß sie ihre Brücken zehn Zentimeter unter dem Wasserspiegel bauten, wo sie für die alliierten Flieger unsichtbar blieben; außerdem verwandten sie Pontonbrücken, die nachts eingefahren und in der Morgenfrühe wieder ausgefahren und getarnt wurden. Die Alliierten hatten die Koordinierung ihrer Flieger- und Bodenkräfte inzwischen beträchtlich verfeinert: Ihre Jagd- und Bombenflugzeuge waren jetzt jederzeit abrufbar und vermochten die ihnen von der Infanterie bezeichneten Ziele mit bemerkenswerter Präzision zu bekämpfen – und sie verfügten über derart viele Maschinen, daß, wie die Deutschen später klagten, selbst einzelne Kradfahrer auf den Straßen ständig auf einen Fliegerangriff gefaßt sein mußten.

Unterdessen führten italienische Partisanen hinter den deutschen Linien immer kühnere Aktionen durch. An die 50 000 Mann stark, waren sie mit erbeuteten deutschen oder von alliierten Flugzeugen abgeworfenen Waffen ausgerüstet und wurden oft von alliierten Offizieren, die durch die feindlichen Linien gingen oder mit dem Fallschirm dahinter absprangen, ausgebildet und organisiert. In der Erkenntnis, daß es Zeit zu handeln sei, intensivierten die Partisanen ihre Tätigkeit, indem sie Fernsprechleitungen durchschnitten, Truppen aus dem Hinterhalt angriffen und Brücken, Straßen und Eisenbahnanlagen sprengten.

Generalfeldmarschall Kesselring erkannte die Effektivität der Partisanen an, mißbilligte indes ihre Kampfführung, da sie den Grundsätzen eines militärischen Kampfes widerspreche: „In kleineren Gruppen oder auch einzeln auftretend, wüteten die Banden hemmungslos; sie übten überall, im Gebirge wie in der Po-Ebene, in den Wäldern wie auf den Straßen und bei Nacht oder Nebel – aber nie offen – ihre lichtscheue Tätigkeit aus ... Der deutsche Soldat mußte in den ‚bandenbesetzten' Zonen in jedem Zivilisten beiderlei Geschlechts einen fanatischen Meuchelmörder vermuten und konnte aus jedem Haus angeschossen werden."

Die Deutschen gingen dazu über, für jeden von Partisanen getöteten oder verwundeten Wehrmachtsoldaten zehn Zivilisten im militärdienstpflichtigen Alter zu erschießen, vermochten aber selbst mit dieser grausamen Vergeltungsmaßnahme den Aufstand der italienischen Guerillakämpfer nicht zu unterdrücken. In Norditalien hatten sich viele ausgezeichnet bewaffnete und organisierte Partisanengruppen der Kommunistischen Partei unterstellt. Sie hatten es nicht nur auf die deutschen Soldaten und Offiziere abgesehen, sondern lauerten auch den faschistischen Schwarzhemden, Mussolinis unentwegten Anhängern, sowie ihren eigenen politischen Gegnern auf, um sie zu töten und den Leichen Zettel mit der Aufschrift *spia tedesca* (deutscher Spion) anzuheften. Bloßer Haß und Rachedurst ließen damals auch noch viele andere zu Mördern werden, doch *spia tedesca* diente in sämtlichen Fällen als Deckmantel. Die meisten Toten hatten aber die Deutschen zu beklagen, und der Partisanenaufstand im Norden trug in hohem Maße zu ihrer Niederlage bei.

Im Zuge ihrer Vorbereitungen auf ihren letzten, entscheidenden Angriff, der im April erfolgen sollte, legten die Alliierten riesige Vorräte an Artilleriemunition und Betriebsstoff an und schafften

## SCHNELLE ERFOLGE FÜR DIE PARTISANEN

*Tapfere italienische Arbeiter schützen in Mailand eine Fabrik vor dem Zugriff der deutschen Wehrmacht.*

*Mailand, Mai 1945: Eskortiert von einem schwerbewaffneten Partisanen, führen zwei deutsche Stabsoffiziere, die ihre Gesichter vor der Kamera verbergen, ihre Untergebenen in ein Kriegsgefangenen-Sammellager.*

Als die Alliierten im April 1945 die deutschen Sperrstellungen in Norditalien durchstießen, erhoben sich in den großen Industriestädten Partisanengruppen, die sich an der endgültigen Niederwerfung der Deutschen beteiligen wollten und alsbald in Genua, Mailand *(Photos oben und rechts)* und Turin Aufstände auslösten.

Um die Deutschen an der Durchführung von Sprengungen zu hindern, bemächtigten sich die Partisanen nach sorgfältig ausgearbeiteten Plänen durch raschen Zugriff der Kraftwerke und Fabriken und besetzten öffentliche Gebäude, Rundfunksender und deutsche Befehlszentralen. Von Gruppen auf dem Lande unterstützt, die aus den Bergen herbeiströmten, schnitten sie den Deutschen durch Straßensperrungen den Rückzug aus den Städten ab und kreisten anschließend ihre Garnisonen ein. Als die alliierten Truppen eintrafen, stießen sie nicht auf den erwarteten Feindwiderstand, sondern fanden Tausende von Kriegsgefangenen und stolze Partisanen vor, die sie freudig willkommen hießen.

*Partisanen aus Norditaliens Gebirgsgegenden,*

deren Kopfbedeckungen denen der italienischen Gebirgstruppen nachgebildet sind, paradieren nach der Befreiung der Stadt im Triumph durch Mailand.

Waffen heran, die auf dem italienischen Kriegsschauplatz bisher noch nicht eingesetzt worden waren, darunter Flammenwerfer-Panzer, „Crocodiles" (Krokodile) genannt, amphibische Mannschafts-Transportwagen und mit besonders schwerer Bewaffnung bzw. mit Brückengerät ausgerüstete Sherman-Panzer. Als Anfang April der Boden abtrocknete und wieder klares Wetter herrschte, konnten die Alliierten zum Angriff antreten.

Der von General Alexander entworfene Schlachtplan zeigte die gleiche Anlage wie alle bisherigen Operationen des alliierten Italienfeldzuges: eine Zwei-Stufen-Offensive, bei der die eine Armee angriff, um die Aufmerksamkeit des deutschen Gegners zu fesseln, während die andere Armee ein paar Tage später an einer anderen Front losschlug. Diesmal trat die britische 8. Armee am 9. April als erste im Raum um den Comacchio-See zum Angriff an und die amerikanische 5. einige Tage später unweit von Bologna. Während die Briten ihren Hauptstoß auslösten, luden gleichzeitig alliierte schwere Bombenflugzeuge 175 000 Splitterbomben über den deutschen Stellungen ab, und dann kamen Hunderte von mittleren Bombern und Jagdbombern angeflogen, um sich auf Einzelziele zu stürzen. Kaum hatten die Fliegerkräfte wieder abgedreht, da ließen über 1000 Artilleriegeschütze zwei Millionen Granaten auf den Gegner niederprasseln. Trotz dieses Trommelfeuers setzten sich die Deutschen immer noch tapfer zur Wehr, um dann freilich den unvermeidlichen Rückzug anzutreten.

Am 14. April setzte die 5. Armee, an ihrer Spitze die 10. Gebirgsdivision, zum zweiten Schlag an und durchbrach vor Bologna die letzte Abwehrstellung der Goten-Linie. General v. Vietinghoff, der im März an den Platz des zum Oberbefehlshaber West ernannten Generalfeldmarschalls Kesselring getreten war, bat Hitler voller Verzweiflung um die Genehmigung zum Rückzug, bekam indes zur Antwort, der Führer erwarte nach wie vor, daß er die ihm übertragene Aufgabe mit äußerstem Nachdruck erfüllen und jeden Fußbreit italienischen Bodens in seinem Befehlsbereich verteidigen werde. Als sich v. Vietinghoff daraufhin am 20. April aus eigener Initiative absetzen wollte, war es schon viel zu spät; zu diesem Zeitpunkt hatten nämlich die Amerikaner bereits begonnen, in die Po-Ebene vorzudringen.

Auf dem äußersten linken Flügel der alliierten Front drang die 442. Regimentskampfgruppe, die Vorhut der umgruppierten 92. Division, gleichzeitig über die zum Ligurischen Meer abfallenden Höhenzüge in Richtung Genua und Turin vor. Dieser aus 8400 Amerikanern japanischer Herkunft bestehende Verband dürfte das höchstdekorierte amerikanische Infanterieregiment des Zweiten Weltkriegs gewesen sein. Viele seiner Soldaten hatten es erleben müssen, daß man ihre Eltern oder andere nahe Verwandte in Internierungslager einwies. Getreu der Regimentsdevise „Bis zum letzten!" wollten sie ihre Loyalität zu ihrem Land dadurch beweisen, daß sie den äußersten Einsatz für es wagten.

Die Japanoamerikaner der 442. Regimentskampfgruppe waren stolze Soldaten und eine ausgesprochene Elitetruppe. Sie waren nach Einsätzen in Italien, wo sie im Juli 1944 der 34. Division beim Vormarsch auf die Arno-Linie zugeteilt gewesen waren, und in Frankreich, wo sie im Herbst 1944 in den Vogesen gekämpft hatten, abermals auf den italienischen Kriegsschauplatz verlegt worden, um an diesem abschließenden Großangriff teilzunehmen.

Am 20. April war ihr Angriffsziel eine strategisch bedeutsame Straßenkreuzung in dem landeinwärts gelegenen Dorf Aulla, durch dessen Einnahme sie den in La Spezia stationierten deutschen Truppen den Rückzug abschneiden wollten. Starke Feindkräfte verteidigten Aulla von den umgebenden Bergrücken aus. Die 5. Kompanie des II. Bataillons bekam am 21. April den Auftrag, einen der stark befestigten Bergrücken, den Colle Musatello, zu nehmen. Leutnant Daniel K. Inouye führte den Angriff an und legte dabei den für das 442. Regiment typischen Mut an den Tag.

Inouyes 3. Zug erklomm in zügigem Tempo den Berghang, bis er plötzlich von drei einzelnen Maschinengewehrständen unter Feuer genommen wurde. Mit einer Handgranate in der Rechten rannte Inouye auf eins der deutschen MG-Nester zu. „Irgend jemand stieß mich in die Seite, obschon keine Menschenseele in der Nähe war, und ich taumelte einen Augenblick zurück", berichtete Inouye später. „Dann rannte ich auf die wütend sprühende Flamme an der Mündung des nächsten Maschinengewehrs zu und zählte dabei bis drei. Ich warf die Handgranate, und sie flog in den Holzbunker und krepierte... und als die Bedienungsmannschaft herausgetorkelt kam, erledigte ich sie mit meiner Maschinenpistole."

Obwohl seine Wunde jetzt stark blutete, taumelte Inouye bergauf auf das zweite Maschinengewehrnest zu, war er sich doch darüber klar, daß seine Männer in dem deckungslosen Gelände hoffnungs-

*Der amerikanische Marineminister, James V. Forrestal, und General Mark Clark schreiten in Livorno die Front einer Ehrenwache des 100. Bataillons der hochdekorierten 442. Regimentskampfgruppe ab. Den Soldaten dieses Regiments, das sich aus Amerikanern japanischer Abstammung zusammensetzte, wurden im Verlauf der Kämpfe in Frankreich und Italien 3600 Verwundetenabzeichen, einmal die höchste Tapferkeitsmedaille, 47 Militärverdienstkreuze, eine Militärverdienstmedaille und 354 Silbersternmedaillen verliehen.*

los festsitzen würden, wenn er es nicht ausschaltete. „Ehe mich die Schützen sahen, schmiß ich zwei Handgranaten in den zweiten Maschinengewehrstand. Dann fiel ich auf die Knie. Ich konnte sie aber irgendwie nicht mehr durchdrücken und konnte nicht mehr stehen und mußte mich mit einer Hand vorwärtsziehen ...

„Schließlich war ich nahe genug herangekommen, so daß ich meine letzte Handgranate abziehen konnte. Und wie ich meinen Arm zurücknehme, da sehe ich ihn plötzlich in einem Lichtschein, den gesichtslosen Deutschen, wie ein Stück aus einem Film, wenn das Vorführgerät außer Kontrolle geraten ist. Dann stand er geduckt in der Stellung und im nächsten Moment zielte er aus neun Meter Entfernung mit einer Gewehrgranate direkt auf mein Gesicht.

„Und gerade als ich meine Handgranate werfen will, schießt er, und seine Gewehrgranate kracht in meinen rechten Ellenbogen und reißt mir fast den Arm weg. Ich sehe wie betäubt hin und traue meinen Augen nicht. Er hing dort nur noch an ein paar blutigen Gewebefetzen, und meine Handgranate steckte noch in der Faust, die mir plötzlich nicht mehr gehörte ... In zwei, drei oder vier Sekunden würde sie explodieren, und dann war es aus mit mir und den Kameraden, die eiligst herankamen, um mir zu helfen.

„,Zurück!' brüllte ich und versuchte, die Handgranate schleunigst mit der linken Hand aus der toten Faust zu reißen. Dann hatte ich sie und holte aus, und der Deutsche lud aufs neue sein Gewehr. Aber diesmal kam ich ihm zuvor: Meine Handgranate krepierte mitten in seinem Gesicht. Darauf taumelte ich zurück in Richtung Bunker; mit der linken Hand feuerte ich meine MP ab, während der nutzlose rechte Arm rot und naß an meiner Seite baumelte."

Inouyes Männer überrannten den feindlichen Maschinengewehrstand, und der Kampf war beinahe zu Ende. Ein letzter MG-Feuerstoß traf Inouye jedoch noch ins rechte Bein; er fiel hin und rollte den ganzen Abhang hinunter. Später brachte er die Blutung in seinem Arm zum Stehen und wollte sich nicht abtransportieren lassen, sondern führte noch den abschließenden Sturmangriff an, der zur Eroberung des Höhengeländes führte. Inouye überlebte trotz seiner fürchterlichen Verwundung. Für seinen heroischen Einsatz wurde ihm das Militär-Verdienstkreuz verliehen. (Die Bevölkerung von Hawaii bezeugte ihm 17 Jahre nach Kriegsende ihre Dankbarkeit, indem sie ihn zum US-Senator wählte.)

Am 25. April fiel das Dorf Aulla in amerikanische Hand; anschließend stießen die 442er in rasendem Tempo die ligurische Küste hinauf. Der deutsche Widerstand im Küstensektor war zu diesem Zeitpunkt fast vollständig zusammengebrochen, und als die Japanoamerikaner Genua und später Turin betraten, waren beide Städte bereits im Besitz der Freischärler.

Am 21. April waren die 5. und die 8. Armee hinter Bologna zusammengetroffen, und die Deutschen strömten in wilder Flucht durch die Po-Ebene, während weit ausholende Panzerstoßkeile einen Einschließungsring um sie legten. Im Verlauf von zwei Tagen brachte allein die amerikanische 88. Infanteriedivision 11 000 Gefangene ein; sie preschte in einem derart stürmischen Tempo vor, daß ihr eine deutsche Feldbäckerei mit noch nicht ganz abgekühlten Kommißbroten und ein konfuser Zahlmeister, der nicht wußte, wohin er mit seinen gebündelten Reichsbanknoten sollte, in die Hände fielen. Die alliierten Kampfflugzeuge stürzten sich unablässig auf den Gegner und hinterließen durch brennende Trümmer blockierte Straßen. Als die Deutschen den Po erreichten, fanden sie keine einzige intakte Brücke mehr vor. Viele durchschwammen den Fluß oder gelangten mit kleinen Booten hinüber, mußten ihr schweres Material jedoch zurücklassen. Unterdessen gingen die Alliierten mit Hilfe ihres eigenen Brückengeräts rasch über den Po, jagten weiter in Richtung auf die Venedig-Linie und erreichten sie, ehe die zurückweichenden Deutschen sich dort zur Verteidigung einrichten konnten.

Und überall in Norditalien erhoben sich die Partisanen. Auf ein verabredetes Signal hin blockierten die Bahnarbeiter in etlichen Provinzen die Gleisanlagen in der Absicht, die deutschen Truppenverschiebungen und Nachschubtransporte zu behindern. In Genua sperrten irreguläre Gruppen den deutschen Kasernen das Wasser und den Strom und errichteten Barrikaden, die die Deutschen am Entkommen oder an der Zuführung von Verstärkungen hindern sollten. Deutschen Sprengtrupps, die die städtischen Hafenanlagen zerstören wollten, lieferten sie eine regelrechte Schlacht und nötigten sie, von ihrem Vorhaben abzulassen. Nachdem ihnen plötzlich ganze Heerscharen von Freiwilligen zugeströmt waren, zwangen die Partisanen von Genua – und irreguläre Verbände in Dutzenden von anderen italienischen Städten, darunter Mailand und Turin – die deutschen Garnisonen zur Kapitulation. Als die Alliierten anrückten, saßen die Freischärler überall fest im Sattel.

Die deutschen Heere waren jetzt in voller Auflösung begriffen, und ihre erschöpften und kampfesmüden Soldaten ergaben sich zu Zehntausenden. Alliierte Panzerverbände jagten siegestrunken auf die österreichische und französische Grenze zu, um die Alpenübergänge zu sperren und den aus Italien flüchtenden deutschen Einheiten den Weg zu verlegen. Die britischen und amerikanischen Truppen hatten ihren Auftrag erfüllt. Zwanzig Monate hindurch hatten sie in dem langwierigsten alliierten Feldzug des Zweiten Weltkriegs an die 20 deutsche Divisionen gebunden – gegnerische Kräfte, die sonst vermutlich an anderen, gefährdeteren Fronten zum Einsatz gekommen und dort unter Umständen für die Alliierten verhängnisvoll geworden wären. Der Italienfeldzug, dieser harte, blutige, zentimeterweise, unsäglich mühevolle Vormarsch durch nicht enden wollendes Gebirge, war abgeschlossen.

# EIN DIKTATOR AUF DER FLUCHT

*Der kränkelnde Mussolini wird unmittelbar nach seiner Befreiung aus der Internierung auf dem Gran Sasso d'Italia zu einem Fieseler „Storch" geleitet.*

# NIEDERGANG UND FALL DES DUCE

König Viktor Emanuel III. empfängt Mussolini in der Zeit vor der alliierten Invasion. Später ließ er den Duce verhaften und in die Berge verbannen.

Wenige Männer des 20. Jahrhunderts sind derart hoch gestiegen wie Benito Mussolini – und derart tief gefallen. Als Diktator Italiens regierte er sein Land 21 Jahre lang mit eiserner Faust. Wenn er vom Balkon des Palazzo Venezia in Rom seine Reden schwang, applaudierte ihm jedesmal eine unübersehbare Menge von fanatischen Anhängern. Auf sein Kommando fielen Armeen in Abessinien, Griechenland und Jugoslawien ein. Während seiner ganzen Regierungszeit wurde kaum jemals eine kritische Stimme geduldet.

Doch als dann im Sommer 1943 alliierte Armeen Sizilien eroberten und die italienische Volkswirtschaft allmählich zusammenbrach, wandten sich seine einstigen Parteigänger von ihm ab. Zum vollen Ausbruch kam die Krise, als am 24. Juli 1943 der Große Faschistische Rat, eine Versammlung von Jasagern, die der Duce seit dreieinhalb Jahren nicht mehr einberufen hatte, zusammentrat. Mit unerwarteter Vehemenz schrie Dino Grandi, ein geachtetes Ratsmitglied: „100 000 Italiener haben in diesem Jahr bereits ihr Leben lassen müssen, und 100 000 Mütter rufen: ‚Mussolini hat meinen Sohn ermordet!' ... Sie haben Italien eine Diktatur aufgezwungen, die historisch unmoralisch ist." Nach fast zehnstündiger äußerst hitziger Debatte sprachen 19 der 29 Mitglieder des großen Faschistischen Rates dem alternden Diktator in der Frühe des 25. Juli das Mißtrauen aus. Am selben Tag enthob König Viktor Emanuel III. Mussolini seiner Ämter und ließ ihn verhaften.

Mussolinis politischer Niedergang war von einer Abnahme seiner körperlichen und geistigen Kräfte begleitet. Heftigste, von einem Geschwür oder einer schweren Gastritis herrührende Magenschmerzen nötigten ihn immer wieder, Ruhepausen einzulegen, und machten ihn mit der Zeit zum Morphinisten. Als er infolge zunehmender Schwäche nicht mehr bis in die Nacht hinein tätig sein konnte, ließ er in seinem leeren Arbeitszimmer zum Schein das Licht brennen. Seine Stimmung schwankte zwischen flammendem Zorn und tiefer Verzweiflung. Er verglich sich mit Jesus und Napoleon und machte für sein Scheitern andere – vor allem das italienische Volk – verantwortlich. Er bezeichnete seine Landsleute als „mittelmäßige Nichtsnutze, die nichts weiter können als singen und Eiscreme essen", und empfand eine geradezu teuflische Freude über die alliierte Bombardierung von Neapel.

Er lebte nach seiner Verhaftung noch fast zwei Jahre, bis er

*Ein von Kugeln durchlöchertes Mussolini-Bild ziert nahe Messina einen Baum. Nach dem Sturz des Duce wurden in ganz Italien faschistische Embleme zerstört.*

*1. Das Sporthotel „Campo Imperatore", in dem Benito Mussolini zwei Wochen als Gefangener zubrachte, lag 2900 Meter hoch in den Abruzzen.*

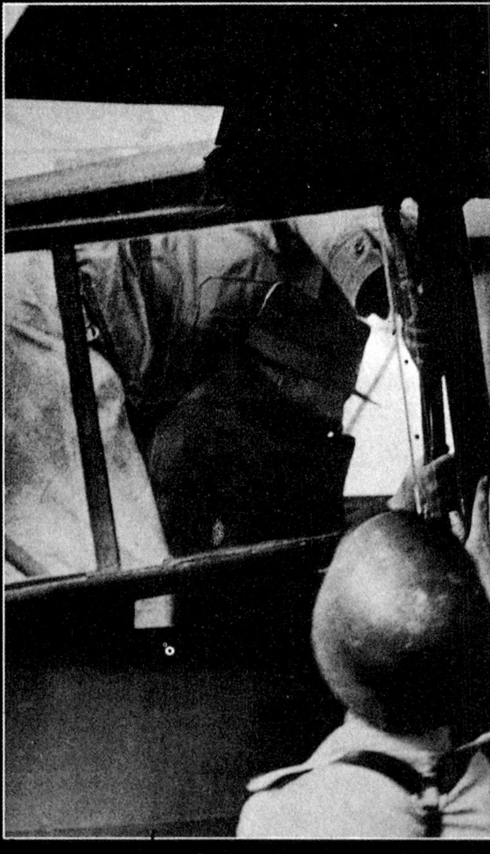

*3. Mit hochgeschlagenem Mantelkragen schreitet Mussolini auf den Fieseler „Storch" zu. Er zögert, sich der winzigen Maschine anzuvertrauen.*

*2. Nach einer riskanten Landung stürzen deutsche Fallschirmjäger und SS-Leute aus ihrem Lastensegler, um den italienischen Diktator zu befreien.*

## EINE TOLLKÜHNE BEFREIUNGSAKTION

Nach seiner Verhaftung wurde Mussolini in das Sporthotel „Campo Imperatore" auf dem hoch oben in den Abruzzen, rund 120 Kilometer nördlich von Rom, aufragenden Gran Sasso d'Italia gebracht. Das Hotel war nur mit einer Drahtseilbahn zu erreichen und erst kurz vorher erbaut worden, so daß es in den Generalstabs- und Bergsteigerkarten nicht verzeichnet war. Nachdem jedoch schließlich eine SS-Einsatzgruppe unter Führung von Hauptsturmführer Otto Skorzeny Mussolinis Aufenthaltsort festgestellt hatte, wurde auf Weisung Hitlers eine Befreiungsaktion in Gang gesetzt.

Um die Möglichkeit einer Landung auf der Bergspitze zu erkunden, überflog Skorzeny sie in 5000 Meter Höhe mit einer Aufklärungs-He-111. Während sein Adjutant auf seinen Beinen saß, um zu verhindern, daß er hinausfiel, machte er bei einer Außentemperatur von −8°C und einer Fahrtgeschwindigkeit von 370 Kilometern in der Stunde mit halb ins Freie gestrecktem Oberkörper Photos. Die Aufnahmen zeigten neben dem Berghotel eine kleine, mit Felsbrocken übersäte Wiese, auf der vielleicht ein paar Lastensegler landen konnten.

Als Skorzeny und seine Einsatzgruppe in Stärke von 90 Mann mit zwölf Lastenseglern lautlos auf das Berghotel hinunterschwebten, entdeckten sie zu ihrem Schrecken, daß am Ende der Wiese ein Abgrund lag. „Sie hatte fast die Neigung einer Skisprungschanze", berichtete Skorzeny. Er rief sofort: „Sturzlandung!" Etwa 15 Meter vor dem Hotel kam seine Maschine fast völlig zerstört zum Stehen.

Skorzeny und seine Leute sprangen aus den Lastenseglern, liefen an einer Handvoll verblüffter Posten vorbei und drangen, ohne einen Schuß abzugeben, zu Mussolini vor. „Ich wußte, daß mein Freund Adolf Hitler mich nicht im Stich lassen wird!" sagte der Diktator gerührt.

Kurz darauf landete ein Fieseler „Storch" auf der Wiese. Der Pilot war entsetzt, als Skorzeny und Mussolini hineinkletterten: Mit beiden an Bord würde die Maschine bestimmt abstürzen. Doch Skorzeny wollte trotzdem starten.

Der „Storch" glitt den Wiesenabhang hinunter, kippte plötzlich nach links und schien sich fast zu überschlagen. Doch der Pilot fing ihn auf, brachte das Flugzeug in die Horizontale und flog dann in Richtung auf Rom.

*4. Unmittelbar vor dem Start zwängt sich auch Hauptsturmführer Skorzeny hinter dem Piloten und Mussolini in das kleine Kurzstartflugzeug.*

*5. Der Fieseler „Storch" auf dem Flug nach Rom. Aus Sicherheitsgründen fliegt er nur rund 100 Meter über dem Boden, um nicht entdeckt zu werden.*

*Beim Verlassen der Ju-52, die ihn ins Führerhauptquartier in Ostpreußen geflogen hat, wird Mussolini von Hitler willkommen geheißen. Der deutsche Führer war über*

das schlechte Aussehen des Duce erschrocken.

Mussolini und Reichsmarschall Hermann Göring stellen sich in der „Wolfsschanze" dem Photographen.

## BEFEHLSEMPFANG IM FÜHRERHAUPTQUARTIER

Von Rom wurde Mussolini mit dem Flugzeug nach Wien und anschließend ins Führerhauptquartier „Wolfsschanze" bei Rastenburg in Ostpreußen gebracht. Mit Tränen in den Augen hieß Hitler den Duce willkommen. Da er Mussolini wieder in seine frühere Machtstellung einsetzen wollte, war er zutiefst getroffen, als dieser ihm erklärte, er habe vor, sich endgültig aus dem öffentlichen Leben zurückzuziehen.

Hitler hielt ihm entgegen, nur eine starke faschistische Regierung in Norditalien vermöge das italienische Volk vor dem Untergang zu bewahren, und er allein sei imstande, ein solches Regime zu führen. Besonders erstaunt war Hitler darüber, daß Mussolini keine Rache an seinen Verrätern, den Mitgliedern des Großen Faschistischen Rates, zu nehmen gedachte, vermutlich weil auch sein Schwiegersohn, Graf Galeazzo Ciano, dazugehörte.

Seinem Propagandaminister, Josef Goebbels, berichtete Hitler anschließend, wie sehr ihn das Gespräch mit Mussolini ernüchtert habe; der Duce, den er dereinst so bewundert hatte, erschien ihm nun als eine sehr viel unbedeutendere Persönlichkeit. „Noch bei keiner Gelegenheit habe ich den Führer so enttäuscht von Mussolini erlebt wie diesmal," notierte Goebbels später in seinem Tagebuch.

Die Besprechungen zwischen Hitler und Mussolini dauerten drei Tage, und der Führer setzte schließlich seinen Standpunkt durch. Am 15. September ließ sich Mussolini bei ihm melden und sagte bitter: „Ich bin gekommen, mir meine Weisungen zu holen." Hitlers Weisungen waren brutal: In Norditalien sollte eine neue faschistische Republik unter Mussolini errichtet werden; ihre Außenpolitik und der größte Teil ihrer Wirtschaftsressourcen würden jedoch der Kontrolle des Deutschen Reiches unterliegen. Außerdem sollten alle ehemaligen Faschistenführer, die im Großrat gegen Mussolini gestimmt hatten, abgeurteilt und erschossen werden.

Demütig hörte der Duce dem Mann zu, in dem er einst seinen Schützling gesehen hatte. Am 27. September flog er nach dem nördlich von Salò am Gardasee gelegenen Dorf Gargnano, wo die neue italienische Regierung nach dem Willen Hitlers ihren Sitz haben sollte.

Faschistenführer sind auf dem Wege zur „1. Nationalversammlung der Faschistisch-Republikanischen Partei“ in Verona. Die Versammlung erließ ein Manifest, in dem sie

*Mussolini inspiziert an der Adria eingesetzte Truppen seiner neuen Republik.*

*Der Duce unterhält sich mit seinem deutschen Arzt, den Hitler ihm schickte*

## EINE MARIONETTE IN HITLERS HÄNDEN

Als Adolf Hitlers Marionette wurde Mussolin zum „Gefangenen von Gargnano". Seine deut schen Bewacher hörten seine Telefongespräche ab und beobachteten ihn auf Schritt und Tritt „Sie sind immer da, wie die schwarzen Flecken beim Leoparden", klagte er. Die Schlüsselposi tionen in seiner Regierung durfte er nur nach Absprache mit den deutschen Stellen besetzen

Mussolini versuchte, eine schlagkräftige Ar mee aufzubauen und seiner neuen Sozialistisch Faschistischen Partei durch das Versprechen besserer Arbeits- und Lebensbedingungen An hänger zuzuführen. Doch seine Zeit war abge laufen: Das Volk hatte sich abgewandt, die Alliierten drangen weiter vor, und seine körper lichen und geistigen Kräfte erlahmten.

*Graf Pierluigi Bellini delle Stelle, mit dem Decknamen „Pedro", war der Führer der Partisanenbrigade, die Benito Mussolini gefangennahm.*

*Dieses Bild zeigt Mussolinis Lastwagen bei der Annäherung an die von den Freischärlern unweit der Stadt Dongo errichtete Straßensperre.*

*Am anderen Ende des Tunnels haben die Partisanen in Erwartung von Mussolinis Kolonne eine Straßensperre aus Bäumen und Steinen errichtet.*

## EINE VERZWEIFELTE FLUCHT UND VERRÄTERISCHE STIEFEL

Als die Alliierten im April 1945 nach Norditalien vorstießen, versuchte Mussolini zu entkommen. Unweit der Stadt Dongo geriet seine Lastwagenkolonne in einen Hinterhalt der Partisanen. Der Duce trug einen deutschen Wehrmachtsmantel und -stahlhelm, doch seine eleganten Reitstiefel verrieten ihn. Die Partisanen brachten ihn in ein Bauernhaus, wo Clara Petacci zu ihm stieß, die flehentlich gebeten hatte, wieder zu ihrem Geliebten gelassen zu werden.

Tags darauf fuhr ein kommunistischer Partisan Mussolini und „Claretta" zu einem nahe gelegenen Landhaus. Er befahl ihnen auszusteigen und brachte ein Maschinengewehr auf sie in Anschlag, das jedoch Ladehemmung hatte. Er griff sich ein anderes und gab einen Feuerstoß auf die Petacci ab. Daraufhin rief Mussolini, mit den Händen seinen Rock zurückschlagend: „Schieß mich in die Brust!" Zweimal feuerte der Partisan, dann war der Duce tot.

*Auf diesem kurz vor seiner Gefangennahme aufgenommenen Photo ist der 61jährige, einst so robuste Mussolini nur noch ein Schatten seiner selbst.*

*Diese Aufnahme zeigt Clara Petacci in den frühen vierziger Jahren. Von ihrem Mann getrennt lebend, war sie 13 Jahre lang Mussolinis Geliebte.*

*Ein Medaillon der Petacci mit zwei für sie und Mussolini denkwürdigen Daten hat die Inschrift: „Clara, ich bin dein und du bist mein. Ben."*

*Ein weißes Kreuz neben dem Eingang zur Villa Belmonte bezeichnet die Stelle, an der Mussolini und seine Geliebte erschossen wurden.*

*urschaustellung der Leichen des Duce, der Petacci und eines Parteigängers.*

## DER MOB VOM PIAZZALE LORETO

\m Morgen nach der Erschießung Mussolinis ınd seiner Geliebten fuhren die Partisanen mit len Leichen nach Mailand, wo sie sie vor einer Garage am Piazzale Loreto ausluden. Sogleich trömte eine Menschenmenge herbei; einige rgingen sich in Unflätigkeiten, andere lachten. Eine Frau schoß fünfmal auf Mussolinis Leichnam, „um ihre fünf toten Söhne zu rächen". Schließlich hängte man die verstümmelten Leichen mit den Köpfen nach unten an einem Balken auf und stellte sie zur Schau, worauf die Menge sie stundenlang verhöhnte und bespuckte. Tags darauf wurde Mussolini auf dem Friedhof seiner Heimatstadt Predappio beigesetzt.

Bei seiner Verhaftung hatte Mussolini zwei ahre zuvor prophetisch seinen eigenen Grabspruch formuliert: „Das ist mein Schicksal", agte er, „aus dem Staub zur Macht und von der Macht wieder zu Staub!"

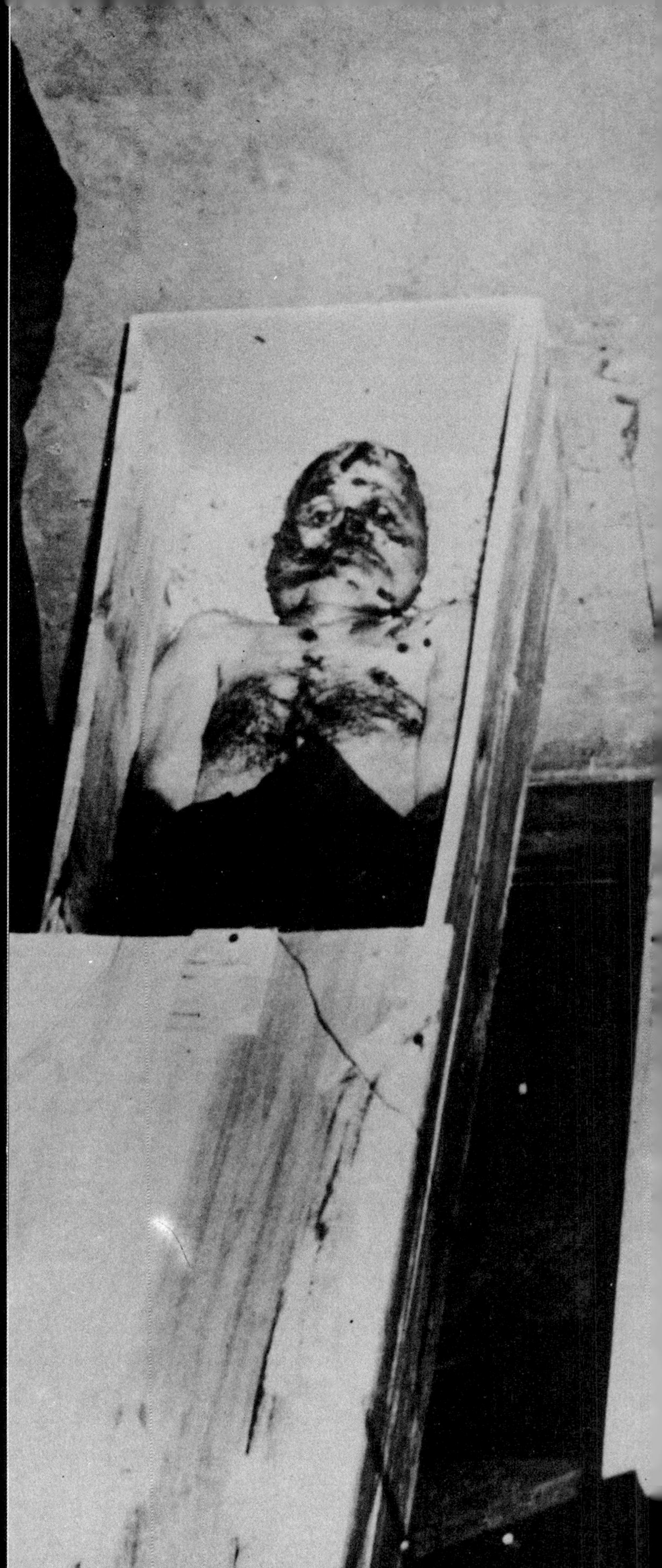

*Ein Partisan beschaut die verstümmelten Leichname Mussolinis, Clara Petaccis und*

eines anderen Faschisten. Die Toten wurden in einfache Holzsärge gezwängt und dann vor dem Leichenschauhaus der Stadt Mailand öffentlich zur Schau gestellt.

# DANKSAGUNGEN

Das Register dieses Bandes wurde von Mel Ingber erstellt. Die Herausgeber dieses Buches danken folgenden Personen und Institutionen für ihre Unterstützung: Association of the United States Army, Washington, D.C.; Ulysses Auger, Washington, D.C.; Ernst-Otto Baade, Eschwege; Hans Becker, ADN-Zentralbild, Berlin; Professor Herbert Bloch, Belmont, Massachusetts; Carole Boutte, Senior Researcher, U.S. Army Audio-Visual Activity, The Pentagon, Washington, D.C.; Oberst Oreste Bovio, Archivio Storico, Ministero della Difesa, Rom; William R. Brady, Dickinson, Texas; Joseph J. Cain, Tallahassee, Florida; Phyllis Cassler, Carlisle Barracks, U.S. Military History Institute, Carlisle, Pennsylvania; Cécile Coutin, Kustos am Musée des Deux Guerres Mondiales, Paris; Department of Photographs, The Imperial War Museum, London; V. M. Destefano, Chief of Reference Library, U.S. Army Audio-Visual Activity, The Pentagon, Washington, D.C.; Joe Dine, Washington, D.C.; Ulrich Frodien, Süddeutscher Verlag Bilderdienst, München; Bianca Gabbrielli, Rom; Herman Graml, Institut für Zeitgeschichte, München; Oberst Maurice Guilhamat, Paris; General Augustin Guillaume, Paris; Randy Hackenburg, Carlisle Barracks, U.S. Military History Institute, Carlisle, Pennsylvania; Frederick Hartt, University of Virginia, Charlottesville, Virginia; Dr. Matthias Haupt, Bundesarchiv, Koblenz; Werner Haupt, Bibliothek für Zeitgeschichte, Stuttgart; Heinrich Hoffmann, Hamburg; Oberst William S. Hutchinson jr., Jacksonville, Florida; Billy Kirby, Clifton, Texas; Dr. Roland Klemig, Bildarchiv Preußischer Kulturbesitz, Berlin; A. F. Kohutek, Membership Secretary, 36th Division Association, Abilene, Texas; Franz Kurowski, Dortmund; William H. Leary, National Archives and Records Service, Audio-Visual Division, Washington, D.C.; Carolyn Lee, Chief Librarian, Theological Library, Catholic University, Washington, D.C.; Beverly Lindsey, Command History, John F. Kennedy Center for Military Assistance, Fort Bragg, North Carolina; Professor Otto Mazzucato, Rom; Brün Meyer, Militärgeschichtliches Forschungsamt, Freiburg/Br.; Robert Olesen, Racine, Wisconsin; Professor Carlo Pietrangeli, Rom; Pietro Pullini, Rom; Charles R. Rummel, Clifton, Texas; Axel Schulz, Ullstein, Berlin; Dr. George Siefert, Head, Classics Department, Catholic University, Washington, D.C.; George Silk, Westport, Connecticut; Rodolfo Siviero, Delegazione per le Restituzioni, Ministero degli Affari Esteri, Rom; John Slonaker, Carlisle Barracks, U.S. Military History Institute. Carlisle, Pennsylvania; Dr. Richard Sommers, Carlisle Barracks, U.S. Military History Institute, Carlisle, Pennsylvania; Hank Strano, Motion Picture Depository Division, Tobyhanna Installation, Tobyhanna, Pennsylvania; Alex Szima, Cape Coral, Florida; John Taylor, National Archives, Modern Military Branch, Washington, D.C.; Reverend Al Tovey, Panama City Beach, Florida; General Maurice Tricon-Dunois, Paris; Joachim von Metzsch, Stuttgart; Paul White, National Archives and Records Service, Audio-Visual Division, Washington, D.C.; Marie Yates, U.S. Army Audio-Visual Activity, The Pentagon, Washington, D.C.


# QUELLENNACHWEIS DER ABBILDUNGEN

*Abbildungen von links nach rechts sind durch Semikolons, solche von oben nach unten durch Gedankenstriche getrennt.*

*DAS TOR ZUR FESTUNG EUROPA:* 6 bis 9 – The Imperial War Museum, London. 10, 11 – U.S. Army. 12, 13 – Keystone Press, London. 14 bis 17 – The Imperial War Museum, London.

*DER SPRUNG NACH SIZILIEN:* 21 – Karte von Elie Sabban. 23 – U.S. Air Force. 25 – Karte von Elie Sabban. 28 – Robert Capa von Magnum für LIFE. 29 – King Features Syndicate, Inc. 30 – U.S. Army. 32 – Bundesarchiv, Koblenz.

*DAS BESETZTE ROM:* 34 bis 37 – Reproduktionen von Aldo Durazzi, m. frdl. Gen. Gabinetto Communale delle Stampe, Rom. 38 – Reproduktion von Aldo Durazzi, m. frdl. Gen. Museo Storico Liberazione di Roma. 39 – Reproduktion von David Lees; Reproduktion von Aldo Durazzi, m. frdl. Gen. Museo Storico Liberazione di Roma. 40 bis 43 – Reproduktionen von Aldo Durazzi, m. frdl. Gen. Gabinetto Communale delle Stampe, Rom. 44 – Reproduktion von David Lees. 45 – Reproduktion von David Lees; Reproduktion von Aldo Durazzi, m. frdl. Gen. Gabinetto Communale delle Stampe, Rom. 46, 47 – Reproduktionen von Aldo Durazzi, m. frdl. Gen. Gabinetto Communale delle Stampe, Rom.

*DIE LANDUNG BEI SALERNO:* 50 – Publifoto Notizie, Mailand – Rizzoli, Mailand. 52 – Farabola, Mailand. 55 – Wide World. 57 – The Imperial War Museum, London. 58, 59 – Karte von Elie Sabban. 60 – The Imperial War Museum, London. 62 – Wide World.

*DIE UMKÄMPFTE STELLUNG:* 64, 65 – Robert Capa von Magnum. 66 – U.S. National Archives. 67 – U.S. Army. 68, 69 – Robert Capa von Magnum. 70, 71 – The Imperial War Museum, London. 72 – Robert Capa von Magnum. 73 – Robert Capa von Magnum – The Imperial War Museum, London. 74, 75 – Robert Capa von Magnum.

*„NEAPEL SEHEN UND STERBEN":* 78 – Sandro Aurisuchio de Val. 80 – United Press International. 82, 83: U.S. Army. 84 – Margaret Bourke-White für LIFE.

*ALS FREUNDE IN FEINDESLAND:* 86, 87 – King Features Syndicate, Inc. 88 – Robert Capa von Magnum. 89 – U.S. National Archives. 90, 91 – U.S. National Archives – Robert Capa von Magnum für LIFE; Photo Trends. 92, 93 – U.S. National Archives (2); E.C.P. Armées, Paris. 94 – John Phillips für LIFE – U.S. National Archives. 95 – Robert Capa von Magnum für LIFE – U.S. National Archives. 96, 97 – U.S. National Archives. 98, 99 – Patellani, Mailand; U.S. National Archives.

*DER KAMPF IN DEN BERGEN:* 102 – Margaret Bourke-White für LIFE. 105 – Karte von Elie Sabban. 107 – The Public Archives of Canada. 108, 111 – U.S. Army. 112 – Keystone, München. 114 – John Phillips/Photo Researchers, 1975; Zeichnung © 1944, 1972 Bill Mauldin; Wiedergabe m. frdl. Gen. Bill Mauldin. 115 – Zeichnungen © 1944, 1972 Bill Mauldin; Wiedergabe m. frdl. Gen. Bill Mauldin.

*BEDROHTE KUNSTSCHÄTZE:* 118, 119 – Ministero degli Affari Esteri/Delegazione per le Restituzioni, Rom. 120 – George Silk für LIFE. 121 – Fotolocchi, Florenz. 122 – Kapitolinisches Museum, Rom – Publifoto Notizie, Mailand. 123 – Farabola, Mailand. 124, 125 – Deutsches Archäologisches Institut, Rom; Hanns Hubmann. 126 – Delegazione per le Restituzioni, Rom; Alinari, Florenz (2). 127 – Alinari, Florenz. 128, 129 – Alinari, Florenz; George Silk für LIFE.

*VON ÁNZIO NACH ROM:* 132, 133 – E.C.P. Armées, Paris. 134 – Karte von Elie Sabban. 136 – Robert Capa von Magnum. 139 – Bundesarchiv, Koblenz. 140 – U.S. Army. 141 – George Silk für LIFE. 143 – U.S. Army. 144 – Karten von Elie Sabban. 146 – Margaret Bourke-White für LIFE – U.S. Army. 147 – Margaret Bourke-White für LIFE. 149 – The Imperial War Museum, London. 150 – United Press International.

*DIE SCHLACHT UM MONTECASSINO:* 152, 153 – George Rodger für LIFE. 154 – United Press International. 155, 156 – U.S. Army. 157 – U.S. Army – The Imperial War Museum, London. 158, 159 – Photo Trends; U.S. Army (2). 160, 161 – Bundesarchiv, Koblenz. 162, 163 – The Imperial War Museum, London, außer links oben U.S. Army. 164, 165 – The Imperial War Museum, London; Heinrich Hoffmann.

*DIE FRANZOSEN IN ITALIEN:* 166 bis 177 – George Silk für LIFE.

*VORSTOSS IN DIE ALPEN:* 181 – Carl Mydans für LIFE. 183 – Gabinetto Fotografico Nazionale, Rom. 184 – U.S. Army, m. frdl. Gen. Walter L. Galson. 186, 187 – Farabola, Mailand, außer links oben Publifoto Notizie, Mailand. 188 – Photo Trends.

*EIN DIKTATOR AUF DER FLUCHT:* 190, 191 – Fototeca Storica Nazionale, Mailand. 192 – Rizzoli, Mailand. 193 – U.S. National Archives. 194, 195 – United Press International; Rizzoli, Mailand-Mondadori, Mailand; Rizzoli, Mailand; Fototeca Storica Nazionale, Mailand. 196, 197 – U.S. Office of Strategic Services; Heinrich Hoffmann. 198. 199 – Rizzoli, Mailand; Wide World-Madeleine Mollier, Rom. 200, 201 – Publifoto Notizie, Mailand-Rizzoli, Mailand; Fototeca Storica Nazionale, Mailand; Roma's Press, Rom; Rizzoli, Mailand-Rizzoli, Mailand; Roma's Press, Rom. 202, 203 – United Press International.

# BIBLIOGRAPHIE


Adelman, Robert H., und Walton, George: *The Devil's Brigade.* Chilton Books, Philadelphia/Pa. 1966

Adelman, Robert H., und Walton, George: *Rome Fell Today.* Little, Brown and Company, Boston/Mass. 1968

Alexander, Harold Lord, The Earl of Tunis: *The Alexander Memoirs: 1940–1945.* Cassell & Company Ltd., London 1962

Altieri, James: *Darby's Rangers.* Seeman Printery Inc., o. O. 1945

Altieri, James: *The Spearheaders.* The Bobbs-Merrill Company, Inc., Indianapolis/Ind. 1960

Anders, W.: *An Army in Exile: The Story of the Second Polish Corps.* Macmillan & Company, Ltd., 1949

*Anzio Beachhead (22 January – 25 May 1944).* Washington Historical Division, Department of the Army, Washington/D.C. 1947

Battaglia, Roberto: *The Story of the Italian Resistance.* Odhams Press Ltd., London 1957

Bloch, Herbert: *The Bombardment of Monte Cassino (February, 14–16, 1944): A New Appraisal.* o. O. 1976

Blumenson, Martin: *Anzio: The Gamble That Failed.* J. B. Lippincott Company,

Philadelphia/Pa. 1963
Blumenson, Martin: *Sicily: Whose Victory?* Ballantine Books Inc., New York 1968
Blumenson, Martin: *Salerno to Cassino. United States Army in World War II. The Mediterranean Theater of Operations.* Office of the Chief of Military History, United States Army, Washington/D.C. 1969
Böhmler, Rudolf: *Monte Cassino.* E. S. Mittler & Sohn, Darmstadt 1956
Bojano, Filippo: *In the Wake of the Goose-Step.* Cassell & Company Ltd., London 1944
Bond, Harold L.: *Return to Cassino: A Memoir of the Fight for Rome.* Doubleday & Company, Inc., New York 1964
Bourke-White, Margaret: *Purple Heart Valley: A Combat Chronicle of the War in Italy.* Simon and Schuster, New York 1944
Bradley, Omar N.: *A Soldier's Story.* Henry Holt and Company, New York 1951
Burton, Hal: *The Ski Troops.* Simon and Schuster, New York 1971
Chambe, René: *La Bataille du Garigliano.* Ernest Flammarion, Paris 1952
Churchill, Winston S.: *Der zweite Weltkrieg.* Bd. 5: *Der Ring schließt sich.* Bd. 6: *Triumph und Tragödie.* Scherz, Bern 1952–1954
Clark, Mark W.: *Mein Weg von Algier nach Wien.* Obelisk Verlag, Velden a. W. – Wien 1954
„Clark-Rittgers Interview" (Interview of General Mark Clark by Colonel Rittgers). Carlisle Barracks, U.S. Army Office of Military History, Carlisle/Pa. o. J.
Clough, Shepard B.: *The Economic History of Modern Italy.* Columbia University Press, New York 1964
Coates, John Boyd, jr. (Hrsg.): *Preventive Medicine in World War II.* Bd. V: *Communicable Diseases Transmitted through Contact or by Unknown Means.* Office of the Surgeon General, Department of the Army, Washington/D.C. 1960
Coll, Blanche D., Jean E. Keith, und Rosenthal, Herbert H.: *The Corps of Engineers: Troops and Equipment. United States Army in World War II. The Technical Services.* Office of the Chief of Military History, United States Army, Washington/D.C. 1958
Craven, Wesley Frank, und Cate, James Lea (Hrsg.): *The Army Air Forces in World War II.* Bd. III: *Europe: Argument to V-E Day, January 1944 to May 1945.* The University of Chicago Press, Chicago 1951
Ehrman, John: *Grand Strategy.* Bde. V und VI. *History of the Second World War. United Kingdom Military Series.* Her Majesty's Stationery Office, London 1956
Eisenhower, Dwight D.: *Kreuzzug in Europa.* Bermann-Fischer Verlag, Amsterdam 1948
Esposito, Vincent J. (Hrsg.): *The West Point Atlas of American Wars.* Bd. II. The Department of Military Art and Engineering, The United States Military Academy, West Point/N.Y. 1959
Farago, Ladislas: *Patton: Ordeal and Triumph.* Ivan Obolensky, Inc., o. O. 1964
Fermi, Laura: *Mussolini.* The University of Chicago Press, Chicago 1961
Fisher, Ernest F., jr.: *Cassino to the Alps. United States Army in World War II. The Mediterranean Theater of Operations.* Office of the Chief of Military History, United States Army, Washington/D.C. 1977
Gallo, Max: *L'Italie de Mussolini.* Librairie Académique Perrin, Paris 1964
Garland, Albert N., und Howard McGaw Smyth: *Sicily and the Surrender of Italy. United States Army in World War II. The Mediterranean Theater of Operations.* Office of the Chief of Military History, United States Army, Washington/D.C. 1965
Gaulle, Charles de: *Memoiren 1940–46.* Droste, Düsseldorf 1961
Hartt, Frederick: *Florentine Art under Fire.* Princeton University Press, Princeton/N.J. 1949
Haupt, Werner: *Kriegsschauplatz Italien 1943–1945.* Motorbuch Verlag, Stuttgart 1977
Hibbert, Christopher: *Anzio: The Bid for Rome.* Macdonald & Co., London 1970
Hibbert, Christopher: *Mussolini.* Athenäum Verlag, Frankfurt am Main 1963
Howard, Michael: *Grand Strategy.* Bd. IV. *History of the Second World War. United Kingdom Military Series.* Her Majesty's Stationery Office, London 1972
Hughes, Serge: *The Rise and Fall of Modern Italy.* The Macmillan Company, New York 1967
Inouye, Daniel K., und Elliott, Lawrence : *Journey to Washington.* Prentice-Hall, Inc., Englewood Cliffs/N.J. 1967
Jackson, W. G. F.: *The Battle for Italy.* Harper & Row, New York 1967
Jackson, W. G. F.: *The Battle for Rome.* Bonanza Books, London 1969
Juin, Alphonse: *La Campagne d'Italie,* Guy Victor, Paris 1962
Kesselring, Albert: *Soldat bis zum letzten Tag.* Athenäum-Verlag, Bonn 1953
Kurzman, Dan: *Fällt Rom? Der Kampf um die Ewige Stadt 1944.* C. Bertelsmann Verlag, München 1978
La Farge, Henry (Hrsg.): *Lost Treasures of Europe.* Pantheon Books, New York 1946
Lee, Ulysses: *United States Army in World War II. Special Studies: The Employment of Negro Troops.* Office of the Chief of Military History, United States Army, Washington 1966
*Libraries Guests of the Vaticana during the Second World War with the Catalogue of the Exhibition.* Apostolic Vatican Library, Rom 1945
Linklater, Eric: *The Art of Adventure.* Macmillan & Company Ltd., London 1968
Linklater, Eric: *The Second World War, 1939–1945: The Campaign in Italy.* His Majesty's Stationery Office, London 1951
Lucas, John P.: *From Algiers to Anzio.* Department of the Army, Washington 1948
Majdalany, Fred: *The Monastery.* Houghton-Mifflin Company, Boston/Mass. 1946
Majdalany, Fred: *Monte Cassino. Porträt einer Schlacht.* Paul List Verlag, München 1958
Molony, C. J. C.: *History of the Second World War. United Kingdom Military Series. The Mediterranean and the Middle East.* Bd. V: *The Campaign in Sicily 1943 and the Campaign in Italy: 3rd September to 31st March 1944.* Her Majesty's Stationery Office, London 1973
Morison, Samuel Eliot: *History of United States Naval Operations in World War II.* Bd. IX: *Sicily-Salerno-Anzio.* Little, Brown and Company, Boston/Mass. 1954
Nicholson, G. W. L.: *Official History of the Canadian Army in the Second World War.* Bd. II: *The Canadians in Italy 1943–1945.* Edmond Cloutier, Ottawa 1957
Phillips, N. C.: Official History of New Zealand in the Second World War, 1939–1945, *Italy.* Bd. I: *The Sangro to Cassino.* War History Branch, Department of Internal Affairs, Wellington 1957
Pond, Hugh: *Salerno.* William Kinger & Company, Ltd., London 1961
Pyle, Ernie: *Brave Men.* Henry Holt & Company, New York 1943
Ross, William F., und Romanus, Charles E.: *The Quartermaster Corps. Operations in the War against Germany. United States Army in World War II. The Technical Services.* Office of the Chief of Military History, United States Army, Washington 1965
Roxan, David, und Wanstall, Ken: *The Jackdaw of Linz.* Cassell & Company Ltd., London 1964
Scrivener, Jane: *Inside Rome With the Germans.* The Macmillan Company, New York 1945
Senger und Etterlin, Fridolin von: *Krieg in Europa.* Kiepenheuer & Witsch, Köln – Berlin 1960
Sevareid, Eric: *Not So Wild a Dream.* Alfred A. Knopf, New York 1946
Shirer, William L.: *Aufstieg und Fall des Dritten Reiches.* Kiepenheuer & Witsch, Köln – Berlin 1961
Shirey, Orville C.: *Americans: The Story of the 442nd Combat Team.* Infantry Journal Press, o.O. 1946
Skorzeny, Otto: *Geheimkommando Skorzeny.* Hansa Verlag, Hamburg 1950
Smith, Denis Mack: *Italy: A Modern History.* The University of Michigan Press, Ann Arbor/Mich. 1969
Smith, E. D.: *The Battles for Cassino.* Ian Allan Ltd., Shepperton 1975
Starr, Chester G. (Hrsg.): *From Salerno to the Alps: A History of the Fifth Army, 1943–1945.* Infantry Journal Press, o. O. 1948
Tannenbaum, Edward R., und Noether, Emiliara P. (Hrsg.): *Modern Italy: A Topical History since 1861.* New York University Press, New York 1974
Tompkins, Peter: *A Spy in Rome.* Simon and Schuster, New York 1962
Truscott, L. K., jr.: *Command Missions.* E. P. Dutton & Company, Inc., New York 1954
Tutaev, David: *Der Konsul von Florenz. Die Rettung einer Stadt.* Econ-Verlag, Düsseldorf – Wien 1967
*Vita di Mussolini.* Edizioni di Novissima, Rom 1965
Waagenaar, Sam: *The Pope's Jews.* A Library Press Book, o. O. u. J.
Wagner, Robert L.: *The Texas Army: A History of the 36th Division in the Italian Campaign,* Austin/Tex. 1972
Walker, Fred L.: *From Texas to Rome.* Taylor Publishing Company, San Angelo/Tex. 1969
Wiltse, Charles M.: *United States Army in World War II. The Medical Department: The Medical Service in the Mediterranean and Minor Theaters.* Office of the Chief of Military History. Department of the Army, Washington 1965
*Works of Art in Italy: Losses and Survivals in the War, Part II.* His Majesty's Stationery Office, London 1946

## WEITERFÜHRENDE LEKTÜRE

Alvensleben, Udo von: *Lauter Abschiede.* Propyläen Verlag, Berlin 1971
Badoglio, Pietro: *Italien im zweiten Weltkrieg. Erinnerungen und Dokumente.* List, München 1947
Deakin, Frederick William: *Die brutale Freundschaft.* Kiepenheuer & Witsch, Köln 1964
Kurowski, Franz: *Das Tor zur Festung Europa.* Kurt Vowinckel Verlag, Neckargemünd 1966
Schröder, Josef: *Italiens Kriegsaustritt 1943.* Musterschmidt-Verlag, Göttingen 1969
Skorzeny, Otto: *Meine Kommandounternehmen. Krieg ohne Fronten.* Limes Verlag, Wiesbaden und München 1976
Staiger, Jörg: *Anzio-Nettuno. Eine Schlacht der Führungsfehler.* Kurt Vowinckel Verlag. Neckargemünd 1962
Trevelyan, Raleigh: *Die Festung. Der Brückenkopf von Anzio.* Winkler-Verlag, München 1958
Westphal, Siegfried: *Der Feldzug in Italien.* In: *Weltkrieg 1939–1945. Ehrenbuch der deutschen Wehrmacht.* In Gemeinschaftsarbeit auf Grund persönlicher Kenntnis aller Kriegsschauplätze herausgegeben. Stuttgart 1954, I. Teil: *Der Landkrieg,* S. 85–98.

# REGISTER

*Kursiv gesetzte Seitenangaben beziehen sich auf Abbildungen*

## R



## S



## T



## U



## V



## W



## Y



Reprosatz: Alfred Utesch GmbH, Hamburg
Druck und Einband: Artes Gráficas, Toledo, Spanien
D.L.TO:466-1994